Cultural Anthropology

처음 만나는 **문화인류학**

Cultural Anthropology

처음 만나는 문화인류학

처음 만나는 문화인류학

한국문화인류학회

일조각

… 책을 펴내며

21세기는 문화의 시대라고 한다. 세계화의 거센 물결에 따라 국제 교류가 급격히 확대되는 가운데 문화 충돌의 위험을 경고하는 목소리가 높아지더니 급기야는 9 · 11 사건 같은 끔찍한 일도 일어났다. "문화가 중요하다"는 사실은 세계 평화의 유지와 인권의 신장을 위해서뿐만 아니라 국제 경영, 문화 산업, 관광 등 경제와 산업의 측면에서도 강조되고 있다. 나아가 삶의 질, 문화민주주의, 지속 가능한 발전 등과 관련해서도 문화 정책의 중요성이 부각되고 있다. 이렇게 문화에 대한 논의가 활발해지고 있는 오늘날, 문화인류학을 처음 접하는 학생들이나 시민들을 위한 좋은 입문서의 발간은 그 어느 때보다도 중요하다.

한국문화인류학회는 지난 1998년 창립 40주년을 맞이하여 『낯선 곳에서 나를 만나다』라는 일종의 독본을 펴낸 바 있다. 그 당시에도 입문서를 펴내자는 논의가 있기는 하였으나 외국의 저명한 개론서들을 단순히 모방하기보다는 준비 기간을 거쳐 우리 실정에 맞는 입문서를 만드는 것이 바람직하다는 취지에서 일단 독본을 먼저 펴냈던 것이다. 『낯선 곳에서 나를 만나다』는 해외의 저명한 학자들의 논문이나 저서

가운데 문화 현상을 잘 보여주는 글들을 선택하여 그 본뜻을 훼손하지 않는 범위 내에서 학생들이나 일반인이 읽기 쉽도록 손질하여 펴낸 일종의 '읽을 거리' 모음이었다.

이번에 펴내는『처음 만나는 문화인류학』은 한국문화인류학회 교재개발위원회가 오랫동안 고민한 결과를 토대로 기획한 미래형 입문서이다. 어려서부터 수많은 영상 자료와 인터넷 정보를 경험하면서 자라난 새로운 세대를 대상으로 한 인류학 교육은 어떠해야 하는가에 대해 교재개발위원들은 진지한 고민을 하였다. 마치 미래의 전쟁 양상을 예측하며 차세대 전투기를 개발하듯이 교재개발위원회는 미래의 인류학 강의가 어떻게 진행될 것이며 어떠해야 하는가를 생각하면서 미래의 강의실에서 사용할 교재로서 '차세대 인류학 개론'을 기획하기에 이른 것이다.

이 책을 펴내기 위한 작업은 영남대 문화인류학과의 박현수 교수가 회장으로 재임할 당시인 2001년 여름에 시작되어 1년 6개월이 넘는 공동의 노력을 거쳐 결실을 맺게 되었다. 위원장인 한경구 교수를 비롯하여 유철인, 황익주, 김영훈, 김은희, 김현미, 홍석준, 한건수 교수 등 교재개발위원들, 그리고 집필에 참여한 김광억, 조한혜정, 함한희, 오명석, 김은실, 김형준 교수, 그리고 강원대 대학원의 송지영 간사 등의 희생적인 노력에 깊이 감사한다. 또한 이 책의 개발 과정에서 관심과 도움을 주신 학회의 여러 회원 선생님들, 좋은 책을 만들라며 사재를 털어 격려해 주신 동국대 사학과의 임돈희 전 회장님, 그리고 (주)일조각의 지원에도 심심한 감사의 말을 전한다.

2003년 2월

한국문화인류학회장 최협

... 들어가는 글

『처음 만나는 문화인류학』은 2010년대를 바라보는 새로운 개념의 문화인류학 입문서로서 한국문화인류학회가 개발한 것이다. 이 책은 우리가 1998년에 엮어낸 『낯선 곳에서 나를 만나다』의 자매편이라 할 수 있다. 『처음 만나는 문화인류학』의 기획에 참여한 우리들은 종래와 같은 형태의 '정격 교과서'가 아니라, 변화하는 환경에 맞추어 새로운 세대를 위한 새로운 개념의 입문서를 만들려고 노력하였다. 즉, 미국이나 유럽의 정평 있는 개설서들에 실린 풍부한 내용들을 어떻게 하면 가급적 많이 그리고 정확하게 전달할 것인가가 아니라, 21세기 초 한국 사회에서 문화 현상에 관심을 가진 일반인들이나 대학에서 교양과목으로 문화인류학을 공부하는 학생들이 어떻게 하면 문화인류학의 가장 핵심적인 문제의식과 접근 방법을 쉽게 이해하는 데 도움이 되는 책을 만들 수 있을 것인가에 대해 고민하였다.

대학생들 및 일반인들을 대상으로 다년간 문화인류학을 강의해본 우리들의 경험에 의하면, 입문 과정에서는 다양한 정보를 소개하는 것도 중요하지만 보다 더 중요한 것은 핵심적인 쟁점들을 파악하고 이해할 수 있도록 도와주는 것이라 생각된다. 일단 핵심적인 쟁점들을 이해하기 시작하면 다른 정보들은 얼마든지 스스로 찾아 내어 자기 것으로 소화할 수 있기 때문이다. 그러므로 요즈음 같은 정보화 시대에 맞는 좋은 입문서란 어느 정도 중요하다고 생각되는 내용들을 골고루 갖추어 한 권으로 제시하는 소규모 백과사전 같은 것이라기보다는 그러한 내용들을 스스로 찾아보고 이해할 수 있는 힘을 길러주는 책이라고 할 수 있다. 해마다 쌀과 고기를 나누어주는 것도 식량난을 해결하는 방법이지만 보다 더 좋은 방법은 농사짓고 사냥하는 법을 가르치는 것이라고나 할까.

흔히 문화인류학 개론 강의를 들었거나 책을 읽은 사람이라면 적어도 이러저러한 개념과 이론, 또는 민족지 사례들을 알아야 한다고 생각하기 쉽다. 이 책은 그러한 생각을 떨쳐버리고 경쾌하고 간결하게 쓰기 위해 노력하였다. 수많은 개념과 이론, 그리고 사례들은 문화를 이해하기 위한 도구이며 과정인 것이지 그 자체가 목적이 아니기 때문이다. 난해하고 현란한 학술 개념과 이론들, 흥미진진하고 신기한 여러 다양한 문화의 관습과 제도들을 이해하는 것도 중요하다. 그러나 이에 급급하다 보면 마치 보라는 달은 보지 않고 달을 가리키는 스승의 손가락만 열심히 쳐다보는 옛 사람들과 같은 꼴이 된다. 더구나 너무 많은 것을 한꺼번에 제공하다 보면 정말로 중요한 것이 묻혀 버리는 경우가 있다. 또한 입문서라고 해서 기초적인 것만 이야기하다 보면 깊이 들어갈 수가 없어 아무런 재미가 없는 경우도 있다. 그러므로 우리들은 이 책을 기획하면서 외국의 정평 있는 개설서들에 등장하는 수많은 용어와 개념, 이론과 사례들 가운데 과연 어느 것들을 처음 문화인류학을 만나는 사람들에게 먼저 이야기하는 것이 바람직한가를 결정하는 데 고심하였다. 따라서 이 책에는 소위 정평 있는 개설서에 흔히 수록되는 내용들 중 상당 부분이 아예 실려 있지 않다. 문화인류학과의 첫 만남에서 독자들의 문제 의식과 지적 호기심을 일깨울 수 있다면, 기존의 정격 교과서에 수록되어 있는 풍부한 내용들을 반드시 이 책에서 소개하지 않더라도 독자들이 스스로 찾아낼 것이라 확신하기 때문이다.

이 책의 또 하나의 큰 특징은 지금까지 수입 학문 단계에 머무르던 문화인류학 개설서의 수준을 한 단계 끌어올려서 우리의 시각과 문제의식을 담아내려 노력했다는 점이다. 학계의 중견 및 소장학자들로 구성된 집필진은 각자 자신이 연구하고 있는 분야에서 21세기의 한국 사회와 세계를 이해하는 데 왜 문화인류학적 시각과 상상력이 중요하고 도움이 되는가를 전달하기 위해 힘을 기울였으며, 여러 차례의 토론을 거쳐 이를 다듬고 발전시켰다.

이 책은 진정한 의미에서 '21세기의 한국인을 위한 문화인류학 입문서' 를 지향하고 있다. 그러므로 선진국에서의 문화인류학적 연구 성과 중 중요하다고 생각되는 내용을 단 한 권의 책을 통해 압축적, 개략적으로 이해하려는 사람들은 현재 한국문화인류학회에서 기획하고 있는 문화인류학사전이나 다른 정평 있는 개설서들을 참고할 것을 권한다. 다시 한번 강조하거니와 이 책은 문화인류학이라는 학문이 무엇인지, 왜 문화인류학이 중요하고 흥미로운지를 이해하는 것을 목적으로 만들어진 것이다.

이러한 책이 필요하다는 점은 오래 전부터 논의되어 왔다. 이미 한국문화인류학회에서는 수년 전부터 기존의 수업 방식과 개론서들의 문제점 및 학생들과 일반 독자들의 불만에 대해 여러 차례 워크숍을 열어 그 대책을 논의한 바 있다. 그 결과 엄청나게 많은 낯선 개념과 사실들로 가득 찬 기존의 개론서들 역시 그러한 불만의 요인이 되고 있다는 사실을 발견하였다. 아무리 문화인류학에 대한 관심을 가지고 시작하더라도 그러한 책을 교재로 사용한 강의가 끝나거나 그 책을 끝까지 읽은 뒤에도 여전히 문화인류학이 무엇인지 잘 모르겠다는 사람들이 의외로 많았다. 여러 가지 재미있는 관습들을 알게 되기는 하였으나 도대체 그래서 어떻다는 것인지 모르겠다는 불만도 많았다.

한국문화인류학회 교재개발위원회가 마치 차세대 전투기나 차세대 구축함을 개발하듯이 차세대 개론서의 개발에 착수하게 된 것은 바로 이러한 이유 때문이었다. 그 결과물인 이 책은 기존의 개론서들이 왜 입문서로서의 현실 적합성을 상실하고 있는지, 왜 가르치는 사람이나 배우는 사람들이 불만을 가지고 있는지, 그 이유에 대한 분석에서 출발하였다. 국내에도 이미 여러 종류의 문화인류학 개론서들이 출간되어 있는데, 극소수를 제외한 그 대부분은 영미의 유명한 개설서들을 그대로 번역하거나 내용을 짜깁기한 것에 불과하다. 이러한 개론서들은 풍부한 사례와 개념들을 담고 있으며, 영미의 인류학에서 각 주제별로 가장 중요하고 기본적이라 간주되어 온 이론들과 용어들을 압축적으로 소개하고 있다는 점에서 이른바 '정격 교과서'를 지향하고 있다고 할 수 있다.

물론 이러한 개설서들은 다른 읽을 거리나 영상 자료들의 도움 없이 단 한 권의 교과서로 수업을 해야 했던 시절에는 매우 유익하고 의미가 있었다. 그러나 서적 이외에도 인터넷과 다른 매체들을 통하여 엄청난 양의 정보들을 쉽게 얻을 수 있는 오늘날, 그러한 입문서들의 의미는 점차 퇴색하고 있다. 특히 비전문가들이 개설서를 엮어낼 경우에는 번역이나 해석상의 오류, 이미 학계에서 더 이상 인정되지 않는 낡은 주장이나 이론들, 편협한 시각이나 오해 등이 포함될 가능성이 더욱 크다고 할 수 있다.

이러한 작업은 여러 사람들의 도움과 희생적인 노력에 의해 이루어졌다. 무엇보다도 『낯선 곳에서 나를 만나다』의 출간이 가능하도록 지원을 아끼지 않았던 한국문화인류학회의 전 회장 임돈희 교수는 차세대 개론 개발위원회의 구성과 출범에 커다란 자극을 주는 등 결정적 역할을 하였으며, 2001년 6월에 개최된 첫 편집회의에는 당시 학회장을 맡고 있던 영남대 박현수 교수와 함께 참여하여 "아버님(한국문화인류학회 초대 회장을 지내신 임석재 선생님)께서 책을 잘 만들라고 주시는 것"이라며 개발 비용에 보태라고 큰돈을 희사하시어 참석한 사람들의 각오를 새롭게 하였다. 교재개발위원회에는 『낯선 곳에서 나를 만나다』 작업에 참여했던 본인, 유철인, 김현미, 홍석준 외에 새로이 황익주, 김영훈, 한건수, 김은희 교수 등이 참여하였으며, 강원대 인류학과 대학원의 송지영 씨가 간사로 수고하였다.

이렇게 구성된 위원회는 2차례의 합숙 워크숍과 6차례의 회의를 거쳐 차세대 개론의 성격과 내용의 윤곽을 만들었으며, 각 장의 내용을 확정한 뒤에는 학회 회원 중에서 해당 부분을 기획 의도에 가장 잘 맞추어 쓸 수 있는 집필자를 선정하였다. 새로운 입문서에 어떠한 내용을 담을 것인가, 어떠한 내용을 뒤로 미룰 것인가, 누구에게 그러한 내용의 집필을 부탁하는 것이 가장 좋을까 등을 확정하기 위해 치열한 토론이 이루어졌음은 물론이다. 최종적으로 김광억, 조한혜정, 김은실, 함한희, 오명석, 김형준 교수가 교재개발위원들과 함께 집필을 담당하게 되었다.

좋은 책을 만들기 위한 토론은 집필된 원고가 들어오고 나서도 계속되었다. 거의 두 주일마다 개최된 편집회의에서 가장 큰 골칫거리는 새로운 개념의 입문서라는 목표를 확정했고 집필자들도 모두 이를 주지하고 있음에도 불구하고 실제로 원고를 집필하다 보면 자꾸만 '정격 개설서' 스타일의 글이 나온다는 점이었다. 그러므로 모든 원고가 위원들의 공동 검토를 거쳐 여러 차례 수정되었으며, 때로는 위원들 간에 얼굴이 붉어질 정도로 격렬한 토론이 전개되기도 하였으나 오로지 좋은 책을 만들겠다는 일념하에 사심 없이 전개된 논의였기에 선배나 은사의 글에 대한 통렬한 비판이나 수정 요구도 무리 없이 수용될 수 있었다.

또한 어느 정도 원고의 내용이 확정이 된 뒤에는 몇 개 대학의 학부생, 대학원생, 사이버 대학에서 강의를 듣는 학생들 중 일부에게 원고의 일부를 읽어 줄 것을 부탁하여 수정 작업에 그 반응을 참고하였다. 특히 중앙대의 이경선, 전화진, 동덕여대의 이강현, 이선주는 원고 전부를 꼼꼼히 읽고 독자의 입장에서 의견을 제시해 주었으며, 최호림 선생의 강의를 듣는 연세대 학생들도 원고의 일부에 대해 여러 가지 조언을 해주었다. 아울러 출판을 담당할 일조각의 편집실에서도 작성중인 원고를 미리 검토하고 여러 가지 문제점들을 지적하여 주었다. 또한 사진 작업을 담당한 김영훈 교수도 수고를 아끼지 않았다. 일부 사진들은 동 사진이 수록된 원전의 출판사 등에 연락하여 저작권 협의에 최선을 다했으나, 미처 소재가 파악되지 않은 개인 작가들의 경우(83쪽, 108쪽, 193쪽)는 시간 관계상 저작권 표기만 하였다. 혹 저작권자의 소재를 아시는 분은 한국문화인류학회로 연락 주시기 바란다. 그 외에도 일일이 이름을

다 밝히지 못하지만 이번 작업에 도움을 준 여러분들에게 이 자리를 빌려 감사의 말을 전한다.

얼마나 원고를 많이 수정했던지, 최종 완성된 원고를 본 위원들 사이에서는 "처음에 있던 글 중 남은 문장이 거의 없다"는 농담까지 나올 정도였다. 물론 아직도 미흡한 점을 찾아볼 수 있지만, 아마도 공동 작업에 의해 출간된 책 중에 이 정도로 진지하게 임한 경우는 찾아보기 힘들 것이라 자부한다.

아무튼 이 책의 출간은 몹시 바쁜 가운데에서도 새로운 개념의 입문서의 필요성을 통감하고 이 책의 편집과 집필에 참여해 주신 여러 선생님들의 희생적인 노력 때문에 가능하였다. 편집을 담당한 교재개발위원들은 학자들로서 가장 소중한 자산이라 할 수 있는 시간을 이 작업에 아끼지 않았으며, 집필자들 역시 후배나 제자들의 끊임없는 지적과 수정 요구에 성실히 대응하였다. 이 작은 입문서를 만드는 작업이 매우 어렵고 기나긴 과정이었지만 다른 한편 매우 즐거운 기억으로 남을 수 있는 이유는 바로 그 때문이라 하겠다.

2003년 2월

한국문화인류학회 교재개발위원장 한경구

차 례

제1장

왜 문화인가

●●● 한경구

로잘도R. Rosaldo라는 문화인류학자가 필리핀의 일롱고Ilongot족을 연구하러 갔다. 수렵과 원시농경으로 생계를 유지하는 일롱고족은 마음속에 쌓인 분노가 사회 내부에서 드러나는 것을 매우 꺼린다. 그래서 이러한 분노를 외부에서 풀기 위해 다른 부족 사람의 '머리 사냥'을 하는 것으로 알려져 있다. 머리 사냥같이 상당히 난폭한 일도 서슴지 않는 이들이었지만, 제2차대전이 끝나갈 무렵에는 굶주림에 더욱 흉포해진 일본군 패잔병들과 죽고 죽이는 일을 되풀이하면서 이리저리 쫓겨다녀야 했다. 인류학자가 이와 관련하여 어떤 일이 언제 일어났는가를 물어보자 이들은 다음과 같이 대답한다(Rosaldo 1980).

> 아, 그게 그러니까 우리가 부와 계곡을 지날 때이던가……
>
> 아, 그 일은 우리가 카키두젠 시내를 건너던 날 일어났지……

우리도 때때로 기억을 더듬을 때 그러한 경우가 있지만, 이들의 기억 속에서 시간은 주로 장소, 즉 공간으로 번역되어 남아 있다. 모든 일은 '언제 일어난 일' 이 아니라 '어디에 있을 때 일어난 일' 로 기억된다. 달력이나 시계 등 시간을 측정하는 도구도 없고, 문자 등 기록 수단도 가지고 있지 않은 사람들은 산업사회에 살고 있는 우리들과 시간 관념이 전혀 다르다. 서양에서 '주일' 이라는 개념이 들어오기 전에 조선시대 사람들은 시간을 어떤 단위로 끊어서 느끼며 살고 있었을까? 현대 도시인들 대부분은 토요일을 기다리며 월요일을 시작하는 삶을 살고 있고, 학교의 시간표나 텔레비전의 프로그램도 주 단위로 편성되어 있다. 그러나 조선시대의 농민이나 장인들은 일요일 없이 살았다. 학생들이나 훈장들은 매일 서당에서 글을 읽었으며, 아전이나 높은 벼슬아치들도 매일 출근을 해야 했다. 또한 하루는 24시간이 아니라 12시간으로 나뉘어 있었다. 씨를 뿌리고 김을 매고 곡식을 거두어들여야 하는 농민들이나 물때를 잘 알아야 하는 어민들에게는 24절기와 달의 차고 이지러짐이 중요했을 것이니 시간은 두 시간, 하루, 보름 또는 한 달 단위로 흘러갔을 것이다.

공적 영역에서 활동할 기회가 적었던 여성들은 역사적 사건이나 시간의 흐름을 어떻게 인식하고 기억했을까? 한국의 문화인류학자 윤택림은 동료들과 함께 해방 후 한국 사회의 역사적 변화를 살펴보러 충청남도 서산군의 어느 마을을 찾았다. 역사가 흔히 지배층을 중심으로 국가 수준에서 서술되어 왔다는 사실에 만족하지 못하고, 중앙이 아니라 주변에서, 위가 아니라 아래에서 한국 현대사를 살펴보기 위해 일부러 서울에서 너무 멀지도, 또 너무 가깝지도 않은 곳을 조사 장소로 택한 것이었다. 이 인류학자는 마을에서 옛날 일을 잘 안다는 어느 할머니를 수소문하여 이런 저런 일들에 대해 물어보기 시작했다(윤택림 1995).

인류학자 : 할머니, 그러니까 그게 언제인가요? 1945년인가요?

할머니 : 글쎄, 그게 내가 시집오던 해니까…… 아마 그럴 거야.

인류학자 : (다른 일에 대해) 할머니, 그건 또 언제인가요? 1948년인가요?

할머니 : 글쎄, 그게 내가 큰 아이 해산하러 친정에 가 있을 때니까…… 그래, 그게 맞아.

문화인류학자가 "어떤 일이 언제 일어났느냐"고 물어보면 할머니는 계속 자신의 신상에 일어났던 중요한 일들과 관련하여 답을 하고 있다. 일제로부터의 해방(1945)이나 대한민국의 건국(1948)처럼 우리가 흔히 떠올리는 중요한 사건들보다는 자신의 생애 가운데 여러 변화가 시간을 인식하는 중요한 준거가 되고 있다. 놀랍게도 할머니의 일상생활에서 세계대전의 발발이나 해방은 그렇게까지 중요하고 커다란 변화는 아니었다. 다만 6 · 25만큼은 해방이나 정부수립보다, 또 그 이후의 4 · 19나 5 · 16보다도 훨씬 더 큰 사건이었다. 이렇게 사람들은 자신이 처한 환경이나 관심사에 따라 상이한 시간 감각을 발전시키게 된다. 군대에 가면 언제 태어났느냐보다 언제 입대했느냐가 갑자기 더 중요해지는 것도 마찬가지 이치다.

인간은 특정 문화에서 태어나 성장하는 가운데, 즉 문화화文化化, enculturation 과정에서 특정한 유형의 정보에는 특히 관심을 기울이고 또 다른 유형의 정보는 차단하는 법을 배우게 된다. 이렇게 지각의 패턴이 확립됨에 따라 특정한 공간지각空間知覺이 차단되기도 하고 발전되기도 한다. 예를 들어 일본의 전통 가옥에서는 종이문 하나가 옆방과의 경계가 된다. 전통 사회의 일본인들에게 종이문은 어느 정도 음향을 차단하는 역할을 했으며, 이들은 옆방에서 나는 소리를 지각하지 않는 법을 배우며 자랐다. 그러나 전통적인 일본의 여관에 투숙했던 많은 서구인들은 옆방에서 나는 소리 때문에 도저히 잠을 이룰 수 없어 큰 불편을 겪었다고 한다. 두꺼운 벽과 문이 소리를 차단해 주는 환경에서 자라났기 때문이다.

우리는 세상을 '있는 그대로 본다'고 생각하지만 사실은 '배운 대로 본다'고 하는 편이 더 적절한 표현이다. 눈을 뜨면 물체가 보이기 때문에 어느 누구도 보는 법이 배움의 결과라고 생각하지 않을 뿐이다. 그러나 모든 사람들은 같은 물체를 동일하게 보지 않는다는 사실을 인식하는 것이 중요하다. 고고학 발굴 팀에서 일하는 사람들은 흙 속에서 화살촉 같은 물건들을 보통 사람들에 비해 훨씬 더 잘 찾아낸다. 특히 공간을 사용하는 방식, 장소를 이동하는 방식, 길을 가르쳐 주는 방식은 문화마다 다르다. 현대의 지도는 대단히 객관적이고 과학적인 것 같지만 사실은 하나의 문화적 관습이기 때문에, 공간을 지각하는 방식이 다른 문화의 사람들에게 지도는 아무런 의미도 전달하지 못한다.

사진에 대한 지각perception은 본다는 것이 문화적 관습이라는 점을 잘 보여준다. 우리들 대부분은 흔히 사진이 실물과 똑같다고 말한다. 그러나 과연 그럴까? 문화인류학자 피콕은 재미있는 일화를 소개한다(Peacock 1986). 미국의 어느 벼락부자가 아름다운 아내를 얻었다. 아내의 모습을 멋있게 그려 벽에 장식하기 위해 세상에서 가장 뛰어난 화가가 누구냐고 주변 사람들에게 물어보았다. 그랬더니 이구동성으로 대답하기를 피카소라고 하는 것이었다. 그는 당장 비서를 시켜 피카소를 졸라 큰 돈을 지불하고 초상화를 그리도록 하였다. 드디어 초상화가 완성되었다고 해서 가 보니 입체파 작품이었다. 너무나 놀란 부자가 피카소에게 외쳤다. "아니 조금도 안 닮았는데…… 내 아내는 이렇게 생기지 않았소." 피카소가 물었다. "그럼 어떻게 생겼는데요?" 부자는 지갑 속에 소중히 간직하고 있던 아내의 사진을 꺼내어 피카소에게 보여주었다. "보시오. 이렇게 생겼단 말이오." 피카소가 사진을 손에 들고 들여다보면서 말했다. "정말 이렇게 생겼단 말이오?" 부자가 대답했다. "정말 이렇게 생겼다니까요." 피카소가 중얼거렸다. "정말로 이렇게 작단 말이오?"

사진은 3차원의 피사체를 2차원으로, 그것도 대개 크기를 축소하여 번역한 것이며, 흑백사진은 색깔마저 흑백의 농도로 변환시킨 것이다. 이러한 '관습'을 공유할 경우에나 사진이 실물과 동일한 것이 된다. 문화인류학자를 만나 난생 처음으로 사진이라는 것을 접하게 된 원주민 여인은 심지어 자신이 안고 있는 아이의 사진을 보면서도 그것이 자기 아이의 모습이라는 사실을 이해하는 데 커다란 어려움을 느꼈다고 한다 (Herskovits 1959).

다른 문화가 어떻게 다른 시각을 갖게 하는지를 이해하기 위해 이누이트(흔히 '에스키모'라고 알려진) 사람들의 지각 세계를 살펴보기로 하자. 이누이트인들은 지평선이 없는 북극권에서 살고 있는데, 사물의 윤곽, 눈雪의 모양, 바람, 대기 속의 염분, 얼음의 균열 등이 이들의 시각과 깊이 관련되어 있다. 대부분의 미국인들은 도로가 격자 모양(#)으로 되어 있다는 가정하에 자동차 도로 표지판으로 공간을 인식한다. 이와는 대조적으로 이누이트인의 세계에서는 공간이 '몇 시간 거리'로 인식되기 때문에 시간과 공간이 하나로 묶이기도 한다. 또한 거리나 방향을 인식하는 데 소리나 냄새 등도 시각에 못지않게 중요하기 때문에 이누이트인들은 시각적 공간보다는 오히려 청각이나 후각적 공간에서 살고 있다고도 할 수 있다.

보는 방법만 다른 것이 아니라 본 것을 표현하는 방법도 다르다. 이누이트인들은 마치 투시안처럼 눈에 보이지 않는 것도 그린다. 얼음 위에서 사냥하고 있는 모습을 그릴 때, 사람과 개뿐만 아니라 얼음 밑에 있는 바다표범까지 그림에 그려 넣는 것이다. "왜 보이지 않는 것을 그리냐?"는 서구인의 질문에 이누이트인들은 오히려 이상하다는 듯이 "거기에 틀림없이 있는 것을 어떻게 안 그리냐?"고 대답한다. 근대 서양화의 원근법에 따르면 멀리 있는 코끼리보다 가까운 곳의 고양이를 크게 그리는 것이 당연하지만, 어떤 문화의 사람들에게는 실제로 더 큰 코끼리를 더 작게 그리는 것이야말로 우스꽝스러운 일이며, 또한 높이가 똑같은 기둥들을 멀리 있다고 점점 더 낮게 그리는 것도 마찬가지로 우스꽝스러운 일이다. 서양화에 익숙한 사람들이 보기에는 동양화가 원근법에 맞지 않는 것 같지만, 이는 하나의 화면 내에서 시점을 여러 곳으로 옮겨 가면서 경치를 그린 것일 수도 있다.

서로 다른 문화 속에서 태어난 사람들은 이렇게 세상을 다르게 보고 느끼는 방법을 배우며 자라지만, 종종 자신이 자기 문화의 산물이라는 것을 망각한다. 마치 물고기가 자기가 살고 있는 물을 당연한 것으로 여기듯이 하나의 문화 속에서 성장한 사람은 자신의 문화의 가장 중요한 특징들을 의식하지 못하기도 한다. 예를 들어 새빨갛고 매운 김치는 17세기에 비로소 등장하기 시작한 것으로서 역사가 300년도 되지 않지만, 오늘날 한국인들은 김치를 가장 대표적인 '한국인의 민족 음식'으로 여

ⓒ 롯데리아

기고 있다. 고추는 임진왜란 무렵에 한국에 들어온 것이지만 우리는 마치 아득한 옛날부터 새빨갛고 매운 김치를 만들어 먹은 것처럼 생각하고 있는 것이다. 더구나 오늘날 김치를 담그는 데 가장 널리 사용되고 있는 배추의 품종이 국내에 들어온 지는 100년에 불과하다고 한다. 그러니까 우리가 오늘날 알고 있는 김치는 역사가 짧은 최근의 발명품이다. 그럼에도 불구하고 '반만년의 역사를 자랑하는 한민족'의 가장 특징적인 전통 음식으로서의 지위를 의심하는 사람은 거의 없다. 김치의 매운맛은 완벽한 우리 고유의 것처럼 느껴지며, 또 일본에서 '기무치'가 동네 수퍼마켓마다 팔리게 되었고, '김치버거'가 인기를 끌기 시작했다는 소식에 우리는 가슴이 뿌듯해짐을 느끼기도 한다.

다른 음식도 그렇지만 김치 또한 단순한 음식 이상의 것이다. 인간은 배고픔을 이기고 영양을 섭취하기 위해서뿐 아니라 자신이 누구인가를 규정하고 표현하기 위해서도 음식을 사용한다. 김치뿐만 아니라 의복이나 장신구, 자동차나 주택 등 물질문화material culture의 모든 품목들도 자신을 주장하고 표현하는 데 사용될 수 있지만, 이왕 김치 이야기가 나왔으니 이제부터 '문화현상으로서의 김치'에 대해 자세히 살펴보기로 하자.

흔히 김치는 한국인의 '삶의 활력'이며, 한국인이 먹지 않고서는 살 수 없는 것으로 간주되고 있으나, 김치는 한국인의 식사 구조에서 미묘한 위치를 차지하고 있다. 한국인의 전형적인 식사는 주식(밥)과 부식(반찬)으로 구성되는데, "반찬은 없고 밥과 김치뿐"이라는 표현처럼 김치는 흔히 부식(반찬)으로 간주되지 않으며, '7첩반상'이란 김치나 간장을 빼고 다른 반찬이 일곱 가지임을 의미한다. 김치는 너무나도 기본적인 것이기 때문에, 다른 반찬 없이 김치와 밥만으로 이루어진 식사는 가난한 사람의 식사가 된다.

그 때문인지 반드시 김치가 있어야 식사를 할 수 있다는 것은 가난이나 촌스러움을 뜻하기도 한다. 이와는 반대로 김치를 반드시 먹지 않아도 된다는 것은 상류층의 세련됨을 표현하는 것이다. 이는 맵고 자극적인 음식은 우아하지 못한 하층 계급에나 어울리는 것이라는 믿음과도 관련된다. 한국에 있는 중국음식점과 일본음식점 그리고 서양음식점 중에는 손님이 특별히 요청하지 않아도 김치를 내놓는 곳이 상당수 있다. 그러나 일부 레스토랑은 손님의 요청에도 불구하고 김치를 아예 제공하지 않음으로써 '진짜임'authenticity과 '고급임'을 강조하고 있다.

김치는 1980년대 초반까지만 해도 선진국 사람들은 도저히 먹을 수 없는 끔찍하고 야만적인 음식으로 간주되었던 것이 사실이다. 한국인들과 외국인들(특히 미국인) 간의 문화간 접촉의 장場은 '김치 무용담'으로 가득 차 있다. 김치를 잘못 먹고 혼이 난 외국인들의 이야기는 물론, 유학간 자녀들에게 선물할 김치를 들고 비행기에 탔다가 태평양 상공에서 국물이 새어 나오는 바람에 수백 명의 승객들이 목적지에 도착할 때까지 계속 코를 감싸쥔 이야기에 이르기까지 헤아릴 수 없이 많다. 한국이 작고 가난한 후진국이던 시절 외국 문화와의 접촉 과정에서, 특히 한국전쟁과 베트남전쟁 기간 동안, 기지촌 등지에서 김치는 냄새가 고약하고 끔찍한 식품, 필요하기는 하지만 결코 자랑할 수 없는 식품이었다.

그런데 경제가 성장하고 다양한 외국인과 여러 형태의 접촉이 많아지면서 한국인들은 점차 서양의 음식들 역시 상당수가 '고약한' 냄새를 풍기며, 또한 외국인들 중에도 김치의 맛을 알고 즐기는 사람들이 많다는 사실을 깨닫게 되었다. 특히 선진국의 상류층 사람들이 '민족요리' ethnic cuisine를 즐긴다는 점은 신선한 충격이었다. 그리하여 김치에 대한 한국인들의 생각도 바뀌기 시작했다. 한국인들 사이에서 자기 문화에 대한 긍지와 자신감이 상승하는 것과 더불어 김치는 한민족을 대표하는 음식으로 자리잡게 되었으며, 서울 올림픽 즈음에는 외국인들에게도 김치를 먹어보라고 권하기에 이르렀다. 한때 가난과 부끄러움의 상징이었던 김치를 외국인들도 좋아할 수 있는 맛있는 음식이라고 주장하기 시작한 것이다. 게다가 외국인들이 김치를 잘 먹지 못한다는 사실은 김치가 대단히 '한국적인' 식품이라는 것을 '증명'하는 것이기도 했다.

영국의 상류층은 피가 뚝뚝 떨어지는 쇠고기 스테이크를 먹으면 신체만 강건해지는 것이 아니라 기질도 용맹해진다고 믿었고(Fiddes 1991), 이후 서구의 군대는 동물성 단백질의 섭취를 강조하기에 이르렀다. 서구의 음식 전통에서 피가 뚝뚝 떨어지는 쇠고기 스테이크는 자연에 대한 정복을, 반면에 채식주의는 자연과의 조화, 평화, 여성스러움을 상징하는 것이었다.

그러나 이와 반대로 한국인들에게 새빨간 김치는 힘과 남성성을 상징한다. 동물성 단백질을 마음껏 섭취할 수 없었던 시절의 한국인들에게 김치와 고추장은 단순한 물리적 힘의 격차를 극복할 수 있는 어떤 독특한 힘을 주는 것이기도 했다. "작은 고추가 맵다"는 속담은 고기와 버터를 양껏 먹고 큰 체격을 갖게 된 서구 선수들과의 경기에서 승리를 염원하는 말로 종종 인용되기도 했다. 한국인과 서구인의 대결 구도는 단순한 '식물성 식품(푸성귀) 대 동물성 식품(고기)' 이라는 차원만이 아니라 '새빨간 김치(정신력) 대 허연 지방이나 버터(단순한 육체적 힘)' 라는 차원도 포함하고 있었다.

최근 건강과 환경에 대한 관심과 불안이 증대하는 가운데 김치는 환경친화적이며 정치적으로도 옳은politically correct : PC 건강식품이 되었다고 할 수 있다. 김치는 무기물과 비타민이 풍부한 유산균 발효식품으로서 주로 채소로 만들어졌기 때문에 에너지를 덜 소비하고 생명을 살상하지 않으며, 공격성이나 남성 우위의 편견을 유발하지도 않기 때문이다. 한편 매운 김치를 먹을 수 있게 되었다는 것은 어른이 되었다는 징표로 간주되기도 하지만, 한국인들이 요즘처럼 매운맛을 좋아하게 된 것은 '군사독재' 와 급격한 경제 개발에 따른 스트레스의 영향 때문이라는 지적도 있다.

위에서 살펴본 바와 같이, 새빨갛고 매운 김치는 가난과 촌스러움의 징표이기도 했지만, 한국 문화의 여러 요소들 가운데 가장 한국적인 것 중의 하나로서 민족적 자부심과 자신감을 불러일으키는 상징적 도구로 사용되어 왔다. 그러나 대부분의 한국인들은 김치가 언제부터 새빨갛고 맵게 되었는지에 대해 아무런 의문을 품지 않고 살아왔다. 왜냐하면 김치는 너무나 우리에게 익숙하며, 우리와 다른 나라 사람들을 매우 손쉽고 뚜렷하게 구분해주는 문화 요소이기 때문이다. 한국 문화에서 태어나 한국인으로 성장한다는 것은 새빨갛고 매운 김치를 당연한 것으로 받아들이게 된다는 것을 의미한다(한경구 1995).

바로 그 때문에 문화는 흔히 '하나의 인간 집단이 공유하는 가치나 신념' 또는 '삶의 디자인' design for living이라 정의되지만, 가장 중요한 특성 중의 하나는 오히려 사회 구성원들 간에 '공유된 무관심'을 만들어내는 것이라 할 수 있다. 하나의 문화 속에서 성장한다는 것은 그 문

교복을 입는 이유는 무엇일까? 의복은 자신들만의 정체성을 나타내기도 하지만 구성원들에게 획일화된 가치를 학습시키고 강요하기도 한다. ⓒ 김영훈

화의 기본적인 가치나 여러 특질들을 너무나 자연스럽고 당연한 것으로 여기게 되는 것, 즉 의문을 품지도 않고 질문도 하지 않게 되는 것을 의미하기 때문이다.

그래서 자문화중심주의ethnocentrism란 단지 자신의 문화에 우월감을 느끼면서 자신의 가치관과 세계관을 다른 문화 사람에게 강요하는 태도만 가리키는 것이 아니다. 넓은 의미에서는 자신의 문화에 대한 성찰이나 비판 없이 이를 당연시하는 태도나 자신의 문화의 여러 특질들의 존재에 대해 무관심을 공유하는 것도 포함한다.

다른 문화를 알게 되고 그 사람들의 시각에서 볼 수 있게 된다는 것, 즉 문화상대주의cultural relativism의 태도를 갖는다는 것은 바로 이러한 자문화중심주의를 벗어나기 위해 꼭 필요한 과정이다. 다른 문화와 대면해야만 비로소 자신의 문화적 가치들이 절대적인 것이 아니며 자신의 삶의 방식이 유일하고도 필연적인 것이 아니라는 사실을 깨달을 수 있다. 문화상대주의는 때때로 고통과 혼란을 수반하기도 하지만, 다른 문화와의 대면은 성장 과정에서 무뎌지거나 억압되었던 자신의 문화에 대한 의문과 호기심과 감수성을 회복시켜 준다. 즉, 자기 문화를 보다 잘 바라볼 수 있게 해준다.

그래서 문화인류학은 '인간의 거울' Mirror for Man이라 불리기도 한다. 문화인류학자들이 구태여 다른 문화로 현지조사를 떠나는 것은 자신의 문화를 더 잘 알기 위해서, 즉 낯선 곳에서 나를 만나기 위해서이다.

읽을 거리

『낯선 곳에서 나를 만나다』, 한국문화인류학회 엮음(한경구 · 유철인 · 정병호 · 김은실 · 김현미 · 홍석준), 개정증보판, 일조각, 2006.

문화상대주의, 현지조사, 문화와 인성, 성과 문화, 차이와 불평등, 언어와 커뮤니케이션, 친족과 혼인, 권력과 사회 통제, 경제, 상징과 의례, 몸과 문화, 환경과 삶에 이르기까지 문화인류학의 범주를 다양한 사례와 함께 쉽게 설명했다. 낯선 것들에 대한 인류학적인 따뜻한 시선을 느낄 수 있는 책이다.

『문화인류학의 역사』, 머윈 S. 가바리노Merwyn S. Gabarino, 한경구 · 임봉길 공역, 일조각, 2011.

인류학 입문 강좌를 위하여 사회와 문화에 대한 이론을 역사적으로 개괄한 책이다. 지리상의 발견과 계몽시대부터 비롯되는 근대적인 인류학의 출발 배경에 대한 상세한 언급과 각 이론의 사회적 · 정치적 배경에 대한 폭 넓은 설명을 장점으로 하고 있다.

제2장

현장으로 가자

●●● 홍석준

유학생이나 해외 지사의 현지 주재원으로 가든, 단순한 관광객이나 배낭 여행객으로 가든, 누구나 외국에 가게 되면 맨 먼저 문화 충격culture shock을 겪게 된다. 문화 충격이란 특정 상황에서 다른 사람의 행동이 무엇을 의미하는지, 또 나는 어떻게 행동하는 것이 옳은지 모를 때 겪게 되는 심리적인 불안과 갈등을 말한다. 문화는 우리가 어떤 상황에 맞게 행동할 때, 그리고 다른 사람의 행동이 무엇을 의미하는지를 해석할 때 사용되는 지식 체계이다. 따라서 다른 문화를 접할 때 필요한 문화적 지식이 없으면 우리는 문화 충격을 겪게 되는 것이다. 그렇다면 문화 충격을 해소하는 방법은 무엇일까.

문화 충격은 현지에서 일정 기간 동안 지내야 사라진다. 그러나 단순히 세월만 지나간다고 해결되지는 않는다. 현지의 문화를 보르브로 일상생활의 경험을 통해서 배워야 하는 것이다. 다른 문화other culture에 들어간 인류학자 역시 마찬가지이다. 현지사람의 관점에서 보면, 인류학자는 어린이나 배우는 학생의 입장에 있다. 어린이가 자신이 속한 사회에서 자라면서 자신의 문화를 배워 가듯이, 인류학자는 현지사람들을 선생으로 모시고 다른 문화를 배우는 것이다.

호주 북부에 사는 티위Tiwi족의 문화에 대해 현지조사를 수행한 바 있는 하트C. W. M. Hart는 자신의 현지조사 경험을 회고하면서 다음과 같이 말하고 있다. "1928년 4월 티위의 해안에 처음 도착했을 때, 나는 인류학자가 아니라 단지 많은 인류학 서적을 읽고 인류학 강의를 들은 23살의 어린아이에 불과했습니다. 그러나 2년 후 티위 섬을 떠날 때 나는 어느새 한 사람의 인류학자가 되어 있었습니다"(하트 · 필링 1990).

인류학적 현지조사란 무엇인가

현지조사fieldwork는 현지사람의 관점native' s point of view으로 다른 문화를 이해하기 위한 연구 방법이다. 영국의 문화인류학자 말리노프스키Bronislaw Malinowski가 지적한 것처럼, 현지조사의 목표는 "현지사람의 관점, 즉 삶과 그들의 관계를 그들의 입장에서 파악하고 '그들 자신'의 세계관을 실감하는 데 있다"(Malinowski 1961). 그럼으로써 다른 방식으로 보고, 듣고, 말하고, 생각하고, 행동해 온 사람들에게 세상이 어떤 것인가를 알려준다. 이런 점에서 현지조사를 통해 문화를 기술하고 분석하는 작업은 사람들을 연구하는 것일 뿐만 아니라 그들로부터 배우는 것을 의미하기도 한다.

사람들이 살아가는 일상생활의 맥락 속에서 살아 움직이는 문화를 이해하고자 하는 현지조사는 어떤 특정 학문 분야만의 연구 방법은 아니지만 인류학에서 특히 중요한 의미를 지니고 있다. 인류학적인 현지조사는 다른 사회과학의 현지조사와는 달리 연구자가 조사 대상인 사회를 보다 완벽하게 이해하기 위해 그 사회의 구성원들 사이에서 장기간 체류하기 때문이다. 실제로 인류학자는 현지문화의 특징과 의미를 파악하기 위해 적어도 1년 또는 그 이상의 기간 동안 현지에 장기 체류하면서 현지사람들의 일상생활을 관찰하여 기록하고 분석한다.

1년이라는 기간은 대부분의 사회에서, 특히 인류학자가 전통적으로 현지조사를 해왔던 기술 수준이 낮고 상대적으로 고립되어 있으며 변동의 속도가 느린 소규모 사회에서, 생활의 한 주기가 시작되면서부터 마감되기까지의 일정한 시간을 뜻한다. 따라서 인류학자는 최소한 1년간 현지의 일상생활을 관찰하여 분석해야만 현지사람들의 생활 주기의 특징과 의미에 대해 이해할 수 있다고 믿는다. 1년 동안의 생활을 지속적으로 면밀하게 관찰하게 되면 인류학자와 현지사람들 사이에 종합적이면서도 상호 긴밀하게 연결된 의사소통이 이루어지며, 그 속에서 인류학자는 현지문화에 대한 균형 잡힌 이해를 할 수 있다. 따라서 인류학에서는 1년이라는 현지조사 기간이 생활 주기라는 측면에서뿐만 아니라 현장이 어디든 간에 현지사람들의 관점으로 그들의 문화를 이해하는 데 필요한 최소한의 기간이라고 간주되며, 실제로 1년을 넘어 2년까지 현지조사를 계속하는 경우도 흔히 있다.

장기간 체류하는 인류학적 현지조사는 인류학자가 문화상대주의cultural relativism를 몸소 터득하여 문화를 올바로 이해하기 위한 관점이나 지식을 생산하는 과정이다. 따라서 현지조사는 전문적인 인류학자가 되기 위한 일종의 통과 의례rite of passage라고 할 수 있다. 남자의 성년식이 사회문화적으로 성gender이 없는 어린아이를 성인 남자로 전환시켜 주듯이, 현지조사는 단지 어떤 문화에 막연한 관심만을 갖고 있는 아마추어를 전문적인 인류학자로 탈바꿈시켜 준다. 이를 위해 인류학자는 대개 자기의 문화적 배경과는 다른 문화 속으로 들어간다.

자기 얼굴을 스스로 볼 수 있는 사람은 아무도 없다. 거울이라는 매체를 사용해야만 자기 얼굴을 볼 수 있게 된다. 물속에 있는 물고기가 물에 너무 익숙하여 물의 존재를 잊고 살아가듯이, 사람들도 자기 문화에 너무 익숙해져 있고 자기 문화를 너무나 당연한 것으로 받아들이기 때문에 그 존재와 의미를 잊고 살아가기 쉽다. 그러나 다른 문화 속으로 들어가면 그 문화는 낯선 것이기 때문에 문화를 객관적으로 바라볼 수 있는 기회를 갖게 된다. 결국 인류학적인 현지조사는 낯선 세계와의 만남을 시작으로 하여 낯선 것을 익숙하게 만드는 과정이라 할 수 있다.

현장으로 들어가서

현지사람들을 이해하고 낯선 것에 익숙해지기 위해서는 여러 방식이 있을 수 있겠지만, 우선 현지사람들과 함께 생활해보아야 한다. 처음 경험해보는 낯선 자연 환경에 적응할 줄 알아야 하며, 처음 먹어보는 이상야릇한 음식도 먹을 줄 알아야 한다. 현지문화에 대한 구체적이고 상세한 정보를 얻는 것보다 더 중요한 것은 먼저 열린 마음과 자세를 갖추는 것이다. 문화를 머리로 이해하기 전에 먼저 눈과 입, 손과 발, 그리고 가슴으로 이해하려고 노력해야 한다.

인도네시아 발리의 한 마을에서, 인도 뉴델리의 빈민 지역에서, 남미 브라질의 한 부족 집단 속에서, 미국 뉴욕의 한 양로원에서, 일본 오사카의 재일 한국인 집단 거류지에서, 혹은 중국 베이징의 한류 콘서트 현장에서, 인류학자는 현지사람들의 문화를 배우고 익힌다. 현지에 도착하는 첫날부터 인류학자는 이른 아침부터 밤 늦게까지 현지사람들의 일거수일투족을 관찰하거나 현지에서 실제로 벌어지는 각종 행사에 직접 참여하고 관찰함으로써 현지사람들의 생활이 어떤 것이며, 그 의미는 무엇인가를 파악하려고 애쓴다. 혹자는 이렇게 묻기도 한다. "도대체 그런 곳에서 그토록 오랫동안 무엇을 하고 지냈나요?" 이에 대한 대답은 여러 가지로 나올 수 있지만, 일반적인 대답은 "그곳 사람들의 일상생활에서 보고, 듣고, 느낀 것들을 기록했습니다"라는 것이다.

현지사람들과 같이 생활하면서 현지 사정에 아직 익숙하지 않을 때 인류학자가 미처 예상하지 못한 사건이 발생하기도 한다. 그러한 사건의 의미를 제대로 포착하기 위해서는 현지문화에 대해 어느 정도 지식과 경험이 필요하다. 이를 위해서는 인류학자와 현지사람들 사이에 '라포' rapport가 형성되어야 한다. 라포란 신뢰에 바탕을 둔 친밀한 관계를 말한다.

현지사람들과의 첫 만남은 매우 어색한 상태에서 이루어지는 것이 보통이지만, 자주 만나 만남이 깊어질수록 인류학자는 현지사람들과 자연스럽게 만날 수 있게 된다. 인류학자는 이제 현지사람들의 친구가 된 것이다. 이러한 상태를 라포가 형성되었다고 말한다. 이때 비로소 인류학자와 현지사람들 사이에 깊이 있는 만남이 가능해진다. 미국의 문화인류학자 기어츠 부부Clifford Geertz & Hildred Geertz가 인도네시아 발리Bali의 한 마을에서 경험한 이야기는 인류학적 현지조사에서 라포가 얼마나 중요한지 잘 보여준다(기어츠 1998).

기어츠 부부는 현지조사를 위해 발리의 한 마을에 들어갔다. 그곳에 머무는 동안 그들은 초기에는 침입자, 그것도 직업적인 침입자로 인식되었다. 마을사람들은 그들을 '존재하지 않는 것', 즉 사람이 아니거나 유령이거나 혹은 눈에 보이지 않는 존재인 양 대하였다. 기어츠 부부가 누군가에게 접근하려고 하면 그 사람은 슬쩍 그러나 아주 단호하게 자리를 비켜 달아났다. 그들은 발리 특유의 방식으로 무시당했던 것이다. 그러나 후에 우연히 마을 내의 닭싸움 현장에 참여했던 것을 계기로 부부는 마을 공동체의 일원으로 받아들여지게 되었다.

어느 날 학교를 세울 돈을 마련한다는 명목으로 마을의 후미진 곳에서 음성적으로 대규모의 닭싸움이 열렸다. 당시 닭싸움은 불법이었다. 수백 명의 마을사람들이 모인 상태에서 경기가 열리던 중에 이를 미리 눈치챈 경찰이 현장을 급습했다. 경기는 중단되고 사람들은 모두 혼비백산하여 도망치기 시작했다. 기어츠 부부도 이런 모습을 보고 그 자리에서 도망치는 것이 상책이라 생각하고, 마을의 큰 길을 따라 그들이 살고 있던 쪽과는 반대쪽으로 무조건 도망쳤다. 그때 그들 앞을 달려가던 또 다른 한 도망자가 갑자기 앞에 있는 어떤 집으로 들어가 버렸다. 그곳은 바로 그 사람의 집이었다. 그들도 달리 도망갈 길이 없다는 것을 알자 그를 따라 그 집으로 뛰어들어 갔다.

세 사람이 갑자기 마당으로 뛰어들어 오자, 전에도 이런 일을 겪었음에 틀림없는 그의 아내가 순식간에 테이블과 테이블 보, 의자 세 개 그리고 찻잔 세 개를 꺼냈고, 세 사람은 특별히 어떤 말도 꺼내지 않고 각자 자리에 앉아서 차를 마시며 평정을 되찾으려고 애썼다. 잠시 후 경찰 한 명이 거드름을 피우며 그 집 마당으로 걸어 들어왔다. 그는 '백인' 인 기어츠 부부를 보자 도대체 여기서 무엇을 하고 있느냐고 추궁했다. 집주인은 즉시 그들이 누구인지 설명해 주었고, 경찰은 부부에 대한 상세한 설명을 들은 후 되돌아갔다. 집주인이 부부를 곤란한 상황에서 벗어나게 해준 것이다. 기어츠 부부는 얼떨떨한 기분으로 감옥에 가지 않게 된 사실에만 안도하면서 그 집을 나섰다.

다음날 아침, 기어츠 부부에게 세상은 완전히 달라져 있었다. 그들은 더 이상 침입자도 유령도 투명인간도 아니었다. 그들은 모든 마을사람들이 따뜻함과 관심을 가지고 주목하는 사람이 되었으며, 마을 내에서 즐거움과 흥미의 대상으로 변해 있었다. 마을사람들은 경찰이 급습했을 때 기어츠 부부가 자기들과 함께 도망쳤다는 것을 알고 있었다. 그로써 기어츠 부부는 마을사람들과 한통속이 되었던 것이다. 이런 점 때문에 이 사건은 마을사람들에게 중요한 사건으로 기억되었다. 나중에 마을사람들은 기어츠 부부가 혼비백산해서 도망갔다고 놀리기까지 했다. 발리 사회에서 놀림을 받는다는 것은 곧 받아들여졌음을 의미한다. 이 사건은 마을사람들과 기어츠 부부의 관계에서 하나의 전환점이 되었고, 결국 부부는 마을공동체의 일원으로 받아들여졌다. 드디어 기어츠 부부는 발리 문화에 접근하는 통로를 발견하게 된 것이다.

위의 사례에서 보듯이, 현지사람들과 라포를 형성하게 되는 계기는 예기치 못한 상황일 때가 많다. 따라서 중요한 것은 현지조사 중에 경험하게 되는 오해와 혼란을 포함한 모든 사건이나 일을 통해 어떻게 현지문화를 이해할 것인가라는 문제이다. 현지조사자에게 깊은 통찰력과 예리한 감수성이 요구되는 대목이다. 하지만 현지조사자는 매사에 흥미가 많고 자기와 다른 것에 대해 관용적이며, 다른 사람에 대한 애정이 많고 남을 존중할 줄 알지만, 어디까지나 자신은 다른 사회에서 온 사람이라는 정체성을 유지하는 것이 가장 바람직하다. 현지조사자가 된다는 것이 곧 '현지사람이 되는 것' going native을 의미하지는 않는다(크레인 ·

앙그로시노 1996).

현지조사는 어떻게 하는 것인가

인류학자가 현지사람이 아님에도 불구하고 현지사람들의 관점으로 그들의 문화를 읽어내는 통찰력은 어떻게 얻어지는가. 다시 말해 과연 현지조사는 구체적으로 어떻게 하는 것일까. 이 방법은 다른 조사 방법과 어떤 면에서 다른가. 이를 통해 우리는 무엇을 얻을 수 있을까.

인류학적 현지조사에서 사용되는 주요 기법으로는 참여 관찰participant observation과 비공식적 (심층) 인터뷰informal (in-depth) interview가 있다. 이들 기법은 우리가 일상에서 새로운 것을 배우거나 이해하려 할 때 누구나 사용하는 것들이다. 참여 관찰과 비공식적 인터뷰는 특별한 도구나 까다롭게 표준화된 절차가 없으므로 누구나 시작할 수 있지만 이를 제대로 잘 해내기란 매우 어렵다.

참여 관찰은 말 그대로 현지의 사회적 상황에 직접 참여하면서 관찰하는 것이다. 참여 관찰은 현지에 들어가서 나올 때까지 항상 사용하는 기법이기 때문에 인류학적 현지조사와 참여 관찰은 종종 같은 의미로 사용되기도 한다. 현지조사자는 참여함으로써 활동을 직접 경험할 수 있고, 사건에 대한 감각을 느낄 수 있으며, 자신의 시각으로 사회적 상황을 기록할 수도 있다. 참여 관찰자participant observer는 사회적 상황에 적합한 활동에 참여한다는 것뿐만 아니라 그 상황에서의 활동과 사람, 물질적 측면을 관찰한다는 점에서 일상적 참여자와 구분된다. 일상적 참여자는 단순히 참여만을 위해 사회적 상황에 참여하는 데 반해, 참여 관찰자는 참여와 관찰 모두를 위해 참여하는 것이다.

해외 동포 연구에 나선 한 인류학자 현지 조사는 여러 조사 기법이 동원되는 것으로 면담을 통해 정보를 얻고, 기록 · 분석하는 과정을 반복하게 된다. ⓒ 유철인

참여 정도에 따라 문화적 상황에 대한 이해가 달라지는 경우가 많은데, 인류학자가 어느 정도까지 참여해야 하는지는 상황에 따라, 현지조사자에 따라 달라질 수 있다. 어떤 이는 현지에 들어가 참여 관찰을 하다가 일상적 참여자 또는 단순 참여자로 남기도 하고, 또 어떤 이는 참여 관찰을 하기 위해 들어갔다가 단순한 관찰만 하고 나오기도 한다. 중요한 점은 현지에 머무는 시간이 길어질수록 조사자의 참여 정도도 깊어진다는 것이다. 화이트William Foote Whyte는 미국의 이탈리아계 이민자들의 슬럼 지역에서 현지조사를 할 때, 처음에는 외부인이나 이방인이라 할 수 있는 비참여 관찰자nonparticipating observer로 시작할 수밖에 없었다. 그러다가 시간이 흘러 그가 현지사람들에게 받아들여지고, 현지사람들과 거의 흡사한 수준인 비관찰 참여자nonobserving participant를 거친 다음에야 비로소 참여 관찰자가 되었다고 고백하였다(Whyte 1981). 그러므로 참여 관찰은 단순히 참여와 관찰을 합한 것 이

상의 의미를 지니고 있다. 참여 관찰이란 구체적인 행동의 프로그램이나 조사 기법이라기보다 오히려 하나의 심적 상태이며, 현지에서의 삶을 위한 하나의 틀인 것이다. 그러므로 통찰력과 호기심, 그리고 타인에 대한 애정이 많은 사람이 좋은 참여 관찰자가 된다고 할 수 있다.

참여 관찰은 다른 사람을 진정으로 이해하거나 다른 문화를 배우는 데 가장 좋은 방법이지만, 모든 것에 대해 직접 참여 관찰을 할 수 있는 것은 아니다. 이미 지나간 행사는 말할 것도 없지만, 현지사람이 인류학자의 참여를 허락하지 않는 경우에는 참여 관찰을 할 수가 없다. 인류학자가 어떤 상황에 직접 참여 관찰을 하지 못했을 때, 그 상황에 대해 배울 수 있는 방법은 현지사람에게 물어보는 것이다. 이처럼 질문을 통해 정보를 얻는 것을 인터뷰interview라고 한다.

인터뷰에는 공식적 인터뷰formal interview와 비공식적 인터뷰informal interview가 있다. 다른 사회과학자들이 주로 사용하는 방식인 공식적 인터뷰는 조사자가 미리 질문을 작성하여 인터뷰 대상자에게 응답을 얻어내는 것이다. 이에 반해 인류학적 현지조사에서 주로 사용하는 비공식적 인터뷰는 기회가 있을 때마다 자유롭게 적절한 질문을 하는 것을 말한다. 따라서 비공식적 인터뷰는 응답자가 자신이 인터뷰의 대상이 되고 있다고 의식조차 하지 못하는 상태에서 이루어지기도 한다. 미리 질문을 만들지 않은 채 이루어지는 비공식적 인터뷰에서는 응답자가 자연스럽게 이야기를 할 수 있는 분위기를 만드는 것이 매우 중요하다. 게다가 인류학자는 현지에 가기 전까지, 어떤 질문이 그 문화에서 가장 효과적이고 적절한 것인지 알 수 없기 때문에 미리 질문지를 만들 수도 없다. 따라서 비공식적 인터뷰는 참여 관찰이나 이전의 비공식적 인터뷰를 통해 그때까지 알게 된 것을 바탕으로 계속해서 질문을 하는 것이다.

그렇다면 인류학자들은 왜 참여 관찰이나 비공식적 인터뷰를 하는가. 인류학에서 말하는 현지조사란 조사의 주체가 참여하지 않은 상태에서 이루어지는 단순 관찰이나 공식적 인터뷰로는 도저히 파악할 수 없는 문화의 특징과 의미를 이해하기 위한 활동을 의미한다. 현지를 먼 발치에서 바라보거나 그 안으로 들어가 잠시 동안 현지사람들을 만나 이것저것 물어보고 그 내용을 메모한 다음, 자신이 몸담고 있는 곳으로 돌아와 평소에 익숙한 행동이나 생각을 자연스럽게 되풀이한다면, 그것만으로는 결코 현지문화와 자신의 문화 사이의 미묘한 차이를 알아낼 수 없을 것이다. 인류학자들은 이제까지 몸담아 왔던 문화에서 벗어나 생소하면서도 이질적인 환경이나 생활에 최소한 1년 이상 푹 빠져 지내야 한다. 그래야만 짧은 기간 방문하여 미리 준비한 설문지를 돌린 후 이를 회수하여 분석하는 앙케트 식의 설문 조사만으로는 도저히 얻어낼 수 없는 문화에 대한 깊이 있는 정보를 얻을 수 있다고 믿는다. 또한 일상생활의 현장이 아닌 커피숍이나 호텔 로비 같은 곳에서 몇 시간 동안 이런 저런 질문을 던지고 그에 대한 대답을 구하는 방식인 공식적 인터뷰로는 문화의 미묘한 차이를 포착하거나 간파해낼 수 없는 것이다.

현지조사와 민족지

앞에서 본 바와 같이 인류학적 현지조사는 체험적 성격이 매우 강한 연구 과정이다. 이방인인 인류학자가 현지사람들의 생활 속으로 들어가 초기에 문화 충격을 겪으면서 점차 현지사람들과 라포를 형성해 나가는 과정도 그러하거니와, 주된 조사 기법인 참여 관찰과 비공식적 인터뷰의 특성상 현지사람들과의 상호작용 속에서 인류학자가 몸소 보고, 듣고, 느끼는 바가 중요한 연구 자료가 되기 때문이다. "인류학적 현지조사에서는 인류학자 자신이 가장 중요한 조사 도구"라는 말은 바로 이러한 체험적 성격을 지칭하는 것이다.

하지만 인류학적 연구 과정이 지닌 체험적 성격은 비단 현지에서 체류하는 동안에 갖는 현지사람들과의 만남에 국한되는 것이 아니다. 그러한 성격은 인류학자가 현지조사를 마치고 돌아와 수집한 자료를 가지고 글을 작성하는 과정에서도 드러난다. 인류학자가 현지조사를 바탕으로 하여 특정한 문화에 대해 기술해 놓은 글을 '민족지' ethnography라고 하는데, 민족지의 작성은 인류학적 연구의 가장 기본적인 형식을 이룬다. 민족지를 작성할 때 인류학자는 현지문화의 여러 측면들 간의 상호 연관성이 최대한 잘 표현될 수 있도록 노력을 기울인다. 즉, 하나의 행위 혹은 제도를 설명할 때도 다른 행위나 제도들과의 연관 관계, 즉 문화적 맥락을 가능한 한 폭넓게 고려하고, 또한 현지사람들 스스로는 거기에 어떠한 의미를 부여하는지도 고려하여 설명하고자 하는 것이다. 가령 한 사회의 결혼 관행에 대해 설명할 경우, 인류학자는 결혼 의례의 절차와 그에 수반된 행동 양식만을 기술하는 데 그치지 않고, 그 사회의 가족과 친족 관계, 생태학적 · 인구학적 조건, 계급 구조와 권력 관계, 종교적 의례와 신앙 등과의 연관 속에서 결혼 관행을 설명하려고 노력한다. 흔히 인류학의 특성으로 지적되는 총체론적 관점 혹은 접근이란 바로 이 같은 태도를 가리킨다.

이러한 태도 덕택에 인류학자들의 민족지적 연구에서는 연구 대상

문화가 가지고 있으나 겉으로 드러나지 않아 포착하기 어려운 양상들에 대한 기술과 해석이 이루어지기도 한다. 한 예로 앞서 소개한 바 있는 인도네시아 발리에서의 닭싸움에 관한 기어츠의 연구를 다시 한번 살펴보자. 현지조사 기간 동안 여러 차례 닭싸움을 구경한 기어츠는 그 문화적 관행 속에 한 가지 특이한 현상이 내재되어 있음을 알게 되었다. 발리에서는 닭싸움이 진행되는 동안 구경꾼들이 돈내기를 한다. 그런데 이들이 내기를 하는 방식은 우리가 일반적으로 알고 있는 방식과 다르다. 발리인들은 각자의 주머니 사정이나 승패의 확률에 따라 판돈을 거는 것이 아니라, 싸움 닭의 주인이 자신과 친족이거나 같은 동네 사람이면 그 사람의 닭에 돈을 건다. 같은 동네에 살고 친족 관계가 가까울수록 거는 돈의 액수도 점점 더 많아진다. 만약 자기와 같은 친족 집단에 속하거나 같은 마을에 사는 사람의 닭이 싸움을 한다면 상대방의 닭이 이길 것 같더라도 그 닭에 돈을 걸어서는 안 된다.

기어츠는 닭싸움이라는 관행에 대한 면밀한 고찰을 통해, 그것이 발리인들이 지니고 있는 세계관, 특히 친족 관계와 마을공동체의 소속 관계를 중심축으로 하여 전개되는 생활 경험을 놀이라는 형태로 표현한 문화적 형식이라는 결론을 도출하고 있다. 닭싸움은 발리인들이 매우 열중하는 놀이이지만, 국가에 의해 전근대적이고 야만적이라는 이유로 불법으로 규정되어 경찰의 단속 대상이 되고 있음을 생각할 때, 이러한 결론은 장기간에 걸친 인류학적 현지조사가 아니고서는 이끌어낼 수 없는 심오한 통찰이라 하겠다.

이와 같이 인류학자가 작성하는 민족지는 연구 대상 사회 혹은 개인들의 삶의 여러 측면들을 세밀하게 기술한 것인 만큼, 그것은 다른 어떤 학문적 작업에서도 볼 수 없는 수준의 구체성을 지니게 된다. 다른 사회과학 분야들에서 주로 하는 설문 조사 위주의 통계적 연구들에서는 연구 대상인 개개인들이 수많은 표본들 중의 하나에 불과한 익명적 개인들로 취급된다. 그러나 인류학자의 민족지적 연구에서는 개개인들의 말과 행동의 맥락까지 제시되기 때문에 행위자들이 익명적 존재가 아닌 구체적 존재로 등장한다. 이것은 인류학자의 연구 작업이 현지조사 기간뿐만 아니라, 현지조사를 마치고 돌아와 민족지를 작성하는 단계에서도 고의든 아니든 현지사람들의 사생활을 침해할 가능성을 담고 있음을 시사한다. 인류학자들이 민족지를 기술하면서 조사 대상 마을이나 집단 혹은 그 개개 구성원들의 이름을 모두 가명으로 바꾼다든가, 심지어 특정한 사건을 묘사할 때 핵심 논점에 영향을 주지 않을 일부 사실들을 다르게 기술한다든가 하는 방식으로 정보 제공자들의 권익을 보호하기 위해 노력하는 까닭이 여기에 있다. 이에 어떤 인류학자들은 민족지가 담게 되는 구체성으로 인해 어차피 연구 대상 집단이나 개인의 정체성을 감춘 채 과학적 객관성의 외양을 견지하는 일은 불가능하다고 본다. 오히려 현지조사 기간 중에 연구 대상이 된 사람들과 인류학자가 맺었던 인간적 관계와 상호작용이 이루어진 상황을 최대한 상세히 묘사하여 연구자의 주관성을 드러내는 민족지를 쓸 것을 주장한다. 이런 입장에 동의를 하든, 하지 않든 간에 분명한 점은 인류학자가 민족지를 만들어내는 작업은 현지조사의 과정과 마찬가지로 인류학자라는 개인을 필연적으로 드러내는 과정으로서의 체험적인 성격을 지니고 있다는 것이다.

문화를 연구하는 인류학자는 한마디로 현지문화에 대한 폭넓고 깊이 있는 참여를 통해 인간을 더 잘 이해하고자 현지에 간다. 인류학자가

현지조사 중의 인류학자는 현지인들과의 긴밀한 관계를 유지하게 된다. 한 인류학자가 요루바 추장 회의에 참여하고 있다. ⓒ 한건수

현지에서 그 문화를 연구한다는 것은 책이나 다른 문헌 연구로는 도저히 이해할 수 없는 문화의 미묘하고 세밀한 측면들, 그와 관련된 인간 행위와 사고 방식의 미묘한 차이점들, 그것에 담긴 상징적 의미들을 현지인의 시각에서 포착해내는 작업인 것이다.

인류학자가 현지인의 시각을 어느 정도 가질 수 있는 것은 인류학자가 현지사람들의 생활 속에 깊이 관여하고, 인류학자와 현지사람들이 끊임없이 서로 접촉하기 때문이다. 이때 인류학자는 어쩔 수 없이 정보를 제공하는 현지사람들의 사생활을 엿보게 된다. 참여 관찰은 역설적으로 다른 사람들의 사생활을 침범하는 강력한 도구이기도 하다. 따라서 현지조사의 결과가 현지사람들에게 피해를 줄 경우에 대비하여 그들의 문화에 대해 신중하게 접근할 필요가 있다. 다른 문화를 이해한다는

것은 인류학자가 단순히 현지사람들과 똑같이 되는 것이 아니라 스스로 그 문화 속에 들어가 함께 살면서 경험하는 문제들을 해석 또는 재해석함으로써 현지사람들의 삶을 재구성하는 작업이기 때문이다.

현지조사는 인류학자에게 자신의 문제를 끊임없이 되돌아볼 수 있는 기회를 제공한다. 현지조사 과정에서 인류학자는 기쁨, 노여움, 슬픔, 즐거움 등 다양한 감정의 기복을 경험하게 된다. 인류학자가 현지생활을 하면서, 현지문화에 대한 민족지를 작성하는 과정에서, 현지문화에 대한 자기의 '솔직한 느낌' 을 있는 그대로 드러내는 과정은 매우 독특한 경험이다. 현지조사 중에 경험하게 되는 오해와 혼란을 포함한 모든 사건이나 일은 현지의 다른 문화를 이해하는 데 매우 중요한 것일 뿐만 아니라 자신의 문화를 객관적으로 바라보기 위해 필요한 경험의 일부로서도 매우 소중한 것이다. 현지조사를 통해 인류학자는 자신의 문화와 개인 생활을 보다 깊이 있게 통찰하는 능력을 얻게 되는 것이다.

읽을 거리

『문화 탐구를 위한 참여 관찰 방법』, 제임스 스프래들리James P. Spradley, 이희봉 역, 대한교과서주식회사, 1988.

참여 관찰 방법을 체계적이며 구체적으로 소개하고, 다양한 사례를 구체적으로 분석하여 참여 관찰의 특징과 의미를 보여주고 있다.

『문화인류학 현지조사 방법』, 줄리아 크레인Julia G. Crane · 마이클 앙그로시노Michael V. Angrosino, 한경구 · 김성례 공역, 일조각, 1996.

이 책은 인류학적 현지조사에서 사용되는 다양한 방법을 체계적이며 상세하게 소개하고 있어, 인류학에 대한 사전 훈련을 충분히 받지 못한 사람들의 경우에도 꼼꼼히 읽기만 하면 실제로 조사를 어떻게 해야 하는지에 대해 기본적인 절차와 방법을 알 수 있게 해주는 일종의 지침서이다.

『인류학과 지역 연구』, 최협 편, 나남, 1997.

한국의 인류학자들이 북아프리카 튀니지, 인도 농촌 지역, 멕시코, 미국 뉴욕시, 일본 농촌, 베트남 등의 해외지역에서 어떻게 인류학적 현지조사를 하였는지를 생생하게 보여주고 있다. 이 책을 읽으면 인류학자들이 현지에서 어떠한 경험을 하며, 이를 통해 어떻게 문화를 이해하고 분석하는지 이해할 수 있을 것이다.

제3장

루시에서 사이보그까지_인간 진화 이야기

●●●김현미

인류학자인 도널드 요한슨이 약 350만 년 전에 존재한 것으로 추정되는 여성의 화석을 발견하고 흥분에 들떠 있을 때 라디오에서는 비틀즈의 'Lucy in the Sky with Diamonds' 라는 노래가 흘러나오고 있었다. 그리고 그 화석엔 '루시' 라는 이름이 붙여졌다. 오스트랄로피테쿠스 아파렌시스Australopithecus afarensis로 분류되는 루시는 1m 정도의 키에 400g의 뇌 용량을 지녔으며, 불룩하게 튀어나온 턱뼈와 긴 팔을 가지고 있었다. 루시는 닳은 흔적이 있는 사랑니와 벌어진 골반뼈, 또한 관절염을 앓은 흔적들을 통해 25~30세의 여성으로 추정되었다(『최초의 인간 루시』, 도널드 요한슨 · 메이틀랜드 에디, 1996).

한국 과학자 3명이 포함된 한미 공동 연구팀이 세계에서 처음으로 인체 장기이식 때 거부 반응을 일으키는 유전자를 제거한 돼지를 복제하는 데 성공했다. 이로써 동물의 심장이나 간 등 장기를 인간에게 이식하는 '이종異種간 장기이식' 을 할 수 있는 토대가 마련되었다. 돼지는 사람의 장기와 크기 및 모양이 비슷해 사람에게 장기를 제공할 수 있는 가장 유력한 동물로 꼽혀 왔다(『동아일보』 2002년 1월 4일).

'루시'는 1974년 에티오피아의 하다르Hadar 지역에서 발견된 화석으로 최근까지도 가장 오래된 호미니드의 화석으로 간주되어 왔다. 호미니드란 현재 멸종한 인간의 직계 또는 방계 조상으로 간주되는 두 발로 걷는 영장류가 속하는 분류학상의 범주인 인과人科와 인간을 총칭하는 말이다. 루시의 발견으로 인간 진화사는 다시 쓰여졌고, 인간의 역사는 지금으로부터 350만 년 전으로 거슬러 올라가게 되었다. 350만 년 전부터 지금까지 인류에게 어떤 변화가 일어났으며, 무엇이 '인간다움'을 규정하는 조건들이 되었을까? 인간은 왜 다른 동물보다 유난히 큰 뇌를 가지게 되었을까? 두 발로 걷는다는 사실이 인간의 진화에 결정적인 도움이 되었을까? 인공 관절과 인공 심장을 이식한 인간은 어느 정도까지가 자연적 인간이고, 또 어느 정도까지가 인공물일까? 복제된 돼지의 장기를 이식한 인간은 '인간다움'을 상실하는 것일까? 무엇이 인간의 생물로서의 특징과 문화적 발전을 판단하는 조건일까?

공통 조상에서 인류와 현생 유인원이 갈라진 시기는 약 500~700만 년 전으로 추정되며, 그 후 유인원과 분리된 인간은 지속적으로 '인간다운' 신체적 특질들을 진화시켜 왔다. 인간 진화의 과정을 다루는 인류학자들은 거대한 시간적 공백을 메워 나가기 위해 아주 드물게 발견되는 화석 자료와 생태학적 자료들에 의존해 왔고, 바로 이런 이유 때문에 인류 진화사는 과학적 추론에 의거한 해석의 역사가 될 수밖에 없다. 그러므로 새로운 화석이 발견되거나 인간의 몸을 둘러싼 과학적 해명이 진전될 때마다, 진화의 구체적인 과정과 '인간다움'을 규정하는 조건들은 끊임없이 변화되고 있다.

진화는 흔히 알려진 것과는 달리 종species이 계속 발전적으로 향상

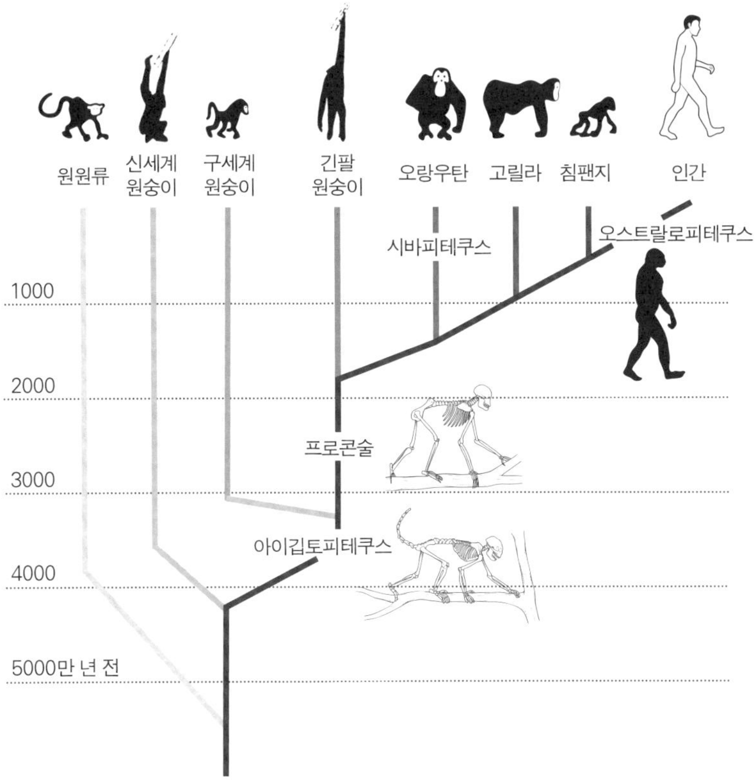

인간의 진화 과정

된다는 것을 뜻하지는 않는다. 진화란 종의 유전적 형질이 시간을 통해 변하는 것을 의미하며, 이러한 변화의 누적을 통해 공통 조상으로부터 새로운 종이 발생하여 생명체의 종이 다양해지는 현상이다. 또한 진화란 "생물체들이 오랜 기간에 걸쳐 그 종을 안전하게 생존시키기 위해 변화하는 메커니즘이며 완전무결한 과정도 아니다"(슈스키 · 컬버트 1982). 생명체의 한 종으로서의 인간은 생존의 가능성을 극대화하기 위해 끊임없이 자신의 신체적 조건이 지닌 한계를 극복해 왔다. 이 과정에서 인간의 생존력을 확대시키는 데 결정적인 역할을 해온 것은 인간이 만들어 낸 다양한 문명과 문화였다. 도구를 사용하여 자연을 정복하는 방식들을 배워 갔고, 종교나 의례를 통해 삶의 의미들을 만들어 갔으며, 예술을 통해 자신의 문화를 표현해냈고, 정치와 경제 활동을 통해 힘과 자원을 조직적으로 분배하는 체제를 만들어냈다. 무엇보다도 '언어'를 통해 다른 인간과 의사소통하는 법을 획득했다.

또한 인간은 자신의 존재를 탐구하려는 노력을 계속해 왔으며, 이제 과학의 급격한 발전은 사이보그나 복제인간과 같이 상상 속에 존재하던 인간상을 현실화하고 있다. 과학 기술의 발달은 인간과 기계의 경계, 인간과 동물의 경계를 해체하고 새로운 인간형을 구축해내고 있는 것이다. 그렇다면 우리는 여전히 호모 사피엔스 사피엔스Homo sapiens sapiens라는 종으로 분류될 수 있을까? 아니면 새로운 인간 종의 탄생을 실험하고 있는 것일까? 진화란 예측 가능한 과정이 아니기 때문에 인간에게 누적된 변화들은 급격한 환경적 변화와 당면할 때 인간 종을 멸종에 이르게 할 수도 있고, 새로운 진화의 단계로 나아가게 할 수도 있다.

'문명'과 '자연'의 경계 사이에서 끊임없이 새로운 정체성을 구성해 왔던 인간이 걸어온 길을 살펴봄으로써 인간은 자신에 대해 좀더 심도 깊게 이해할 수 있다. 이 장에서는 인간이 진화하는 과정에서 보여준 특성을 살펴보고, 인간 진화는 성별성gender, 인종race과 어떤 관련이 있는지, 그리고 급격하게 발전하고 있는 과학 문명은 '인간다움'의 의미를 어떻게 변화시킬 것인지 등의 물음에 대해 생각해 볼 것이다.

인류의 조상은 왜 두 발로 걸었을까

현생 인류의 조상은 언제, 어떻게 탄생했을까? 침팬지 등의 유인원과 호미니드는 어떤 시기에 어떻게 분리되었을까? 지금부터 약 700만 년 전에 이들의 계통이 분리된 것으로 추정되지만, 우리는 그 과정에 대해 여전히 아는 것이 많지 않다. 진화의 증거를 찾는 방법으로 이용되는 핵산염기 배열 분석과 DNA 잡종교배 방법에 따르면, 침팬지와 인간의 염기 서열은 98.4%가 동일하다고 한다(정노팔 외 2000). 2% 미만의 유전자의 '차이'가 종의 구분을 가져왔다는 의미는 어떤 점에서 인간이 여전히 '동물적인 속성'을 많이 가지고 있다는 점을 시사한다. 그러나 이러한 미세한 차이에도 불구하고 침팬지와 인간이 엄청나게 다른 삶의 방식을 가지고 있다는 것은, 인간이 만들어낸 '문화'가 다른 동물로부터 인간을 구획해내는 결정 요인이 됐다는 점을 의미한다. 인간이 진화해 온 과정의 많은 부분들은 여전히 수수께끼로 남아 있고, 그와 관련하여 끊임없는 논쟁들이 지속되고 있다. 하지만 인류학자들은 과학적 증거와 그에 대한 맥락적 해석을 통해 인간 진화 과정에 대한 신비를 조금씩 벗겨가고 있다.

우리와 다른 동물들의 차이를 생각할 때 가장 먼저, 그리고 쉽게 떠오르는 것은 사람이 동물보다 지능이 높다는 점이다. 과거에는 "750cc보다 적은 뇌 용량을 가진 종은 인간의 조상일 수 없다"는 믿음이 강했고, 750cc가 결정적인 지표가 된다는 설이 주류였다(Howells 1983). 이러한 생각은 초기의 인류의 기원 연구에 반영되어, 두뇌가 크지 않은 화석 증거를 무시한 적도 있었다. 그러나 현재까지 밝혀진 화석 증거로 볼 때 확실한 것은, 인류의 조상이 두뇌가 조금이라도 커지고 도구를 사용하기 적어도 약 200만 년 전부터 두 발로 걸었다는 것이다. 따라서 왜 인류의 조상이 두 발로 걷게 되었나를 설명하는 것이 인류 진화를 이해하는 핵심이라고 생각한 학자들이 여러 가지 가설을 내놓았다. 이 가설들에 따르면, 직립보행을 통해 인류의 조상은 멀리 내다볼 수 있게 되어 시야를 확대할 수 있었고, 먹다 남은 사냥감이나 식량을 어깨에 메고 운반할 수도 있었다. 그리고 손이 자유로워지면서 도구를 만들 수 있게 되었다. 또한 직립보행은 목구멍의 공간을 넓혀주어 성대의 발달을 촉진함으로써 인간이 다양한 소리와 언어를 만들어내는 데 결정적인 역할을 했다(정노팔 외 2000). 이런 가설에 맞서 직립보행 자체가 인간의 생존력을 높인 것은 아니라고 해석하는 진화론자들도 있다. 직립은 가장 중요한 부위인 심장을 적이나 다른 동물의 공격에 노출시켰고, 나무를 타고 높이 올라가는 능력을 퇴화시켜 멀리 볼 수 없게 만들었으며, 그에 따라 오히려 방어 능력을 약화시켰다는 것이다.

그러나 대부분의 진화론자들은 두발걷기의 일차적 기능이 '이동'이므로, 두발걷기가 어떤 이점과 손해가 있는 이동 방식이며, 어떤 조건에서 유리했나를 해석하는 일에 집중하고 있다. 모든 이동 방식에는 에너지가 필요하다는 것을 생각할 때 이 문제에 대한 가장 효과적인 접근 방법은 어떤 조건하에서 두발걷기가 다른 이동 방식에 비해 에너지 사용면에서 효율적인지를 알아보는 것이다. 한때 두발걷기는 네발걷기에 비해 오히려 에너지 사용 면에서 비효율적이므로, 손의 자유로운 사용 같은 다른 이점 때문에 인간이 두발걷기를 선택했다는 생각이 지배적이었다. 그러나 최근의 연구는 침팬지의 네발걷기에 비해 인간의 두발걷기가 더 에너지 사용 면에서 효율적임을 밝혀내고 있다. 같은 양의 에너지

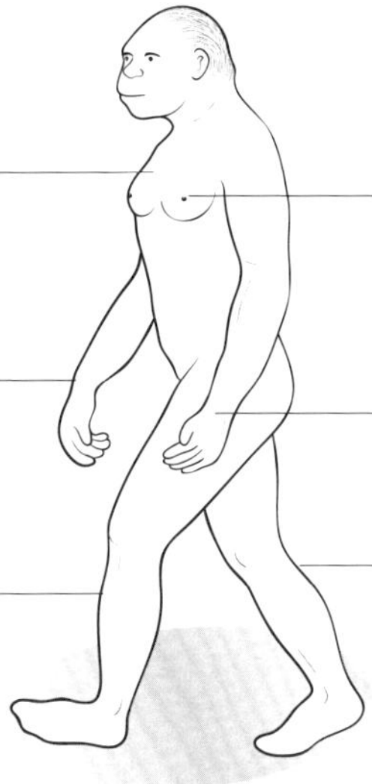

두발걷기의 장점

를 쓸 때 인간의 두발걷기 방식으로는 11km를 이동할 수 있는 데 비해 침팬지는 4km밖에 이동할 수가 없다. 즉 인간의 두발걷기 방식은 넓은 지역을 돌아다니는 데 필요한 에너지 양을 격감시킨다는 것이다. 두발걷기의 채택은 일일 이동거리의 증가나 신체 크기의 증가를 가능하게 해준다는 두 가지 측면에서 중요한 의의를 지니고 있음을 알 수 있다(박순영 1998a). 또한 두 발로 서는 자세에서는 일광에 직접 노출되는 체표면적이 줄어들기 때문에 체온을 조절하기가 쉽고, 또한 이런 점이 인류가 장거리를 이동하는 데 장점으로 작용했다는 것이다.

요컨대 현재로서는 왜 인류가 두발걷기를 하게 되었는지에 대한 확답은 없지만, 그것이 호미니드가 고온의 환경이라는 당시 생태적 조건에 적응한 결과인 것만은 분명하다.

'도구를 만드는 사람'과 '털 없는 원숭이'

두발걷기의 기원에 대한 탐구가 계속되고 있지만, 직립한 결과 두 손이 자유로워지면서 인간의 조상들이 '도구'를 만들어낸 것이 인간을 '자연의 범주'로부터 '문명의 범주'로 전이시키는 데 결정적인 역할을 했다는 점은 분명하다. 인간의 손은 엄지와 검지가 마주보고 있어 물건을 자유롭게 집을 수 있고, 정교한 손놀림이 가능하다. 물론 침팬지도 돌과 나뭇가지를 이용하여 도구를 만들어 개미를 잡아먹는 데 활용하고 있지만, 인간의 특이한 점은 하나의 도구를 이용하여 다른 도구를 만들어낼 수 있는 '창조' 능력이 월등히 뛰어나다는 것이다. 이는 자연물을 단순히 이용하는 데 그치는 것이 아니라, 새로운 문제가 생겼을 때 도구를 개발하여 이러한 문제들을 끊임없이 해결해 나갔음을 의미한다. '도구를 만드는 사람' Homo faber인 인류가 탄생한 것이다. 현생 인류의 조상으로 기록되는 호모 사피엔스는 뇌 용량의 증가와 함께 발달한 지능으로 다양한 도구를 제작해 왔고, 인류 진화의 과정은 종종 문명을 통한 자연의 정복과 통제로 묘사되어 왔다.

그러나 인류는 기술적 능력을 통해 문명을 이룩해 가는 '도구를 만드는 사람'으로서의 특징을 지니고 있지만, 여전히 생물학적 한계를 지닌 동물적 존재이다. 즉, 인간이 끊임없이 새로운 '발명'을 통해 문명을 이룩함으로써 동물적 기원으로부터 자유로워졌다는 주장은, 한편 인간이 이룩한 문명은 인간이 생물로서 갖고 있는 유전적 특질의 결과물이라는 주장과 상반되어 보인다. 동물행동학자인 모리스Desmond Morris는 인간을 '털 없는 원숭이'(모리스 2001) 또는 '머리 기른 원숭이'(모리스 1996)에 비유하면서, 동물행동학적 관점에서 인간의 행동을 다루고 있다. 즉 인간이 문명을 통해 다른 동물과 확연히 구별되는 성질들을 발전시켰음에도 불구하고, 인간은 그저 포유류의 한 종류일 뿐이며, 인류의 발전은 그가 지닌 '동물적 속성' 에 많은 빚을 지고 있다는 주장이다. 모리스는 인류가 제각기 다른 환경들에 적응하면서 발전시켜 온 문화적 다양성이란 피상적인 차이일 뿐이며, 인간 유전자에 공통적으로 이어져 내려오는 특성들이 현재의 문명을 만들어내고 있다고 설명한다.

한 예로, 다른 동물을 사냥하는 인간의 '사냥꾼' 적 속성은 시대가 바뀌어도 변하지 않으면서 다양한 대체 행위들을 통해 이어져 왔다고 모리스는 지적한다. 직장에 가는 것이 사냥을 대체하는 행위로 변화되었지만, 사냥에서의 흥분과 쾌감을 잃은 일터에서 현대인들은 지루함을 느끼고 있다. 현대인들이 다양한 스포츠를 발전시킨 것은 바로 사냥꾼으로서의 인간의 속성이 유전되어 내려오기 때문이다. 즉, 스포츠는 인류의 '거친 사냥꾼 시절' 을 입증하는 예가 될 수 있다는 것이다. "지구상의 모든 운동 중에서 추적이나 포살 또는 두 가지 요소 모두를 상징하는 행위를 담고 있지 않은 것은 거의 없다. 게다가 대부분의 주요 운동 시합에는 쟁취의 목적인 노획물에 해당하는 트로피—우승컵, 상패, 동상이나 메달—가 마련되어서 승리자는 집으로 개선하면서 그 전리품을 가지고 갈 수 있다"(모리스 1996). 사냥하는 대상만 바뀌었을 뿐이지 사냥에 포함되는 모든 행위와 감정이 고스란히 스포츠를 통해 이어져 내려오고 있다고 모리스는 주장한다. 인간이 일으키는 전쟁이나 테러 행위도 공격성이라는 인간 본성에 의거하는 것이라기보다는 '상징적 사냥' 의 형태라는 것이다.

동물행동학의 관점에서 '인간' 의 다양한 행위 양식을 논하는 모리스의 논의는 인간의 생물학적 한계를 겸허하게 인정하라는 성찰의 메시지로 이해된다. 그러나 또한 그의 관점은 서구의 남성주의적 시각에서 현대 문명을 바라본 하나의 해석일 뿐이다. 이러한 학문적 입장에서 인간을 바라보면 동물 '종'으로서의 인류 보편성만을 강조하게 되고, 지구상에 존재하는 다양한 집단들이 역사적으로 축적해 온 문화의 다양성을 간과하게 된다. 무엇보다도 '거친 사냥꾼'이라는 강한 남성의 이미지가 팽배한 인간 진화의 역사에서 빠진 것은 '여성의 역사'이며, 이는 진화사의 큰 공백으로 남아 있다. 인간의 진화는 이제까지 상식으로 이해되어 온 바와 같이 '남성 사냥꾼'들의 거친 투쟁에 의해 이루어져 온 것일까? 다음에서는 인류의 진화를 '성별'의 관점에서 논의해 본다.

인간 진화의 주역은 남성 사냥꾼인가, 여성 채집자인가

진화사는 화석이나 생태학적 자료에 근거하여 '추론'한 역사이다. 추론이 과학적 진실로 인정되기 위해서는 그 추론을 지지하는 증거 자료가 충분해야 하고, 그 자료를 해석하는 사람들이 '객관적'이며 '중립적'이어야 한다. 인류 진화사는 수많은 파편화된 증거들을 모으고 그것들을 해석하여 구성한 역사이다. 따라서 진화사는 불충분한 증거 때문에 해석의 여지가 여전히 많은 인류 역사의 이야기란 점을 인정해야 한다. 그러므로 새로운 화석이 발견되거나 새로운 해석이 제공되면, 진화사는 새롭게 구성될 수 있는 여지가 있다. 한 예로, 현생 인류의 직접적인 조상으로 인정되고 있는 호모 사피엔스가 아프리카에서 발견되었다는 점은 19세기 당시 제국주의적 생각을 가지고 있던 백인 남성 고인류학자 paleoanthropologist들에게는 인정하고 싶지 않은 사실이었다. 주로 유럽

지역에서 발견된 네안데르탈인이 현생 인류의 조상임을 굳게 믿었던 그들은 자신의 조상이 무지와 야만의 땅으로 비하해 왔던 아프리카에서 처음 탄생했다는 사실을 쉽게 수용할 수 없었다. 이는 고인류학자조차도 자신이 살고 있는 시대의 이데올로기로부터 자유로울 수 없다는 점을 보여준다. 그러므로 똑같은 자료를 가지고도 고인류학자들의 세계관에 따라 다른 해석이 나올 수 있다.

진화사에서 논쟁이 된 것 중의 하나는 여성과 남성 중 누가 인간다운 특질을 진화시킨 주역인가에 대한 점이다. 대부분의 일반인들은 고인류학적 지식을 통해 인간의 진화에 대해 알게 되기보다는 영화나 다큐멘터리, 만화 등에 재현된 '이미지'를 통해 진화에 대한 생각을 갖게 된다. 즉 용맹스러운 남성이 적과 맹수의 공격으로부터 여성과 어린이를 보호하고, 사냥을 통해 먹을 것을 공급하여 집단적 생존력을 높임으로써 인간이 진화했다는 것이다. 남성들은 자신들끼리 경쟁을 하고, 경쟁에서 우세한 진취적이고 용맹스러운 남성은 더 많은 여성들을 '선택'하여 자손을 번성시킬 수 있었다. 이때 여성은 아이를 낳고 기르면서 '남자의 옷자락을 잡고' 진화해 왔다(박순영 1998b). 이러한 인류 진화의 이미지는 현재의 남녀간의 성역할 이분법과 남성 주도적인 학계의 관점이 반영되어 설정된 것으로서 엄밀한 과학적 증거도 없이 이어져 내려오고 있다. 과연 남성만이 인류 진화의 주역일까? 남성 사냥꾼 가설과 여성 채집자 가설의 논쟁을 통해 이 문제를 살펴보기로 하자.

진화사의 '남성 사냥꾼 가설' Man the Hunter Hypothesis은 1950년대 이후 진화사의 주요 모델이 되었으며, 짝결속과 남성 생산, 여성 생식이라는 성별 노동 분화를 근거로 진화의 역사를 남성 중심적 시각으로 구성해 왔다. 남성 사냥꾼 가설은 다윈의 성선택이론sexual selection theory에서 기원한다. 동종 동성의 다른 개체들에 비해 생식 활동이 상대적으로 우세하면 성적 '선택'에서 유리하고, 이 때문에 수컷간에 경쟁이 생겨나게 된다. 경쟁에서 승리하기 위하여 수컷은 능동적이고 공격적이 되며, 암컷은 남성간의 경쟁의 결과로 '선택'되는 대상이므로 수동적이고 성적으로 소극적이라는 것이다. 남성 사냥꾼 가설은 이러한 성 선택에 근거를 두고, 성별 노동 분화를 설명해낸다. 남성은 성적 경쟁을 통해 여성을 선택하고, 여성은 주로 출산과 육아 기능을 담당해야 하기 때문에 생산에 참여하지 못하게 된다. 남성 사냥꾼 가설은 남성들이 대규모 사냥을 통해 집단에 먹을 것을 공급해야 할 생존의 필요성으로 인해 모든 인간다운 것들의 진화가 시작되었다는 가설이다. 이 과정에서 직립 보행이 완성되고, 사냥을 위한 도구와 무기가 생산되고 언어 능력이 발전하여, 인류가 문명적 진화를 이룩했다고 보는 관점이다. 남성이 사냥을 위해 멀리 떠나 있을 때 여성이 정조를 지킬 수 있도록 1:1의 짝결속이 생겨났고, 사냥을 위해 남성끼리 연대해야 할 필요성이 높아지면서 남성 집단간에 여성을 교환하기 위해 근친상간 금기가 등장했다는 것이다.

남성 사냥꾼 가설은 남성과 여성의 차이를 성적 공격성과 수동성, 생산자와 생식자, 음식 공급자와 의존자, 문명인과 자연인의 관계로 설정하는 데 기여해 왔다. 이러한 남성 사냥꾼 가설은 남성 중심적 시각으로 진화를 설명했다는 점뿐만 아니라, 증거가 빈약하다는 점 때문에 비판을 받아왔다. 일단 초기 인류가 대규모의 집단 사냥을 했다는 증거나 1:1의 짝결속을 했다는 증거가 없고, 현대의 수렵채집 사회의 경우에도 사냥보다는 채집이 생계에서 차지하는 비율이 훨씬 높다는 점이 지적되고 있다. 그리고 무엇보다도 이러한 가설을 주장한 사람들이 영장류 중 왜 하필 대부분의 다른 영장류들보다 수컷이 훨씬 힘이 센 비비 원숭이의 사례를 증거로 선택했는지에 대한 의문이 제기되었다.

1970년대에 여성들이 인류학, 고고학, 영장류학 분야에 진출하게 되면서 이러한 남성 사냥꾼 가설은 크게 도전받기 시작했다. 영장류학에서는 암컷의 선택도 수컷의 경쟁만큼 중요한 성 선택의 기제임을 밝히면서, 암컷도 적극적으로 성을 추구하는 능동적 전략가로 분석되고 있다. 특히 태너Tanner와 질만Zihlman 같은 여성 고인류학자들은 남성 사냥꾼 가설의 대안으로 '여성 채집자 가설'Woman the Gatherer Hypothesis을 발전시켰다. 초기 인류에게 사냥으로 얻은 동물성 식량은 일상적인 음식이 아니었고, 채집을 통해 얻은 식물성 식량이 주요한 생계원이라는 점을 강조하면서, 채집자로서의 여성들이 인류 진화에 오히려 더 크게 기여한 것으로 분석하고 있다. 즉 도구의 발명도 뿌리류를 캐는 등의 채집 활동의 과정에서 발전된 것이며, 음식을 저장하기 위한 바구니 등의 발명도 여성이 주도했다는 것이다. 여성이 가끔씩 겪게 되는 출산 때문에 생산자로서의 활동에 제약을 받아 남성들에게 의존할 수밖에 없었다는 남성 사냥꾼 가설은 여성의 생산자로서의 일상적 역할을 간과한 것이다. 오히려 아이를 옆에 끼고 식량을 운반하기 위해 두 발로 걷는 신체적 진화가 여자들에게 먼저 일어났으며, 음식을 공유하는 특질도 '어미-자식' 관계에서 발전되었다고 본 것이다. 그러므로 인류 진화의 핵심적 관계를 암-수 관계의 성적 선택으로 보기보다는 어미-자식 관계로 규정한다.

인류 진화를 설명하는 여성 채집자 가설이라는 대안적 모델은 기존 진화사의 남성 편향적 시각을 변화시키는 데 일정한 영향을 미쳤지만, 여전히 증거가 부족한 편이다. 이러한 논쟁을 거치면서 초기 인류의 경우 엄격한 성별 노동 분화가 존재하지 않았고, 남성과 여성이 모두 채집자로서 존재했을 가능성이 큰 것으로 견해가 수렴되고 있다. 즉 한 성이 주도적인 역할을 담당했다기보다는, 양성간의 생식 전략이 상호 결합되어 진화가 이루어졌다는 '상호 공진화coevolution'로 설명하고 있는 것이다. 이렇게 '성'에 대한 현대의 고정 관념이 인류 진화사를 특정한 방식으로 구성한 것과 마찬가지로, '인종'에 대한 편견도 주요한 논쟁거리이다. 다음에서는 뿌리 깊은 '백인 우월주의'가 진화나 유전을 어떤 방식으로 설명해 왔는지를 비판적으로 검토한다.

백인은 가장 진화된 인종?

인간 진화에 대한 연구의 주요한 부분 중의 하나는 유전에 관한 것이다. 우리는 부모로부터 유전자를 물려받는 것이지 형질을 물려받는 것이 아니다. 이 유전자들은 그들이 놓인 환경의 조건과 상호작용하여 형질을 세대마다 구성해야 한다. 따라서 개체의 형질은 유전자와 환경적 조건의 상호작용에 의해 구성되는 것이지 유전자에 의해 단순히 결정된다고 말할 수 없다. 그럼에도 불구하고 '유전자 결정론'은 '대중적인 상식'으로 받아들여져 왔고, 이 중 가장 일반인들의 마음속에 깊이 내재된 편견은 인종에 관한 것이다. 호모 사피엔스라는 종은 여러 다른 '인종'들의 결합체이다. 인종은 신체적인 피부색에 기반하여 구획된 분류 체계지만, 인종의 공간적 분포도를 통해 우리는 흑인은 아프리카 사람, 황인은 아시아 사람, 백인은 북미 및 유럽인이라는 식의 일반화에 익숙하다. 그렇다면 어떤 인종이 가장 진화된 인간인가? 인종간의 지적 · 도덕적 자질의 차이는 유전자의 차이에서 비롯된 것인가? 특정 인종은 특정한 문화를 만들어낼 수밖에 없는 유전자를 지니고 있는가? 이러한 주제들은 1950년대까지 생물학자와 고인류학자들의 주요한 관심거리였다. 특히 식민지 지배가 한창이던 19세기에는 각 인종의 신체적 차이를 자세히 기록하고 범주화하여 그것을 그들의 기질이나 성격 또는 지능과 연결지으려는 연구가 활발했으며, 그 연구 결과물은 범죄학이나 정신분석학, 심리학 등을 통해 사회적 지식을 구성하는 데 동원되었다. 그러나 이러한 연구들은 정치적 의도 때문에 비판을 받았고, 과학적으로 증명해낼 수 없는 문제이므로 급격하게 쇠퇴할 수밖에 없었다.

백인 우월주의가 득세했던 미국 사회에서 1897년 듀보아W. E. B Dubois는 흑인은 백인과 본질적으로 다르다는 고정된 인종 개념을 반박하고, "모든 위대한 사람들은 인종간 결합의 산물이다"라는 급진적인 주장을 했다(Hammonds 1997). 당시 미국 사회에서 인종간의 결합은 '퇴행'을 의미하는 두려운 행위였다. 남부 지역에서는 법적으로도 다른 인종간의 결혼이 금지되었고, 백인과 흑인 사이에서 태어난 아이들은 모두 사생아로 규정되었을 뿐더러, 흑인으로 범주화되었다. 이러한 법률은 누구에게 시민적 권리를 부여할 것인가를 결정했고, '순종 백인'만이 그 권리를 획득했다. 듀보아는 실제로 미국 사회에서 인종간의 결합이 광범위하게 이루어지고 있음을 보여주기 위해 다양한 피부색을 지닌 사람들의 사진과 그들의 가계家系를 기록했다. 재미있는 것은 미국 사회에서 당시 흑인으로 범주화된 남성과 여성들의 두상을 찍은 사진들이다. 피부색만 봐서는 누가 흑인이고 누가 백인인지를 구별해내기 어려울 정도로 그들의 얼굴색은 다양했다. 그럼에도 불구하고 이들의 부모나 조상 중 누군가가 흑인이었다는 이유로 모두 흑인으로 범주화되었던 것이다.

듀보아는 이 연구를 통해 재능이나 교육적 성취도는 피부색이나 가계와 아무 관련이 없음을 증명하려 했다. 인종은 생물학적 사실이기보다는 '사회적 신화' 라는 것이다. 즉 특정 인종과 연결된 생각들은 상상, 선입관, 편견 등을 통해 구성된 것이라는 점이다. 그러나 이 같은 듀보아의 주장은 당시 미국 사회의 정신적 풍토 속에서는 수용되기 어려운 것이었다. 그런 가운데 생물학적 인종의 차이를 과도하게 부각시키는 사고방식은 인류를 우등한 인종과 열등한 인종으로 구분하는 사상으로 쉽게 이어졌으며, 이는 다시 나치즘 같은 반인류적 인종학살의 배경 요인이 되기도 하였다. 그러한 엄청난 비극을 겪고 났음에도 불구하고, 또한 실제로 인종간의 결합이 오랜 세월에 걸쳐 지속되어 왔음에도 불구하고, 인종간의 피부색, 머릿결, 코나 눈의 모양, 체형 등의 차이는 여전히 시각적으로 부각되거나 강조되고 있으며, 인종의 우열이 '유전자' 에 의한 것이라는 믿음은 여전히 대중의 흥미를 끄는 주제 중의 하나로 남아 있다.

최근 세련된 과학적 시식으로 포장된 새로운 인종주의가 등장하여 또다시 인종들간의 본질적인 차이를 강조하고 있다. 인종들마다 유전학적으로 지적인 능력이 다르다는 주장이 끈질기게 제기되고 있는데, 그 중 가장 최근의 것이 '종형 커브' Bell Curve 이론이다. 지능지수의 종형 정규분포도를 보면, 백인은 지능이 높은 쪽에 몰려 있고, 흑인은 지능이 낮은 쪽에 몰려 있다. 1994년에 미국에서 출판된 *The Bell Curve*의 공저자인 머레이Charles Murray와 헤른슈타인Richard Herrnstein은 지능이 문화적 차이들에 구애받지 않고 인간의 다양한 능력을 측정할 수 있는 유일한 지표라는 전제하에 다음과 같은 주장을 제기했다. 20세기에 고안된 IQ 테스트는 지능을 공정하게 측정하며, 지능은 대개 유전적으로 결정된다. 바로 이런 점 때문에 지능은 시간이 지나도 바뀌지 않는다. 지능을 결정하는 주요한 지표는 '인종'인데, 어떤 인종은 다른 인종보다 지능이 높다. 그러므로 지능은 어떤 인종이 사회에서 성공하느냐 실패하느냐의 문제뿐만 아니라, 어떤 계층이 되느냐와 도덕성 및 범죄 가능성의 여부 등을 결정하는 요인이 된다는 것이다. 지능은 또한 유전되기 때문에 성장기의 환경적 요인에 그다지 영향을 받지 않는다. 따라서 가난하고 못 배운 사람들을 구제하기 위해 정부나 사회단체가 벌이는 각종 정책들은 별로 큰 변화를 일으키지 못하며 실패할 수밖에 없다는 것이다. 이러한 주장은 미국 사회의 백인들이 갖고 있는 '소수자들'에 대한 편견을 강화하는 데 기여했으며, 비단 흑인을 비롯한 유색 인종에 대한 편견뿐만 아니라 여성과 동성애자들의 열등성에 대한 유전학적 결정론을 주장하는 아류의 출판물들이 붐을 일으키는 데 기여했다. 또한 이러한 주장은 정부가 교육 예산을 삭감하고, 소수자들을 위한 각종 우대 정책을 폐지하는 데 '정당성'을 부여했다.

이러한 주장이 위험한 이유는 작은 표본을 이용하여 자신들이 만들어내고 싶은 '결론'을 이끌어내기 때문이다. 즉 하나의 해석을 '과학적 지식'으로 포장하거나 검증 가능한 객관적 사실로 제시한다는 것이다. 인간은 놀라울 정도로 유전적으로 동질적이고, 인종 집단 내의 유전적 차이가 인종 집단간의 차이에 비해 막대하게 큰 종이다. 뿐만 아니라 최근의 연구에 따르면 현생 인류는 약 10만 년 전에 아프리카에서 기원했다고 한다. 따라서 인류 내부에서 인종 집단이 발생한 기원은 겨우 10만 년도 못 되었다는 것인데, 10만 년은 인종 집단간에 유전적 · 지적 차이를 만들어 내기에는 진화사적으로는 너무 짧은, 그야말로 눈 깜짝할 사이다. 그러므로 지적인 능력에 있어 인종적 차이가 거의 없음을 주장해 온 인류학자들은 종형 커브 이론에 문제를 제기하고(Cohen 1997), 이러한 이론에서 간과하고 있는 사실들을 제시했다. 즉 지능검사 자체가 갖고 있는 '객관성'과 '중립성'에 대한 의문이었다. 무엇보다도 이런 류의 검사들이 백인들에 의해 고안되었고, 백인 문화의 맥락 안에서 만들어졌다는 점이다. 지능검사는 이미 백인 중산층 자녀들이 '옳은 답'을 선택할 수 있는 가능성을 높여 놓았고, 이민자의 자녀들이나 흑인 거주 구역 아이들의 현실과는 동떨어진 경험들에 근거하여 구성되었다는 것이다. 실제로 IQ 검사 결과, 백인 집단과 흑인 집단 간의 차이보다 각 집단 내부에서의 차이가 더 많이 나타나는 것으로 보아, 유전자적 특성으로 인해 인종의 우등성과 열등성이 결정된다는 주장은 설득력을 얻을 수 없었다.

위에서 본 것처럼 인간 진화사에는 많은 '논쟁점'이 있어 왔고, 여전히 그러한 논생은 계속되고 있다. 이제 우리의 현실로 돌아와서, 우리가 일상적으로 체험하고 있는 최근의 급격한 변화들이 인간 진화사에서 어떤 의미를 지니고 있는가를 생각해보자. 다음에서는 최근 과학 기술의 발달로 인간다움의 의미가 도전받고 있는 몇 개의 지점을 살펴보기로 한다.

사이보그와 복제인간 : 새로운 종의 출현?

인류 문명의 역사는 동물로서의 인간의 신체적 한계를 극복해 온 과정이었다. 인간은 도구를 만들었고, 생산력을 증대시켜 왔으며, 과학기술을 통해 자연을 정복해 왔다. 또한 인간은 이성과 감성을 결합한 다양한 상징체계를 통해 이제까지 이룩해 온 문명의 역사에 의미를 부여하고 '문화'를 만들어 왔다. 그러나 진보와 진화의 개념을 동일시해 오던 인간 문명은 최근 많은 도전을 받고 있다.

우리는 오늘날 인간의 몸 자체가 새로운 과학적 지식이 적용되고 실험되는 현장이 되어버린 모습을 자주 목격하고 있다. 의료의 목적으로든 오락의 목적으로든 인간은 자연을 정복했던 것과 비슷한 방식으로 인간의 몸을 탐색, 분리, 변형하는 일에 몰두하고 있다. 이제 인간의 몸은 새로운 과학 기술의 가능성과 한계들을 알게 해주는 주요한 지점이다(Terry & Calvert 1997). 유전자공학, 생명공학, 가상현실virtual reality, 인공수정, 성형, 컴퓨터 몰핑morphing 같은 기술의 성공 여부는 인간의 몸에 직접 실험해 보아야 알 수 있고, 이러한 기술을 통해 인간의 몸도 급속히 변형시킬 수 있게 되었다. 몸의 변형은 인간의 신체적 한계를 극복하는 유전자 공학의 발달을 통해, 직접적으로 인간의 몸에 인공물을 삽입하고 변형시키는 과정을 통해, 육체적 실재와는 분리된 상상의 영역인 사이버 상에서의 새로운 정체성의 구현을 통해 이루어지고 있다. 과학기술의 이 같은 급격한 발달로 인해 인간 종species 자체에 커다란 변화가 생길 가능성이 대두하면서, '인간다움'의 의미에 관련된 많은 논쟁거리들이 생겨나고 있다.

인간 게놈 프로젝트Human Genome Project란 인간 유전자의 DNA

염기 순서를 밝혀내려는 시도이다. 인간은 부모의 정자와 난자로부터 각각 23개의 염색체를 받아 46개의 염색체를 갖게 된다. 이 23쌍의 염색체 집합에 존재하는 유전자 전체를 게놈이라 부르는데, 이 유전자들의 DNA의 염기 순서는 어떤 유전자가 키, 피부색을 결정하고 지능, 성격 등을 지배하는지를 아는 데 기초가 된다. 따라서 인간 게놈 프로젝트를 통해 인간은 색맹, 혈우병 같은 유전병은 물론, 암, 고혈압, 당뇨, 알레르기, 정신병 등의 각종 난치성 질병들의 유전형질을 규명해내어 그 질병들을 원천적으로 고칠 수 있는 가능성을 얻게 된다. 하지만 이 프로젝트는 인간 유전자의 상업적 판매를 촉진할 것이라는 점과 남용의 가능성 때문에 많은 우려를 낳고 있다.

인간 게놈 프로젝트와 연관되어 추진되고 있는 인간 게놈 다양성 프로젝트Human Genome Diversity Project 역시 많은 반발을 낳고 있다. 이 프로젝트는 세계 토착 원주민들의 피와 조직 세포를 수집해서 이들의 이동 경로를 알아내고, 원주민들간의 유전적 차이를 기록하는 사업이다. 일종의 '유전학적 고고학' 이라 불릴 수 있는 이 사업은 많은 토착민들에게 '뱀파이어 프로젝트' 라고 불린다. 왜냐하면 과학자들은 이들의 유전자를 수집하여 다양한 실험을 할 수 있는 권력을 얻게 되는 반면, 원주민들로서는 자신들의 유전자가 어떤 목적으로 쓰일지 전혀 모르기 때문이다. 그런 까닭에 이 사업은 일종의 '생명약탈' biopiracy이며, 모든 사람들을 단순히 통계나 데이터로 취급하는 또 다른 식민화라고 비판받고 있다(High 1997). 무엇보다도 이러한 게놈 프로젝트는 인간을 단순한 유전자의 조합으로 보고, 인간에 대한 디자인이 가능하다는 신념을 갖게 하기 때문에 위험할 수 있다. 인간을 생물학적 존재, 문화적 존재, 도덕적 존재 등 총체론적 관점에서 파악해야만 인간다움에 대한 진정한 이해에 도달할 수 있기 때문이다.

이 장의 서두에 나온 것처럼, 최근 돼지 등 동물의 장기를 인간 장기의 대체용으로 사용하는 기술이 전세계적인 주목을 받고 있다. 이미 장기 이식은 죽어가는 인간 생명체를 구제하는 차원에서 '사랑'이나 '이타성'이라는 이름으로 널리 행해져 왔다. 가족들 간에 행해지는 장기 이식이 가장 보편적인 경우지만, 모르는 사람에게서 장기를 받거나 불법적인 매매를 통해 장기가 거래되는 일도 늘어나고 있다. 신체의 특정 장기의 이상 때문에 생명이 끊긴다는 것은 불행한 일이라는 인식과, 생명 연장에 대한 인간의 열망이 인간이 가진 '한계'를 극복하고자 하는 다양한 실험들을 가능하게 했다. 배아복제를 통해 인간을 복제하면 거부반응 없이 장기나 골수를 이식받을 수 있는 가능성이 생기지만, 이 방법은 윤리적인 측면에서 가장 논란이 많은 방법이다. 이 외에도 환자의 생체 조직 일부를 떼어내 배양하여 장기를 생산하는 방법이 개발 중이며, 동물의 기관이나 장기를 인간에게 이식하는 이종이식법에 대한 연구도 활발히 진행되고 있다. 또한 신소재와 기계공학을 결합해 인공 장기를 만들어내는 연구도 활발히 진행 중인데, 머지않아 "마치 구형 가전제품을 신형으로 교체하듯 신체 장기를 기능이 좋은 새것으로 바꿀 것이라는 얘기다"(『경향신문』 2002년 2월 20일).

이렇듯 동물성과 인간성의 경계가 불분명해지고 있다. 현재 과학자들이 경쟁적으로 뛰어들어 개발하고 있는 '형질 전환' 동물들, 즉 인체 장기를 생산하는 돼지나 인간의 혈액 응고 인자를 만드는 면양은 그 대표적인 예이다. 형질 전환 동물은 인간에게 필요한 의약품이나 인공 장기를 생산해내기 위해, 특정 유전자를 삽입하거나 동물의 특정 유전자를 제거한 동물이다. 예를 들어, 돼지의 유전자 속에 들어 있는 '알파갤티' 라는 성분이 사람의 피를 썩게 하고, 굳어지게 만들기 때문에 이를 제거해야만 그 돼지 의 장기를 이용할 수 있다(『중앙일보』 2002년 1월 28일). 아직 보편화된 단계는 아니지만, 이러한 새로운 유전자 공학과 생명 공학의 발달은 이제 '인간다움' 을 설명해 왔던 기존의 틀에 의문을 제기한다.

'사이보그' cyborg는 한편으로 인간과 기계, 인간과 인공물과의 상호 의존성이 증대된 결과 등장한 개념이다. 사이보그란 '사이버네틱 유기체' cybernetic organism의 줄임말로 '인간과 전자 또는 기계 장치의 결합' 또는 '사이버네틱 정보 체계 안에 포섭된 유기체의 정체성' 을 지칭한다(Balsamo 1997). 흔히 기계 인간으로 불리지만, 로봇과는 다른 개념이다. 사이보그는 한편으로 의학 기술의 발달로 유기적 몸과 인공적 기계장치 사이의 경계가 인간의 몸속에서 희미해지고 있는 상황을 가리킨다. 이제 인공 심장, 인공 관절, 인공 신경, 인공 안구 따위가 수술을 통해 손쉽게 인간의 몸속에 삽입될 수 있게 되었다. 이 인공적 대체물들은 인간의 유기적 몸이 지녔던 결함들을 제거하거나 완화함으로써 생명 연장에 기여하고 있다. 또한 인공적 대체물의 발달은 인간의 몸이 끊임없이 변형되고 주조되어도 괜찮다는 신념을 배양하고 있다.

다른 한편으로 사이보그는 정보통신 기술의 발달에 따른 새로운 형태의 인간 정체성의 출현과 연관되어 있는 개념이다. 현대인은 컴퓨터와 인터넷에 점점 더 많이 의존해 가고 있다. 컴퓨터와 인터넷이 제공하는 사이버 스페이스와 가상현실은 인간으로 하여금 자연적으로 주어진

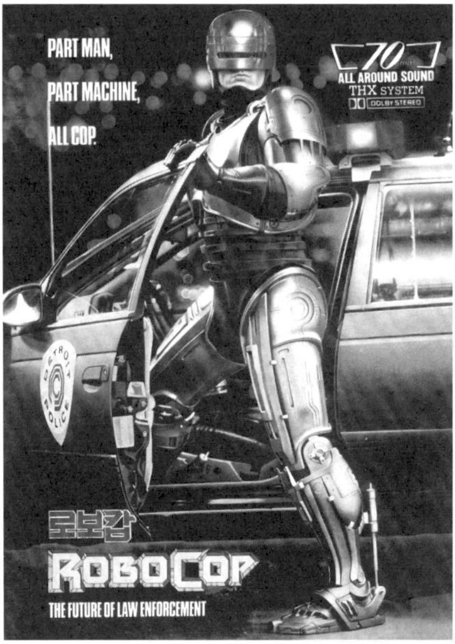

인공적이거나 완벽하게 유기체적이지도 않은 혼성적 개체, 사이보그.

육체의 한계를 넘어서는 새로운 인간 정체성을 상상하고 욕망할 수 있게 해준다. 우리는 영화 〈터미네이터 2〉의 한 장면을 기억한다. 경관으로 변신한 사이보그 T-1000이 액체처럼 되어 정신병동 쇠창살을 통과한 후 리놀륨 바닥에서 다시 나타나 경관의 모습으로 되돌아오는 장면 말이다. 이렇게 상이한 개체들이 합성된 영상을 만들어내는 컴퓨터 소프트웨어 기법인 '몰핑 기법'은 오늘날 영화나 텔레비전 광고 등에서 자주 접할 수 있다. 주목할 점은 그런 방식으로 인종간, 성별간, 세대간, 동물-인간 간의 혼종된 인간 이미지들이 새로이 만들어지고 있다는 사실이다. 몰핑 기법으로 생성된 사이보그의 비주얼 이미지들은 미래 사회에서의 인간 혼종화의 가능성을 예시하고 있는 것이다.

결국 사이보그란 혼성적 개체이며 완벽하게 인공적이거나 완벽하게 유기체적이지도 않은 상황을 의미한다. 사이보그는 자연적인 몸과 기술적으로 재생성된 몸이라는 이분법을 교란하는 잠재력을 강하게 발현하고 있다. 사이보그는 이제까지 인간의 몸을 규정해 왔던 문화적 질서를 위반하고 있고, 혼성적 개체들은 인간의 예측할 수 없는 미래를 암시하기도 한다. 이러한 몸의 유동적인 성격은 기존에 인간을 구획해 왔던 여성/남성, 흑인/백인, 젊은이/노인 등의 이분법도 다른 방식으로 변화시킬 것으로 전망된다. 사이보그를 탈인간주의posthuman 정체성의 형태로 규정하는 것은 바로 이 때문이다.

'인간다움'을 어떻게 정의할 것인가

우리는 우리 자신에 대해 더 많은 것을 알게 되었고, 그 결과 자연인으로서의 인간을 제약해 왔던 많은 조건들을 제거해 왔다. 그러나 정작 우리가 알지 못하는 것은 이러한 발전의 과정이 기존의 '인간다움'이라는 개념을 어떻게 변화시킬 것이며, 이러한 과정이 '진화'라는 이름으로 설명될 수 있을 것인가 하는 점이다. 인간이란 여성과 남성 같은 범주처럼 '경계' 개념이다. 생물학적 조건들과 문화적 맥락의 결합을 통해 끊임없이 자신을 규정해 왔던 '인간'이라는 범주는 지금 새로운 도전을 받고 있다. 우리는 과학의 급속한 발전이 우리에게 가져다 줄 다양한 치료의 혜택과 욕망의 영역 확상에 대한 기대로 부풀어 있지만, 한편으로는 이제까지 인간의 정체성을 규정해 왔던 개념들이 급격하게 해체되는 데 대한 두려움을 가지게 된다. 이러한 두려움은 현재 유전공학과 정보산업을 주도하고 있는 서구의 과학자 그룹들에 의한 기술지배 정치technological autocracy로 이어질 것이라는 암울한 전망과도 관련이 있다. 그러나 다른 한편으로는 과학기술의 발전이 인간이 가진 생명의 유한함이라는 조건을 변화시켜, 궁극적으로 인간 복지 향상에 공헌하리라는 신념도 갖고 있다. 또한 인종이나 성과 같은 구분이 사라지는 '혼종적 인간형' 도 상상할 수 있게 해준다.

이러한 모순적인 전망에도 불구하고, '진보' 와 '과학' 이라는 이름으로 진행되는 현재의 흐름이 궁극적으로 어떤 변화를 만들어낼 것인가에 대해서는 아무도 예측할 수 없는 상황이다. 사실 어떻게 '인간다움' 을 설명해 나갈 것인가라는 문제는 과학으로써 규정하기보다는 인간이 이제까지 축적해 온 역사적 경험과 윤리 의식을 통해 사회적으로 구성해 나가야 하는 문제이다. 인류학은 상대주의적 관점에서 서로 다른 인간들간의 상호이해와 의사소통의 중요성을 강조해 왔고, 이러한 관점은 새롭게 부상하고 있는 다양한 '인간형' 에 대한 성찰적 인식을 확장시켜 나가는 데 기여할 것이다.

읽을 거리

『유인원과의 산책』, 몽고메리S. Y. Montgomery, 김홍옥 역, 다빈치, 2001.

침팬지, 고릴라, 오랑우탄을 연구한 세 명의 여성 인류학자 제인 구달, 다이안 포시, 비루테 골디카스의 연구 과정과 인생을 자세히 담고 있다. 과학자이며 인문학자인 이들이 인간과 동물, 자연과 환경에 관한 우리의 세계관을 바꿔 놓는 데 어떻게 기여했는지를 잘 보여주고 있다.

『최초의 인간 루시』, 도널드 요한슨D. C. Johanson · 메이틀랜드 에디M. A. Edey, 이충호 역, 푸른숲, 1996.

이제까지 발견된 초기 인류 중 가장 오래된 '루시'의 발견 과정과 그 이후의 논쟁들을 담고 있는 책으로, 고인류학과 체질인류학에 대한 다양한 정보를 담고 있다.

『세상의 모든 딸들』, 엘리자베스 마셜 토마스Elizabeth Marshall Thomas, 이선희 역, 홍익출판사, 1994.

인류학자가 쓴 이 소설은 채집과 작은 짐승 사냥에 의존하던 인류의 공동체적 삶이 큰 짐승을 사냥하게 되면서 어떻게 달라지고 있는지를 보여준다. 특히 출산과 주거 공동체, 그리고 권력과 권위의 문제를 여자들의 삶을 중심으로 차분하게 묘사하고 있다.

제4장

여성성과 남성성

●●● 조한혜정

장면 하나 야외 카페에 많은 사람들이 앉아 있다. 그 앞을 늘씬한 젊은 여자가 긴 머리를 나풀거리며 가방을 흔들면서 지나간다. 모든 사람들의 시선이 그녀에게 모아지고, 그녀는 그러한 시선을 받는 것에 아주 익숙한 자세로, 그 시선을 한껏 즐기면서 관중 앞을 지나간다. 그녀의 모습만 컬러이고, 나머지는 흑백이다.

장면 둘 섬세하게 손질한 머리에 화려한 조개 장식의 박쥐 가죽옷을 입은 젊은 남자가 축제 준비를 하고 있는 마을 제단 근처에 나타난다. 잔치 준비로 바쁘게 움직이던 여자들은 일손을 멈추고 뽐내듯이 걸어가는 그를 보면서 멋지다는 칭찬을 아끼지 않는다. 이 날을 손꼽아 기다리며 자신을 아름답게 가꾸느라 공을 들인 그의 얼굴에 만족스런 미소가 빛난다.

첫 번째 장면은 2000년 한국 공중파 방송에서 자주 보던 광고이고, 두 번째 장면은 1930년대 미국의 문화인류학자 마거릿 미드Margaret Mead가 연구한 뉴기니의 챔불리Tchambuli족 마을에서 볼 수 있는 모습이다.

사람들이 모인 곳에 배우처럼 나타나 자신의 외모에 던져지는 시선을 즐기는 사람. 아름다움이 자신의 존재 이유라고 말하는 사람. 현재 한국에 살고 있는 대다수의 사람들은 그런 사람이 당연히 여자라고 생각하겠지만, 1930년대 챔불리 마을에서는 당연히 남자이다.

우리는 아주 어릴 때부터 남자와 여자의 '차이'에 대한 이야기를 듣고 자랐다. 끊임없이 성별에 따른 역할이나 외모와 기질상의 차이에 대해 들어 왔고, 또 성적 욕망의 차이에 대해서도 들어 왔다. 남자와 여자의 차이가 분명한 것은 보편적인 음양의 질서라는 말도 들어 왔다. 그런데 특정 기질이 한 사회에서는 남성의 특성으로, 다른 사회에서는 여성의 특성으로 이야기된다면 그것은 무엇을 의미할까? 그것은 우리가 보편적이고 절대적인 차이라고 생각해 온 성별에 관한 내용 중 상당 부분이 실은 문화적인 구성물이며 시대에 따라서 변화하는 상대적인 것임을 의미한다.

그렇다고 성차gender가 정말 없는 것일까? 현대 사회에서 우리는 남자와 여자의 영역 분리가 급격하게 해체되어 가는 것을 보고 있다. 여자와 남자의 '본질적' 차이는 더 이상 사회생활을 구성하는 데 주요한 변수가 되지 않는 세상이 오고 있다. '여성성 · 남성성'이라는 단어가 사라진 사회는 어떤 모습일까? 여전히 많은 사람들은 가정에서 여자 · 남자로 길러지고 있는데, 초기 양육 과정에서 체질화되는 성차는 어떻게 극복할 것인가? 우리는 지금 상당히 혼란스러운 상태에서 이런 질문을 던지고 있다.

이런 혼란스러움을 풀어내기 위해 인류학적 여행을 떠나보자. 일단 문화적 상대주의의 입장에서 현존하는 사회들을 비교 연구한 마거릿 미드의 연구를 살펴볼 것이다. 인류학을 대중에게 알리는 데 크게 공헌한 마거릿 미드는 1930년대에 장기간의 현장 조사를 바탕으로 『세 부족 사회의 성과 기질*Sex and Temperament in Three Primitive Societies*』이라는 책을 출간했다. 이 책은 여성성 · 남성성에 대한 논의를 열어간 최초의 체계적인 현장 연구서이자 인류학의 고전으로 자리를 지키고 있다.

그 다음으로는 성차에 대한 다양한 체계들을 거대한 시간의 흐름을 따라가며 정리해 보려고 한다. 다양한 문화적 행태는 아무런 원리나 패턴 없이 임의적으로 나타나는 것이 아니다. 개별 사회가 가진 문화적 구성물을 자세히 분석해 보면, 그 사회가 처해 있는 환경과 경제적인 토대 변화가 밀접하게 맞물려 있음을 알게 된다. 변화의 흐름을 따라가면 일정한 패턴을 볼 수 있다는 것이다. 인류 사회를 통시적으로 살펴보는 이런 진화론적 사유는 전환기에 새로운 문화적 대안을 찾는 데 큰 도움이 된다. 여기서 진화론이라 함은 자연환경이나 경제체제 등의 급진적인 변화에 따른 사회 전반의 거시적 사회 변동 추이를 논하는 이론을 말한다. 이때 진화는 진보와 다르며, 창조론을 거부하는 대안적 천지창조 개념과도 다르다.

뉴기니의 여자와 남자

마거릿 미드는 1931년부터 1933년까지 원시농경 체제에 속하는 뉴기니의 세 마을에서 성과 기질에 대한 현장 연구를 했다(미드 1988). 이들은 같은 생산 방식을 갖고 있지만, 신기하게도 남성과 여성의 특질을 규정하는 방식이 아주 달랐다. 예를 들어 아라페시Arapesh족 사람들은 남녀 모두가 비슷한 인성을 가졌다고 믿고 있었는데, 이 인성의 내용은 서

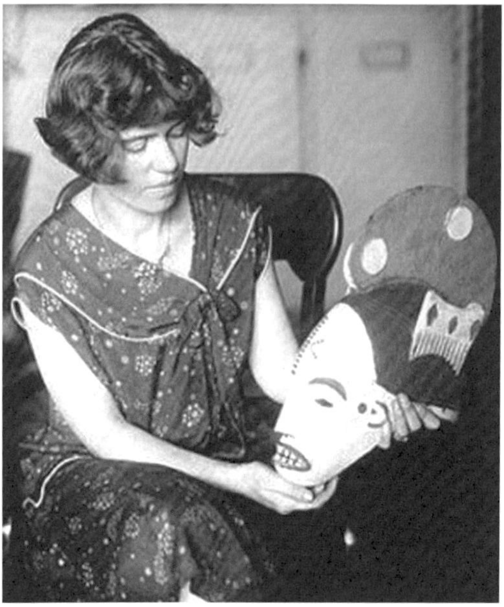

마거릿 미드 그녀는 1931년부터 1933년까지 원시농경 체제에 속하는 뉴기니의 세 마을에서 성과 기질에 대한 현장 연구를 했다.

구인들의 시각에서 볼 때 모성적 또는 여성적이라고 불리는 것이다. 이곳에서는 여자들뿐만 아니라 남자들도 비공격적이며, 타인의 욕구나 요구사항에 재빨리 반응하는 협동적인 사람이 존경을 받았고, 또 그렇게 길들여졌다. 성관계 면에서도 이런 특징이 그대로 나타나서, 이 사회에는 성욕이 남녀 어느 쪽에 대해서든 그 자체로서 강력하고 독립적인 욕구라는 생각이 존재하지 않는다. 성관계는 서로를 맞추어 가는 소통의 행위로 인시된다.

반면 문두구머Mundugumor족 사람들은 남녀 모두 무자비하고 공격적인 성향을 보였다. 아라페시 사람들과 대조적으로 자애롭고 모성적인 성향을 나약한 것으로 간주하여 무시하는 반면, 강하고 독립적인 성향을 강조하였다. 그들이 남녀 모두를 표준화시켜 온 인성적 특징은, 서구인의 시각에서 본다면 제대로 양육되지 않은 매우 과격한 남성들에게서 찾을 수 있는 성격이다. 이들은 성욕을 적극적이고 독립적인 욕망으로 인지하였으며, 아라페시 사람들과는 대조적으로 아주 거친 형태의 성관계를 즐겼다.

내용상의 차이는 있지만, 흥미롭게도 아라페시족이나 문두구머족 모두 남성과 여성의 기질을 대조적으로 규정하고 있지는 않았다. 아라페시 사람들이 추구하는 이상적 삶은 유순하고 민감한 남자가 역시 유순하고 민감한 여자와 결혼하는 것이다. 반대로 문두구머 사회의 이상적 삶은 과격하고 공격적인 남자가 마찬가지로 과격하고 공격적인 여자와 결혼하는 것이다. 남녀 모두에게 한 유형의 인간이 이상적인 인간으로 내면화된 점은 같으나, 그 내용은 정반대의 모습으로 나타나고 있는 것이다.

아라페시족이나 문두구머족과 달리 챔불리족은 성차를 확실하게 인정하면서 그것을 사회생활을 구성하는 데 적극적으로 활용하였다. 그런데 챔불리 사람들은 서구 현대인들이 일반적으로 생각하는 것과는 정반대로, 여자는 지배적이고 객관적이며 통솔권을 가지는 반면에 남자는 책임감이 약하고 정서적으로 의존적 성향을 갖는다고 보았다. 이 글 맨 앞에서 예를 든 것처럼 남자는 예술적이며 아름다움을 추구하는 존재인 반면, 여자는 일을 추진하고 경영하는 것을 잘하는 존재로 간주된다는 것이다.

이러한 세 가지의 대조적인 상황은 인류 사회에 대해 무엇을 말해주는가? 수동성, 민감함, 아기를 귀여워하는 마음 등을 여성적인 기질이라고 단정할 수 없으며, 공격적이고 추진력이 강한 것을 남성적이라고 단정하기 어렵다는 것을 말해준다. 특히 부계제父系制가 공식적으로 존재하면서도, 실제로는 남녀간의 주도적 지위가 뒤바뀌어 있는 챔불리족의 경우를 볼 때, 적어도 성적 기질에 따른 보편적 전제를 상정하기가 쉽지 않음을 알 수 있다.

마거릿 미드가 이 연구를 통해 이야기하고자 한 것은 자명하다. 첫 번째로 우리가 흔히 여성적 또는 남성적이라고 말하는 인성적 특성들은 본질적으로 타고난 생물학적 특성이라기보다 개별 사회의 역사적 과정에서 생성된 것이라는 점이다. 두 번째로 미드는 전형적인 아라페시 남녀의 행위가 전형적인 문두구머 남녀의 행위와 크게 대조적인 점을 들어 인간의 본성이 얼마나 쉽게 길들여지는 것이며, 개인의 삶에 미치는 사회적 조건화의 영향력이 얼마나 막강한 것인지를 설파한다. 이러한 미드의 논의는 지나치게 상대주의적 관점을 부각시키고 있다는 비판을 받고 있지만, 생물학적이고 절대주의적인 관점이 지배적이었던 이 책을 쓴 당시의 시대적 맥락을 감안해서 읽는다면 '지나침' 은 충분히 이해가 갈 것이다.

그렇다면 미드는 성에 따른 특질이 문화적으로 구성된 사실이라는 점을 통해 무엇을 말하려 한 것일까? 미드가 이 연구를 통해 제기하려고 했던 것은 작게는 일정한 기질과 행위 유형만을 허용하는 사회에 적응하지 못하는 개인의 문제였다. 미드는 사회 구성원들이 타고난 성향과 재질을 충분히 발휘할 수 있는 사회가 행복한 사회임을 여러 연구를 통해 강조해 왔다. 특히 『세 부족 사회의 성과 기질』은 다양한 기질을 타고난 사회 구성원들에게 한 유형의 기질만을, 또는 남녀 두 유형의 기질만을 강요하는 사회가 얼마나 많은 사람들을 불행하게 만드는지를 훌

륭하게 그려내고 있다.

미드는 무지개 빛 스펙트럼을 한 가지 색으로 통일해버리는 것은 개인에게는 폭력이며 사회 진화의 면에서도 큰 손실이라는 점을 강조한다. 개인에게 강요되는 이데올로기가 아니라 사회조직 원리로서의 '여성적 원리' 또는 '남성적 원리'가 간과되거나 무시되면 사회의 균형적 발전을 기대할 수 없다는 것이다. 미드는 현대 사회가 남성성의 원리를 지나치게 강조하는 사회이며, 이로 인해 많은 문제가 야기되고 있음을 지적하면서 여성성의 특질로 간주되는 보살핌의 능력, 타인의 욕구에 민감한 소통 능력을 되살려야 함을 강조하였다.

미드가 『세 부족 사회의 성과 기질』을 통해 70년 전에 강조한 '이상 사회'는 사회 원리로서 여성성과 남성성을 공히 살려내는 사회, 개개인의 취향, 상상력, 사고 성향, 기술적 재질 등이 아이의 성 때문에 억압되지 않는 사회, 역할 면에서 개인이 선택할 여지가 많으며, 다양성이 존중되는 사회이다. 지금 우리는 남자와 여자 사이의 경계가 급격하게 허물어지고 있는 사회에 살고 있다. 미드가 강조해 온 선택이 많아진 사회, 남자와 여자 모두가 개성을 살리며 공존하는 다원주의 사회, 일탈의 낙인이 덜한 사회는 가까이 오고 있는가? 이를 좀더 다른 각도에서 조명해 보자.

성차는 시대에 따라 달랐다

마거릿 미드는 여성성과 남성성에 대한 전제가 사회에 따라 다양하게 나타난다는 것을 보여주었지만, 그 다양성이 나타나는 시대적 배경에 대해서는 체계적인 이론을 내놓지 않았다. 실제로 다양한 사회의 관습들을 사회경제적인 면과 연결해서 거시적으로 흐름을 살펴보면 나름대로 일정한 패턴을 찾아볼 수 있다.

여기서 일단 임신을 하고 아기를 낳고 젖을 먹이는 일은 여자만이 할 수 있다는 점에서 생물학적 성차를 인정하자. 앞으로 50~100년 후 의학의 발달로 어떤 일이 일어날지는 모르나, 아직은 그런 생물학적 사실이 우리의 삶에 큰 영향력을 행사하고 있는 것이 사실이다. 이러한 생물학적 차이를 둘러싸고 일어나는 사회적 과정이 하나의 문화적 각본으로 굳어지는 것은 그 사회의 환경적 · 경제적 조건 속에서이다. 지구상에 존재했던 많은 사회를 비교 문화적으로 살펴보면, 인구 구성과 환경적 요인, 그리고 사회 · 경제 · 문화적 복합성이 이루어내는 거시적 변화, 곧 사회적 진화에 따라 일정한 경향성을 보게 되는데, 이를 수렵채집사회와 원시농경사회, 집약농경사회와 목축사회, 산업사회의 순서로 간략히 따라가 보자.

여성성과 남성성의 내용은 각 사회의 집단적 생존 전략, 특히 성별에 따른 남녀의 생계 활동 참여와 인구 재생산 · 육아 활동의 내용에 의해 크게 좌우된다. 수렵채집사회나 원시농경사회는 자연환경의 지배를 많이 받는 사회에 속한다. 원시농경에는 매우 다양한 형태의 경작 방식이 있고, 그래서 사회 조직도 다양한 형태로 나타난다. 이 말은 자연환경의 풍요로움이나 척박함, 여성이 더 많은 노동을 하는지 안 하는지, 이웃 부족과 정기적으로 전쟁을 하는지 등의 변수에 따라 여성성과 남성성에 대한 개념도 다양하게 나타난다는 말이다.

자연적 조건에 따라 삶의 내용이 많이 달라지는 원시농경사회에서는 특정 자연 조건과 생계 활동 방식에 따라 남녀가 이성 파트너에게

파푸아 뉴기니 인근 로슈아 섬의 아이들 여성성과 남성성의 내용은 각 사회의 집단적 생존 전략, 특히 성별에 따른 남녀의 생계 활동 참여와 인구 재생산 · 육아 활동의 내용에 의해 크게 좌우된다. ⓒ Gary S. Chapman & Mark Sadan

깊이 의존하는 경우도 있고, 의존하지 않는 경우도 있다. 전자의 경우 여성성과 남성성에 대한 상호 보완적 개념이 생길 수 있지만, 여성과 남성 간의 상호 보완성이 강조되지 않는 후자의 경우에는 미드가 연구한 두 사회인 아라페시와 문두구머처럼 성에 대한 기질 차이를 중요한 차이로 인지하지 않는다. 결론적으로 수렵채집사회나 원시농경사회 전반을 관통해서 나타나는 일관된 내용의 여성성 · 남성성은 찾아보기 어렵다.

집약농경사회와 목축사회는 남녀유별적 문화와 남성다움의 문제에 대해서 비슷한 양상을 보인다. 이 두 유형의 사회 모두에서 성별 분업이 경제적 분업의 핵심을 이루기 때문이다. 대체적으로 군집의 규모가 크고 친족 범주를 넘어선 수준의 통치 체제가 발달한 이 사회는 집단주의 사회로서, 예외 없이 남성들이 공적 권력을 쥐고 있다. 남성들 사이의 협동과 유대가 사회 유지에 매우 중요한 요소로 등장하며, 이는 도시, 기술, 국가 조직의 출현을 통해 공적 영역의 확대로 이어진다. 공적 영역이 비대해지면서 가정적 영역과 공적 영역의 분화가 심화되며, 육아, 특히 초기의 육아는 여성들만의 영역에서 이루어진다.

'남녀칠세 부동석'이라는 말에서 볼 수 있듯이, 집약농경사회에서는 철저한 격리를 통해 남자아이를 남성적으로 만든다. 역할뿐만 아니라 공간상의 분리를 통해 체계적으로 소년을 남성 세계에 귀속시키고 남성적 역할을 익히게 한다. 이 사회에서는 남녀의 공간이 엄격하게 분리되어 있고, 여자는 밤에만 밖에 나다닐 수 있다거나 남녀가 식사를 함께 해서는 안 된다는 등 다양한 남녀유별 금기를 찾아볼 수 있다(Friedl 1975, 조혜정 1988). 조선시대의 안채와 사랑채의 구분, 남녀 내외법 등은 바로 집약농경 체제의 전형적인 남녀 격리 제도의 일면이다.

집약농경사회나 목축사회에서는 예외 없이 부계혈통 중심의 대가족제도를 발전시키고 있으며, 이 제도는 인류 역사상 남녀유별을 가장 심하게 제도화한 경우라고 할 수 있다. 현재 한국 사회가 가지고 있는 남녀유별 현상은 부계혈통을 절대시하는 조선 후기의 사회문화적 제도가 근대화 과정을 통해서 변형되어 온 모습이다.

산업사회의 특징은 세분화된 전문화와 개인주의(특히 개인 능력 지향)에서 찾을 수 있다. 집약농경사회의 분업이 성, 신분, 나이를 바탕으로 한다면, 산업사회의 분업은 세분화되고 복잡한 양상을 보인다. 개인들은 끊임없이 새로운 영역들을 개척하고, 바로 그것은 산업사회 발전의 바탕이 된다. 변화를 추구하는 산업사회에서 기존의 신분이나 성별에 따른 고정관념을 고집하다가는 시대에 적응할 수 없게 된다. 개개인은 각자의 자질과 성향을 살려서 전공을 선택하고, '개인 능력주의' 원칙에 따라 선발된다. 사실상 남녀의 구분이 별로 상관 없는 시대가 온 것이다. 이 사회는 신분이나 성별과 무관하게 모든 국민이 균등한 기회 아래 교육을 받고, 자기 실현을 하는 것을 이상으로 삼고 있다. 프랑스 혁명을 필두로 하여 지난 몇 세기는 사실상 바로 이 이상을 실현하기 위한 투쟁의 역사였다. 산업사회의 지배 이념은 자유와 평등이며, 이는 근대의 경제원리와 상통하는 것이다. 마거릿 미드가 다양한 개성이 중시되는 사회를 주장한 것도 바로 이런 근대 산업사회 틀 안에서 이루어진 주장이다.

여기서 일단 집약농경사회에서와 같은 가정 · 공공 영역의 이분화가 크게 바뀌고 있음에 주목하자. 공공 영역 내지 일터에서 여성 · 남성의 영역이 허물어진 것은 구체적으로 여성들이 학교에 가게 되면서, 그리고 공장 노동자가 되면서 시작되었을 것이다. 아직도 금녀의 영역이 남아 있지만 서울 경찰청 기동 수사대에 여형사가 고용되었다는 뉴스나 공무원의 1/3이 여성이라는 소식, 여학생이 남녀공학 대학의 총학생회장에 선출되었고, 2002년도에는 여자 응원 단장이 선출되었다는 소식을 접하면 남녀 성역할 구분을 고집하는 것은 무의미한 일임을 알게 된다. 남성 독점의 영토가 급격히 사라지면서 여성성 · 남성성의 구분이 덜 중요해지고 있고, 동시에 여성의 진출로 인해 그 영토의 성격 자체가 변하고 있는 것이다.

이런 흐름과는 달리, 개인적 관계와 애정 면에서 산업사회는 여성성 · 남성성의 차이를 강화시켜 갔다. 그것은 일터와 가정이 분리된 산업사회의 공간적 특성과 관련이 깊다. 초기 산업화 과정에서 일터로 나가 돈을 벌어오는 사람은 남자였다. '바깥 일'을 하던 남자가 자연스럽게 임금을 받는 사회노동자가 되고, '안채 일'을 하던 여자는 자연스럽게 '가정주부화' 되어 간 것이다. 이동이 많은 도시적 상황에서 단출한 핵가족 제도가 대가족 제도를 대체하게 되고, 남자는 가족의 생계부양자이자 가장으로, 여자는 그 가장이 생계부양에 몰두할 수 있도록 돕는 보조자이자 자녀 양육자 역할을 맡게 되면서 둘만의 상호보완적인 관계를 맺게 된다. 산업사회에서의 여성의 가정주부화와 남성의 직장인화는 그 전시대와는 상당히 다른 남녀유별의 문화, 곧 '신사'와 '숙녀'의 문화를 만들어내게 된다.

단적으로 생계부양자가 될 남자는 약육강식의 논리가 팽배한 직업전선에서 살아남기 위해 강하고 경쟁적일 것을 요구받았다. 또한 거대한 조직의 일원으로서 일하기 때문에 '합리적'일 것을 요구받는다. 또한 그는 한 가정의 유일한 생계부양자이므로 부양자로서의 윤리, 곧 여자와 아이를 보호하겠다는 책임감을 가져야 한다. 근대적 남성성의 골자는 책임감, 합리성, 자제력, 독립성, 스포츠 정신과 결단력, 그리고 약자를 보호하는 부드러움이라고 하는데, 이는 산업화 시대를 거치면서 생겨난 것으로, 바로 근대화의 선두 주자인 영국 신사들의 덕목인 것이다. 신세계 개척의 역사를 통해 또 다른 근대를 형성한 미국의 경우, 여기에 공격성과 용기가 추가된다. 험프리 보거트나 게리 쿠퍼 같은 세기를 풍미한 20세기 남자 배우들의 이미지는 바로 이러한 근대적 남성성을 구현한 것이다.

근대 초기의 여성상은 이런 남성상을 보완하는 모습이었다. 모성, 의존, 감정, 사랑스러움 등이 그 내용을 이룬다. 그러나 후기로 가면서 여자들이 경제 활동에 대거 참여하게 되자, 이런 변화는 '근대적 여성성'의 위기로 이어졌다. 산업사회는 여성들에게 고등교육의 기회를 제공하면서 공적 영역에서 자신을 실현하라고 요구하는 한편, 가정적으로는 남자와의 가장 친밀한 애정 관계 속에서 자아를 실현하라고 요구하였다.

여자들은 효율성을 중시하는 일터에서는 여성적이기보다 중성적이어야 하며, 가정에 들어가면 남편의 요구를 들어주는 여성성을 갖추어야 하는 양면적 요구를 받게 된다. 20세기에 거대한 여성해방운동이 일어날 수밖에 없었던 것은 바로 산업사회가 여성들에게 이러한 양립 불가능한 요구를 했기 때문이다. 여성들은 모순적 기대 속에 혼란과 자아분열 상태를 경험하면서 급기야 해방운동을 일으키게 된다. 그들은 남성 중심 사회가 부과한 '여성성의 딜레마'를 해결하기 위해, 스스로 여성성을 규정해 가기 위해 집단적으로 움직이기 시작하였다.

전환기의 여성성과 남성성

1980년대 영국 사회에 퍼졌던 한 유머가 있다. "영국에는 '남자'가 한 명밖에 없는데 그가 누구일까?" 답은 '대처 수상'이다. 장기간 지속된 경제 위기 상황과 리더십의 부재 속에서 단호함, 추진력, 자제력, 독립성 등 전형적인 남성적 덕목을 내면화한 사람이 사라지고 있는 가운데, 유일하게 그 덕목을 고수하면서 영국을 끌고 가는 사람은 대처라는 여수상 한 명밖에 없다는 뜻의 농담이었다. 또한 이 농담은 대처의 독재를 비꼬는 동시에, 여성성 · 남성성에 대한 전제가 현실 상황에서 크게 흔들리고 있음을 시사한다.

전세계적으로 20세기 말에 들어서면서 여성에게 기대했던 이중적 성역할 규범은 크게 완화되었다. 여자는 가정과 일터 모두에서 자신 있는 자신의 모습을 그대로 드러낼 수 있게 되었다. 여성이 최고 정치 지도자가 되는 일은 더 이상 놀랄 일이 아니며, 가장 선진적 조직인 벤처 회사들의 탁월한 CEO 가운데 상당수가 여성이라는 사실 역시 이러한 변화를 시사한다. 20세기 초반부터 남녀평등주의자들은 남성과 여성의 차이는 있지만, 그 차이는 대부분 통계적인 차이이지 절대적인 차이는 아님을 강조해 왔다. 만일 성에 따른 생래적 차이가 있다면 그 차이는 그냥 두어도 드러날 것이니, 미리 성별에 따라 다르게 사회화시킬 필요가 없다는 주장이었다. 20세기 후반에 여성들은 정체성의 혼란을 겪으면서 여성성을 스스로 규정하는 운동을 펼쳤고, 그 운동은 일정 정도 효과를 거둔 것이다.

여성이 스스로를 규정하기 시작하면서 '여성성의 딜레마'를 나름대로 해결할 즈음, 남자들은 남성성의 위기를 겪게 된다. 영국 등 이른바 선진국에서는 남학생들의 학력 저하 현상으로 골머리를 앓고 있다. 전통적으로 책임감 있고 용감한 신사들이 급격히 사라지는 한편, 책임을 회피하고 감상적이며 나약한 '신종 남자'들이 생기고 있다는 것이다. 이들 소년들에게 아버지는 더 이상 존경하고 싶은 대상이 아니다. 아버지 시대가 추앙하던 남성적 인간은 이들에게 너무 강하고 고집스러우며 폭력적인 존재이다. 이들 '신세대' 남자는 남자됨을 자랑스러워하기는 커녕 기피하거나 거부하려 든다. 자신을 생계부양자로만 부각시켜 온 남성성이 부담스럽고, 늘 '성적 공세'의 위치에 있어야 하는 것이 부담스럽다는 남성들도 늘고 있다(Kaufman 1987). 더 이상 사회로부터 분리된 아늑한 공간인 가정을 유지하기 어렵게 된 상황에서, 그리고 혼자 벌어서 안정된 가정생활을 유지하기 어려운 고실업 시대로 접어들면서, 가장이 되는 꿈을 꾸던 남자들이 위기를 느끼기 시작한 것이다. 많은 신세대 남자들이 무기력하게 퍼져 있고, 모델이 없어 방황하고 있다. 그중 일부는 페미니스트들과 연대하여 남성성에 대한 새로운 담론을 만들어가기도 한다.

새로운 시대에 가장 큰 거부감을 드러내는 집단은 전통적인 남성성에 자존심을 걸고 있는 보수적 남성들이다. 자신의 존재 가치를 여자를 보호하는 '강한 자' 또는 가장이라는 점에서 찾았던 남자들은 여성이 더 이상 보호의 대상이 되고 싶어하지 않는 상황에서 큰 혼란을 경험하게 된다. 자존심이 상한 남자는 무리한 방식으로 자신의 남성성을 회복해보려 하게 되는데, 남성들의 폭력은 상당 부분 이런 근대적 남성성의 붕괴 현상과 관련이 있다. 특히 경제 사회적으로 자립할 수 있게 된 여성들이 남성들에게 보다 친밀한 소통 능력이나 성적 매력을 요구하게 되자 당황해 하는 사태가 곳곳에서 벌어지고 있다.

이런 남성성의 위기는 근대사회의 해체와 맥을 같이한다. 인류사에서 인간을 가장 효율적으로 이용할 줄 알았던 시대인 '근대'는 한계 상황에 달했고, 기운이 소진하고 있다. 근대의 주인공인 남성들은 위기감을 느끼면서 돌파구를 찾기 시작했다. '무모한 탐험가'와 '외로움을 모르는 발명가', '독립적 서구 개척자'로 근대를 만들어낸 이 주인공들은 이제 상호 의존의 관계를 가능케 하는 남자로 스스로를 새롭게 만들어

내지 않으면 안 되게 되었다.

그러면 앞으로 인류 사회는 어떤 여성성 · 남성성의 논란을 펼치게 될까? 인류의 진화에 관해 결정적인 결론을 내리기란 불가능하지만, 긴 안목으로 인류의 미래를 내다보며 실마리를 찾아보자. 먼저 여기서 여성성과 남성성의 내용은 시대에 따라 변화하는 상대적인 것이라는 점을 분명히 하자. 두 번째로 그 변화의 내용은 시대의 사회경제적인 변화와 함께하는데, 지금 우리는 사실 여성성보다 남성성에 대한 새로운 정의를 필요로 하고 있는 시점에 살고 있다.

정복과 경쟁의 표상으로서의 남성성이 해체되어야 할 지점에 온 것이다. 상호 협력과 네트워킹이 중요해지는 사회에서 사실상 근대적 남성성의 덕목인 독립성과 경쟁, 권력은 사회적 성공을 위해서도 걸림돌이 된다. 인류가 멸종할지도 모를 현 위기 상황에서 일고 있는 선각자적 논의들은 모두 소통과 보살핌의 원리를 강조하고 있다(기든스 1996). 특히 생태주의자들은 보살핌의 원리를 인간에게뿐만 아니라 지구상의 모든 생명에게까지 확대 적용해야 함을 강조하고 있다. 최근 눈물을 흘리는 남자, 감정으로 소통할 줄 아는 남자, 평등한 만남과 보살핌의 능력을 가진 남자에 대한 이야기들이 소설이나 영화에 자주 등장하는 것도 이런 변화를 반영한다.

이제 슬슬 우리의 일상, 나, 우리, 자신의 삶으로 돌아와보자. 기존의 여성성 · 남성성이 부담스러웠던 기억이 있는가? 지금의 남녀 관계는 어떤가? 나는 지금 나의 여성성 · 남성성에 대해 불안을 느끼고 있지는 않는가? 불안을 느낀다면 어떤 식으로 자신의 여성성 · 남성성 문제를 해결해 갈 것인가? 여성성 · 남성성 문제는 자기를 구성하는 핵심적

주제이자, 인류 사회의 미래의 향방과 밀접하게 맞닿아 있다. 나 자신의 여성됨과 남성됨, 여성다움과 남성다움을 이야기하면서 자신만의 빛깔을 만들어 나갈 여행을 떠나보자.

읽을 거리

『남자도 아닌 여자도 아닌 히즈라』, 세레나 난다Serena Nanda, 김경학 역, 한겨레신문사, 1998.

인도의 히즈라 집단에 대한 장기간의 현지조사 결과를 바탕으로 남성과 여성의 이분법적 성분류 체계에 문제를 제기한 문화인류학적 보고서이다. 우리의 눈에는 부도덕하고 기이하게까지 보이는 히즈라와 같은 '또 하나의 성' 범주에 속하는 사람들을 제대로 이해하기 위해 성, 가족, 혼인 등에 대한 문화인류학적 시각이 얼마나 중요한지를 새삼 일깨우는 책이다.

『세 부족 사회에서의 성과 기질』, 마거릿 미드Margaret Mead, 조혜정 옮김, 이화여자대학교 출판부, 1988.

남성과 여성의 생물학적인 차이를 개개 사회집단들이 문화적인 수준에서 요리해 가는 모습을 볼 수 있다. 그리고 그런 식의 차별화가 개인의 심리적 과정에 어떻게 작용하는지, 또 장기적 사회진화의 관점에서는 또 어떻게 작용하는지를 보여준다.

『XY : 남성의 본질에 대하여』, 엘리자베스 바뎅테Elisabeth Badinter, 최석 역, 민맥, 1993.

지금까지의 많은 책들이 그간 남성들이 규정해 온 여자의 모습이 왜곡된 것임을 밝히는 책이었다면, 이 책은 남자의 모습을 새롭게 규정해 보려는 프랑스 페미니스트가 쓴 독특한 책이다.

제5장

혼인과 가족

●●●김은희

마거릿 미드의 조사에 의하면 아라페시 사람들은 성적 욕구란 오랫동안 안정적으로 같이 살고 있는 부부 사이에서만 생기는 것이라고 여긴다. '첫눈에 사랑에 빠진다'거나 '걷잡을 수 없이 사랑의 불꽃이 타오른다' 등의 경험은 아라페시 사람들에게는 생소하다. 아라페시 사람들이 의미 있다고 생각하는 성관계는 관심과 애정이 쌓인 다음에야 천천히 이루어지며, 이러한 성관계는 장기간 편안하고 친근하게 지낸 부부 사이에서만 가능하기 때문이다.

아라페시 사람들은 남성의 성적 충동을 인정하지 않기 때문에 강간을 이해할 수가 없다. 아라페시 사회에서는 기회가 생겼다고 해서 남성이 여성에게 성관계를 강요하는 일이 없다. 부부 관계를 가질 경우에도 남편은 아내에게 부드럽게 다가가 다정다감하게 이야기를 나누어야 하며, 아내가 자신을 받아들일 준비가 되었는지 확인해야 한다. 또한 아내가 먼저 남편에게 접근하기도 하며 마치 전희前戱를 하듯이 입맞춤을 무척 즐기기도 한다. 이렇게 아라페시 사람들의 성생활은 1930년대 서구인의 시각으로는 매우 성숙한 것처럼 보이기도 하지만, 한편 성관계를 가지면서 절정감orgasm을 느낀다는 인식은 없다고 한다.

우리 주변에서는 인간의 생식 행위가 동물적인 본능과 충동 때문에 일어나며, 혼인이란 이러한 성적 본능과 충동을 적절히 통제하는 동시에 만족시키기 위해 자연스럽게 등장한 제도라고 흔히 설명한다. 가족 또한 혼인을 통하여 결합한 부부가 자녀를 출산하고 양육하면서 자연히 형성된 집단으로서 부모와 자식은 혈연 관계로 굳게 맺어져 있다고 여겨지고 있다. 이렇게 혼인과 가족의 근간이 되는 성과 혈연은 너무나도 당연하고 보편적인 생물학적 사실이라고 생각하기 쉽지만, 사실은 문화적으로 형성되고 실천되는 것이기도 하다.

혼인이란 무엇인가

성관계를 문화적으로 구성하는 중요한 기제mechanism가 혼인이다. 혼인은 일시적인 성관계와는 다르다. 우리 사회에서도 성관계를 갖는 모든 남녀를 부부라고 하지는 않는다. 한국 사회에서 주위 사람들에게 부부임을 인정받으려면 친지들이 보는 가운데 혼례식을 올리거나, 여자가 한 집안의 며느리로서 역할을 다해야 한다. 다른 사회에서도 이와 마찬가지로 혼인을 규정하는 규범들이 있다. 그러나 지역적으로나 역사적으로 이러한 규범들이 너무도 다양하기 때문에 인류학에서는 혼인이 과연 무엇인가에 대하여 많은 논쟁이 있어 왔다.

인류학에서는 흔히 혼인을 성관계에서 태어난 아이가 합법적인 자녀로 인정되는, 남녀간의 성적 · 경제적인 결합으로 정의한다. 그러나 엄밀히 말하면 이러한 의미의 혼인이 모든 사회에 존재하는 것은 아니다. 아프리카 수단의 누어Nuer 사회에서는 성관계가 아니라 신부대금bridewealth의 지불을 혼인으로 규정한다. 신부대금이란 혼인할 때 신랑 쪽에서 신부 쪽으로 주는 재화를 말하는데, 누어 사람들은 남자 쪽 친족 집단이 여자 쪽 친족 집단에게 몇 마리 내지 몇 십 마리의 소를 보낸다. 신부대금이 없으면 누어 사회에서는 혼인이 성립되지 않으며, 남자와 여자 사이에서 태어난 아이는 여자에게 신부대금을 지불한 사람의 자식이 된다.

이러한 문화적 논리에 따라 누어 사회에서는 여자와 여자가 혼인하는 것도 볼 수 있다. 즉 불임인 여자가 신부대금을 지불하고 다른 여자와 혼인하는 것이다. 그리고 자신의 남자 친척에게 그 여자와의 사이에서 아이를 낳아 달라고 부탁한다. 아이가 태어나면, 그 아이는 신부대금을 지불한 여자의 자식이 되고, 자식들도 그 여자를 '아버지'라고 부른다. 또한 신부대금을 지불한 여자는 남편으로서의 권리를 갖게 되어, 혼인한 여자(아내)가 자신의 동의 없이 다른 남자와 관계를 갖게 되면 손해배상을 청구할 수 있다. 어쨌든 혼인한 여자(아내)가 낳은 아이는 모두 신부대금을 지불한 여자(남편)의 자식이 된다.

혼인이란 무엇인가를 생각하게 하는 또 하나의 사례로는 인도 케랄라Kerala의 한 카스트caste인 나야Nayar 사회를 들 수 있다. 나야 사회는 전형적인 모계사회母系社會로 타라바드taravad라는 가족 집단은 어머니와 딸과 아들, 그리고 외손주로 구성된다. 나야 사회에서 세 살에서 열두 살 사이의 여자아이는 같은 카스트에 속하는 다른 친족 집단에서 고른 '신랑감'과 '혼인' 의례를 치른다. 이때 소년은 탈리tali라고 하는 금으로 만든 목걸이를 소녀의 목에다 걸어준다. 이들은 다른 사람들과 격리되어 사흘을 함께 지내지만, 둘의 관계는 의례와 함께 끝난다.

의례를 치른 후, 소녀는 수많은 남자들과 성관계를 가질 수 있다. 그러나 연인은 반드시 다른 타라바드에 속해야 하고, 같은 카스트여야 한다. 여자가 임신했을 때에는 같은 카스트 출신이며 다른 타라바드의 남자가 아이의 아버지임을 인정하고 출산 비용과 아기 옷을 구입할 비용을 지불해야 한다. 아이는 어머니의 타라바드에서 외삼촌과 이모들 손에서 자라나며, 생물학적 아버지는 아이에 대하여 더 이상의 양육의 책임을 지지 않는다. 아무도 아버지임을 주장하지 않을 때에는 아이의 생물학적인 아버지가 다른 카스트 출신이거나 기독교도 또는 회교도이기 때문이라고 간주되어, 임산부는 친족 집단에서 쫓겨나거나 최악의 경우 살해되기도 한다.

나야 사회에서 함께 의례를 치른 소년을 소녀의 신랑이라고 할 수 있을까? 나야 사회에서의 이러한 '혼인' 관습은 인도가 영국의 식민지였던 19세기에 식민지 지배 정부에 의해 금지되었고, 지금은 더 이상 행해지지 않고 있다. 하지만 이것은 당시 서구인들이 갖고 있던 혼인에 대한 생각이 과연 보편적인가 하는 문제를 제기한 사례라고 할 수 있다. 현대사회에 들어와서는 위에서 언급한 혼인의 정의가 더욱 맞지 않는다. 미국의 동성애자들은 남자와 남자, 그리고 여자와 여자 간의 성적인 결합을 혼인으로 인정해줄 것을 요구하고 있다. 이미 1989년 덴마크에서는 동성애자들의 결합에 대해 혼인에 준하는 법적 권리를 주었다.

혼인제도는 배우자가 몇 명인가에 따라서도 다양하다. 배우자가 한 명인 혼인제도를 단혼제monogamy, 배우자가 여러 명인 혼인제도를 복혼제polygamy라고 하는데, 인류의 역사는 단혼제보다 복혼제가 더 보

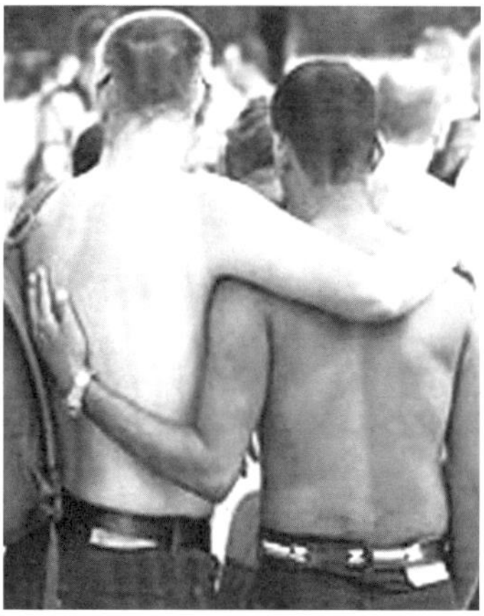

동성애자들간의 결합이 새로운 형태의 혼인제도로 인정될 수 있는가에 대한 논란이 벌어지고 있다.

편적인 혼인 형태였음을 보여준다. 복혼제에는 일부다처제와 일처다부제가 있다.

한 사람의 여자에게 여러 명의 남편이 존재하는 일처다부제는 아주 소수의 사회에서만 존재해 왔는데, 가장 잘 알려진 예가 티베트 사회이다. 티베트 사회에서는 어느 정도 농지를 가지고 있는 계층인 경우 형제들이 한 명의 아내를 공유하는 것을 볼 수 있다. 인류학자들은 티베트의 일처다부제는 산악 지역이라는 여건상 농지가 부족하기 때문에 경작하는 노동력과 농지를 물려받을 상속자의 숫자를 제한하기 위해 존재한다고 설명하고 있다. 분명한 것은, 일처다부제에서는 한 명의 아내가 자식을 많이 낳는 것이 불가능하므로 가족 집단이 무한정 커지는 것을 막을 수 있다는 것이다.

한 사람의 남편에게 여러 명의 부인이 존재하는 일부다처제는 일처다부제보다 널리 퍼져 있다. 특히 아프리카의 원시농경사회에서 많이 볼 수 있는데, 이는 아프리카 원시농경사회에 토지가 풍부했던 것과 관련이 있다. 최근까지도 아프리카의 많은 사회에서는 경작지로 쓰일 토지는 부족하지 않았으며, 주로 여자들이 농사일을 했다. 따라서 많은 부인을 거느린다는 것은 농사 일꾼이 많다는 것을 의미했다. 그러나 일부다처제 사회라고 해서 모든 남자에게 여러 명의 아내가 있는 것은 아니다. 호주의 티위Tiwi 사회처럼 많은 일부다처제 사회에서는 권력 있고 잘 사는 남자들만이 여러 명의 아내를 가질 수 있는데 반해(하트 · 필링 1990), 대다수의 남자들은 한 명의 아내만 있거나 혼인하지 못하는 신세가 될 수도 있다.

집단간 결합으로서의 혼인

현대 한국 사회에서 부모가 정해주는 사람과 혼인하겠다는 젊은이는 별로 없을 것이다. 그러나 불과 몇 십 년 전까지만 해도 신랑과 신부는 혼인하는 날까지 서로 얼굴도 보지 못하는 것이 보통이었다. 인류 역사상, 대다수의 사회에서는 개인보다는 가족이나 친족 집단이 배우자를 선택했으며, 혼인에 있어서도 개인간의 애정적인 관계보다는 집단과 집단 간의 관계를 더 중요하게 여겼다. 혼인은 두 사람만의 사건이 아니라 사회를 통합해주는 공적인 교환 행위였던 것이다.

혼인의 사회성을 잘 보여주는 혼인 규칙이 외혼exogamy과 내혼endogamy의 규칙이다. 외혼은 자신이 속한 집단이나 범주 안의 사람들과의 혼인을 금하는 규칙이며, 내혼은 자신이 속한 집단이나 범주의 사람들하고만 혼인이 가능하다는 규칙이다. 어느 사회에서나 볼 수 있는 근친상간 금제incest taboo는 부모와 자식 간의, 그리고 오누이간의 성관계와 혼인을 금지한다. 다시 말하면 핵가족 밖에서 배우자를 구해야 한다. 대부분의 사회에서 외혼의 규칙은 핵가족보다 더 큰 사회 집단이나 범주에 적용된다. 우리 사회에서는 얼마 전까지만 해도 혈연 관계를 확실히 알 수 없는데도 막연히 같은 조상이라는 이유로 동성동본간의 혼인을 금했다.

근친상간 금제나 외혼의 규칙은 핵가족보다 더 큰 친족 집단간의 협력과 우호적 관계를 유지시켜 보다 큰 사회의 통합을 가져온다고 할 수 있다. 혼인의 이러한 측면을 잘 부각시킨 인류학자가 프랑스의 레비스트로스Claude Levi-Strauss이다. 레비스트로스의 주장에 따르면, 근친상간 금제나 외혼의 의미는 개인이 속한 집단 밖에서 배우자를 구하도록 강제한다는 데 있다. 인간이 생존하기 위해 원시시대부터 외부집단, 좀 더 구체적으로는 다른 가족이나 친족 집단과의 협력이 필요했으며, 외혼제는 이를 실현할 수 있는 확실한 방법이었다는 것이다. 나아가 레비스트로스는 외혼의 규칙을 남자들이 자신의 누이나 딸을 다른 남자에게 주고, 대신 그들의 누이나 딸을 데리고 오는 것으로 파악하였다. 여자를 교환함으로써 흩어져 있는 가족 집단들이 서로 연결된다는 것이다. 이러한 이유로 여자를 교환하는 것은 재화를 교환하기 이전에 이미 존재했다고 레비스트로스는 보고 있다.

그러나 최근 혼인에 대한 많은 민족지 연구들은 여자들도 혼인을 성사시키는 데 적극적으로 참여하였으며, 여자가 단순한 교환의 대상이 아니라는 것을 보여주고 있다. 예를 들어 네게리 셈빌란Negeri Sembilan의 말레이Malays 사회에서는 여자가 아닌 남자를 교환하며, 교환의 주체도 남자가 아니라 여자들이라고 한다. 여자를 교환의 대상으로 다루었던 레비스트로스의 관점을 그대로 받아들이기는 어렵다 하더라도, 혼인을 사회 통합의 기제로 본 것은 예리한 통찰이라고 하겠다.

사회에 따라서는 친족 집단이 외혼의 단위가 아니라 내혼의 단위가 되기도 한다. 중동이나 북아프리카의 많은 이슬람 사회에서는 친사촌 누이와 혼인하는 것을 이상적으로 생각하며, 일부 사회에서는 친사촌 누이와 혼인하지 않을 경우 보상을 해야 한다. 친사촌 혼인과 같은 내혼의 규칙이 없는 사회에서도 완전한 이방인과의 혼인은 금지하는 경향이 있다. 이러한 예로, 미국과 같은 다민족 사회에서도 사람들이 대체로 같은 인종 사람과 혼인하는 것을 볼 수 있다. 우리 사회에서도 외국인과 혼인하는 것을 꺼리며, 비슷한 사회경제적 계층 안에서 배우자를 구하는 경향이 있다.

교환 행위로서의 혼인은 당사자들뿐만 아니라 그들이 속한 친족 집단의 사회적 지위를 변화시키고 새로운 사회관계를 만들어낸다. 따라서 혼례는 성대하게 치러졌으며, 가족이나 친족 집단 간의 물질적인 교환은 집단간의 관계를 더욱 공고히 했다. 다양한 혼인제도에서 볼 수 있는 대표적인 교환행위로는 신부대금과 지참금dowry이 있다. 신부대금은 신랑 쪽에서 신부 쪽으로, 지참금은 신부 쪽에서 신랑 쪽으로 가져가는 재화를 가리킨다.

신부대금은 화폐 이외에 소, 돼지, 말 등의 가축이나 음식, 담요 등이 될 수도 있는데, 사회에 따라서 교환되는 재화의 종류가 다양하고 규모에서도 차이가 많다. 지불도 혼인 이전에 끝내야 하는 사회가 있는가 하면, 혼인하고 나서 수년 내로 지불을 해도 되는 사회가 있다. 인류학자들은 신부대금은 가족이나 친족 집단이 여자를 포기하는 대신 돈이나 재화를 받는 것으로 많이 보고 있다. 신부대금을 지불하는 신랑은 신부와 혼인할 권리와 신부의 노동력, 그리고 신부가 낳을 아이에 대한 권리를 획득하게 된다. 따라서 앞서 소개한 누어 사회에서는 신부대금을 치른 여자가 다른 여자와 혼인을 할 수 있는 것이다. 신부대금을 치르는 사회에서는 신부가 친정으로 돌아간다거나 이혼을 할 경우, 남편에게 신부대금을 되돌려준다. 또한 신부가 아이를 낳지 못할 때도, 신부대금을 되돌려주거나 남편으로 하여금 자식을 갖게 하기 위하여 다른 여자를 대신 얻어주기도 한다. 수마트라와 동부 인도네시아의 일부 사회에서는 신부대금이 완전히 지불될 때까지 자식은 어머니 쪽 친족 집단에 속하게 된다.

지참금은 유럽과 아시아 지역에서 많이 볼 수 있었으며, 지금도 동부 유럽과 아시아의 일부 지역에 남아 있다. 우리 사회의 혼수도 일종의 지참금이라고 볼 수 있다. '과잉 혼수'라고 하여 사회적 비난을 받지만, 정작 자기 자식이 혼인할 때 혼수를 마련하지 않거나, 혼수를 기대하지 않는 부모는 거의 없을 것이다. 다시 말하면 과잉 혼수는 사회문화 현상이지, 개인의 노력에 의하여 취사 선택할 수 있는 행위는 아니라고 할 수 있다. 지참금 제도는 신흥부자들이 계층 상승을 할 수 있는 수단이 되기도 했다. 미국이나 유럽의 근대사를 보면, 상인 계층이 많은 지참금을 준비하여 딸을 귀족 계층의 집안과 혼인시킨 경우를 많이 볼 수 있다. 또한 지참금이 있는 사회에서 딸은 혼인할 때 가져갈 지참금을 받는 대신 상속에서는 제외되는 것도 흔히 볼 수 있다. 따라서 지참금 제도는 경제적인 계층이 분화된 사회에서 많이 볼 수 있으며, 재산 상속의 한 방법이라고도 할 수 있다.

신부대금과 지참금 외에도 신부봉사bride service라는 것이 있는데,

이는 신랑이 일정 기간 동안 처가를 위하여 일하는 것을 말한다. 신부봉사는 생계경제의 특성상 남자가 신부대금을 치르는 것이 어려운 사회에서 볼 수 있다. 수렵채집사회인 아프리카의 쿵 부시맨!Kung Bushmen 사회에서 남자는 15년이라는 긴 기간 동안 처가를 위해 일을 한다. 혼인이 집단간의 교환이라는 측면은 많은 사회에서 볼 수 있는 형제연혼levirate이나 자매연혼sororate과 같은 혼인제도에서도 볼 수 있다.

형제연혼은 신랑이 죽을 경우, 신랑의 남자 동생이 형의 지위를 그대로 물려받아 형수의 남편이 되는 제도를 말한다. 형수가 남편이 된 시동생과 성관계를 갖도록 강제하지는 않지만, 형수와의 성관계에서 낳은 자식은 형의 자식이 된다. 만약 형수가 다른 남자와의 사이에서 아이를 가질 경우에도 그 아이는 신부대금을 지불한 죽은 형의 자식이 된다. 형제연혼은 신부대금 제도가 있는 사회에서 많이 볼 수 있는데, 형제연혼을 하면 남자 쪽에서 또다시 신부대금을 지불하지 않아도 된다. 부여와 고구려에 존재했다는 형사취수兄死取嫂의 풍습도 이와 비슷한 관습이다.

자매연혼은 형제연혼과 대비되는 혼인이다. 이는 부인이 죽었을 때, 남편이 처제를 아내로 맞아들이는 것을 말한다. 이 역시 처음의 혼인으로 맺어진 결연관계가 깨지지 않고, 시집간 딸이 죽으면 처가가 또 다른 딸을 제공할 의무를 지게 되는 것으로 볼 수 있다.

사랑과 혼인

여성을 노동력으로 간주하여 부자가 되기 위해 많은 수의 아내를 거느린다거나, 신랑 가족과 신부 가족이 교환해야 할 재화를 드러내놓고 흥정하는 것은 서구사회에서뿐만 아니라 현대 한국 사회에서도 도덕적으로 비난을 면하기 어렵다. 그러나 사랑한다는 이유로 혼인을 하는 것이 하나의 규범으로 확립된 것은 인류의 긴 역사로 볼 때 비교적 최근의 일이다. 서구사회에서도 부르주아 계급에서 시작된 낭만적 사랑은 19세기에 들어와서야 노동자 계층에까지 널리 퍼지게 되었다. 이 과정은 산업화가 진행됨에 따라 가족이 생산의 기능을 점차 잃어버리고 사적인 영역이 되어가는 과정이기도 하다.

산업사회의 새로운 지배계급인 부르주아 계급은 핵가족을 단위로 한 부부 중심의 가정을 꾸미면서, 친근함과 감성을 강조한 낭만적 사랑이 혼인의 기초가 되어야 한다고 생각하였다. 19세기 부르주아 문화가 형성되고 발전할 당시 낭만적 연애결혼관이 어떠했는지를 스웨덴 사회를 통해 살펴보자(Frykman & Löfgren 1990). 낭만적 사랑에 대한 문화적 숭배는 그 당시 혼전 연애와 전통적이고 실질적이었던 혼인관 사이의 갈등을 통해 잘 드러난다. 혼인을 반대하는 부모와 기성 세대들에 대항하는 젊은이들의 이야기는 당시 소설의 인기 있는 주제였다.

그러나 19세기 낭만적 사랑의 이데올로기가 젊은이들이 아무하고나 사랑에 빠지는 것을 예찬했던 것은 아니다. 사랑의 대상은 항상 적절한 계층, 적합한 가족적 배경을 가진 사람이어야 했다. 또한 사랑은 성적인 욕망과 별개의 것으로 인식되었다. 혼전 성관계는 엄격하게 규제되었으며, 연애와 성, 그리고 바른 것과 바르지 못한 것과의 경계가 여러 가지 의례와 터부taboo를 통해 엄격하게 유지되었다. 함께 있는 젊은 남녀들은 언제나 사회의 눈으로부터 자유롭지 못했다. 당시의 젊은 여성은 데이트를 한다거나 무도회에 갈 때마다 샤프롱chaperon과 동행해야 했으며, 다른 사람들이 성적으로 오해하지 않도록 점잖게 행동하는 것을 중요시했다.

연애의 다음 단계는 약혼이었다. 약혼 기간은 길었으며, 주위 사람들이 그들을 분리할 수 없는 하나로서 인식하는 시기였다. 약혼자들은 사랑, 비밀의 공유, 공동의 운명 등을 기반으로 한 친근함을 공적인 장소에서 표현하는 것이 허용되었다. 이들은 길에서 팔짱을 끼고 걸을 수 있었으며, 식탁에 함께 앉을 수 있었다. 스웨덴 농민들은 처음에는 이러한 부르주아 계급의 연애행위를 이국적인 것으로 받아들였고, 경멸했다.

19세기 스웨덴의 연애결혼은 진정으로 동등한 사람들간의 결합이라기보다는 부부 관계를 부모 · 자식 관계와 비슷한 것처럼 만들었다. 스웨덴 남자들은 사회에서 어느 정도 기반을 잡아 집을 살 돈을 마련하고 아내, 자식, 그리고 가정부를 먹여 살릴 능력이 있어야 혼인할 수 있었다. 반면에 여자는 부모 밑에서 보호받으며 살다가, 또는 학교를 마치자마자 곧장 혼인하였다. 따라서 남편은 자신을 세상 경험이 없는 순진한 아내의 보호자이며 부양자로 생각하였다. 여자에게 혼인은 아버지 역할을, 아버지에서 남편으로 대체한 것뿐이었다.

그러나 현대 후기산업사회에 들어오면서, 19세기 유럽을 풍미했던 낭만적인 연애결혼관은 급격히 변화하고 있다. 서구사회에서는 1960년대 이후 여성해방운동과 여성의 취업이 활발해지면서, 여성은 더 이상 남편에게 경제적으로 의존하지 않는 것이 가능해졌다. 이와 함께 이혼율은 계속 증가하고 있다. 그러나 현대사회에서의 높은 이혼율이 그 이전에는 존재하지 않았던 전혀 새로운 사회적 상황을 만들어내는 것은 아니다.

덕수궁 야외 촬영 현대 한국 사회에서 거의 일반화되어 있는 결혼 전 야외촬영 모습이다. '그들' 만의 '낭만적' 사랑을 완성하기 위해 자신들만의 모습을 연출하고 있지만, 이미 사회적으로 규범화된 행위가 되어 버렸다. ⓒ 김영훈

미국 서남부에 사는 인디언 부족인 나바호Navaho 사회에서는 대부분의 사람들이 일생 동안 네다섯 번씩 혼인하고 이혼하며, 혼인할 때에도 배우자와 일생을 같이할 것으로 기대하지 않는다. 나바호 사회는 나야 사회처럼 모계사회이지만, 나야와 달리 여자의 성적 파트너가 처가에 들어가 살거나 처가 가까이에서 산다. 나바호 사회뿐만 아니라 대부분의 모계사회에서는 보통 같이 사는 남매간의 유대관계가 강한 대신 혼인관계는 불안정하기 때문에 이혼율이 높게 나타난다.

반대로 일단 혼인을 하면 좀처럼 이혼이 허용되지 않는 사회도 있다. 프랑스의 가톨릭 교회가 프랑스 혁명 때까지 혼인의 실패를 인정하지 않았던 것처럼 유럽의 경우 18세기까지는 원칙적으로 이혼이 허용되지 않았다. 한국에서는 조선시대 후기에 유교의 영향으로, 여자는 일

단 시집을 가면 그 집 귀신이 되어야 한다는 것이 지배적인 윤리도덕으로 자리잡았다. 따라서 남편이 죽었다고 해서 재혼을 한다는 것은 수치스러운 일로 받아들여졌다. 이는 고려시대와 커다란 차이를 보인다. 고려시대 왕실의 혼인을 보면, 왕이 과부를 왕비로 맞아들이기도 했음을 알 수 있다(이광규 1977). 이로 미루어 볼 때 재혼은 일반인들에게도 상당히 많이 퍼져 있었을 것이라고 추측할 수 있다. 또한 조선시대 초기 족보에는 재혼한 딸의 이름이 올라 있는 것을 볼 수 있는데, 이는 조선시대 초기만 해도 양반 계층에서 딸이 재혼한 사실을 별로 부끄럽게 여기지 않았음을 알려주는 예이다.

현대 후기산업사회에 들어와서 서구사회에서는 이혼이 늘어날 뿐만 아니라 법적으로 혼인하지 않은 채 동거하는 사람들도 급격히 증가하고 있다. 이들은 혼인한 부부처럼 아이도 낳고 경제적으로 협력하며 살아간다. 스웨덴의 경우, 한 해 태어나는 아이들의 40%가 미혼모의 자녀라고 한다. 미혼모 자녀에 대한 사회적 편견이 거의 없기 때문에 미혼모들은 자신들이 출산한 사실을 신문에 발표하는 경우도 있다. 혼인하지 않고 동거하는 것이 하나의 새로운 라이프 스타일로 확립되어 가고 있는 것이다. 과연 혼인은 해체되고 있는 것일까.

가족이란 무엇인가

우리는 흔히 가족을 성과 혈연의 유대에 의하여 자연스럽게 형성되는 사회 집단이라고 생각한다. 특히 유교적 전통이 강한 한국 사회에서는 부모가 본능적으로 자식을 위해 희생하고 헌신하는 것을 당연시할 뿐만 아니라, 자식이 부모의 은혜를 갚는 것은 인간으로서 행하여야 할 가장 기본적인 도리라고 여긴다. 나아가 가족은 공동체적 사회의 원형으로 한국인의 마음속에 자리잡고 있다.

그러나 가족은 우리에게 너무나 친숙하고 자연스러운 것이기 때문에 가족이 시대와 공간에 따라 변화하는 문화적 산물이라는 것을 잘 의식하지 못한다. 오히려 가족의 변화는 우리에게 많은 두려움을 가져다준다. 변화하는 가족은 흔히 '가족의 해체'라는 말로 표현되는데, 많은 기성세대에게 가족의 해체는 바로 자신들이 몸담고 있는 사회의 규범이 붕괴되는 것을 뜻한다. 가장 자연스러운 것으로 보이는 가족간의 유대가 사실은 일상생활에서 끊임없이 재생산되는 문화적 · 도덕적 이데올로기에 싸여 있는 것이다.

아이는 남자와 여자의 성적 결합으로 태어난다. 그러나 생물학적인 부모가 있다고 해서 가족이 있는 것은 아니다. 실제로 생물학적인 관계가 없는 사람들도 사회적인 관계를 맺음으로써 가족으로 인정받는 것을 볼 수 있다. 다른 사람이 낳은 자식을 입양하여 친자식으로 키우는 것이 전형적인 예이다. 따라서 인류학자들은 가족을 정의하는 데 공동 거주나 경제적 협력과 같은 사회 집단으로서의 측면을 강조했다. 머독은 가족을 공동 거주, 경제적 협력, 그리고 생식이라는 특성을 가진 사회 집단이며, 성관계를 허용받은 성인 남녀와 그들에게서 출생하였거나 입양된 자녀로 이루어진다고 정의하였다(Murdock 1949).

사회 집단으로서의 가족을 강조하는 인류학자들은 가족이 양육과 생식이라는 생물학적 기능을 수행하기 때문에 어느 사회에서나 존재한다고 상정하였다. 머독은 부모와 자녀로 구성되는 핵가족nuclear family이 여러 세대가 함께 사는 확대가족extended family에서도 기본 단위를

아프리카 베추아나랜드(현재 보츠와나) **거주 가족** ⓒ Nat Farbman

구성하므로 어느 사회에나 핵가족은 존재한다고 주장하였다. 그러나 세계의 다양한 사회와 문화에 대한 민족지를 보면, 많은 사회에서 남편과 아내, 그리고 미성숙한 자식이 반드시 한 장소에서 함께 먹고 함께 살아가는 공동체를 이루고 있지 않음을 알 수 있다.

아프리카 가나의 아샨티Ashanti 사회가 좋은 예이다. 아샨티 사회에서 기구는 성인 여성과 그 여성의 자식과 외손주, 그리고 그 여성의 남자 형제들로 구성된다. 남편은 자신의 누이와 형제, 누이의 자식들과 함께 산다. 이렇게 아내와 남편은 서로 다른 집에서 살고 있다. 그렇다면 부부관계는 어떻게 할까? 남편은 아내를 정기적으로 방문하여 하룻밤을 같이 보낸다. 그리고 부부와 그들의 자식은 어느 정도 경제적 단위를 이루고 있다. 아내는 남편에게 음식을 만들어서 보내고, 남편은 아내와 자식들에게 먹을 것과 의복을 마련해 주어야 한다. 그렇지만 아샨티 사회에서 이러한 가족보다 더 중요한 집단은 같이 사는 가구household이다. 남편은 자신의 아들에게는 농사짓는 것을 도와달라고 요구할 수 없지만, 한집에 사는 누이의 아들에게는 농사일을 비롯하여 여러 가지 경제적 도움을 청할 수 있다.

앞서 소개한 나야 사회나 아샨티 사회와 같이 아버지가 자식과 동거하지 않는 경우는 모계사회에서 흔히 볼 수 있다. 부모와 자식이 어느 사회에서나 반드시 동거집단을 형성하지는 않기 때문에 가족의 핵은 어머니와 자식만으로 구성된다고 보는 인류학자들도 있다. 어머니와 자식으로 구성되는 집단에 남자가 어떠한 관계로 연결되는가 하는 것만이 사회마다 다를 뿐이라고 본다. 어머니와 자식으로 구성되는 가족의 핵에 어머니의 남편이 합류할 때 머독이 정의한 것과 같은 핵가족이 성립되고, 어머니의 남자 형제가 합류할 때 혈족가족consanguinial family이 생기는 것으로 파악한다. 아샨티 사회나 나야 사회에서와 같이 어머니와 자식, 그리고 외삼촌으로 구성되고 아버지는 포함되지 않는 모계 동거집단은 혈족가족의 좋은 예이다.

어머니와 자식 간의 유대가 가족의 핵을 이룬다는 이론은 최근 페미니스트 인류학자들로부터 많은 비판을 받고 있다. 실제로 많은 민족지와 역사적 연구들은 모성이 자연적으로 형성되는 것이 아니라 문화적으로 구성된다는 것을 보여준다. 무엇보다도 어머니가 전적으로 자식을 키우지 않는 사회가 적지 않다. 중세 이후의 영국에서는 아이가 태어나면 유모에게 보내어 따로 사는 관습이 널리 퍼져 있었다(Stone 1979).

중 · 상류층에서는 보통 12~18개월 동안 유모가 키우다가 아이가 집으로 돌아온 후에는 집에 상주하는 유모나 가정교사가 키웠다. 또한 일곱 살 정도가 되면 기숙학교에 보내졌다. 중 · 하류층에서는 열 살이 넘으면 노동자, 하인, 견습공 등이 되기 위하여 집을 떠났다. 또 다른 예를 들면, 캐나다 북서부에 사는 헤어Hare 인디언들은 부모와 자식을 공동 운명체로 인식하지 않으며, 생후 얼마 되지 않은 갓난아이부터 열다섯 살 정도의 아이들까지 연령에 관계없이 양자로 입양하는 일이 흔하다(히로코 1990). 근대화 이전의 유럽이나 헤어 인디언의 경우는 부모와 자식 또는 어머니와 자식 간의 유대가 보편적이지 않다는 것을 명백하게 보여준다. 이는 가족유대가 생물학적 본능에 기인한 자연스러운 관계가 아닐 수도 있다는 것을 말해주는 것이다.

우리에게 핏줄은 무엇인가

가족유대가 생물학적 본능에 의하여 자연스럽게 형성되는 것이 아니라는 것은 소위 '혈연' 또는 '핏줄'이 생물학적인 관계가 아닌 문화적인 관념이라는 사실을 말해준다. 우리가 자명하다고 생각하는 혈연관계는 사회마다 다르게 인식되고, 다른 의미를 갖는다.

호주 북부에 사는 원주민인 티위 사회에서는 부성父性을 인정하지 않고 있다(하트 · 필링 1990). 티위 사람들은 남자들 없이도 여자들이 언제든지 임신할 수 있다고 믿는다. 즉 여자는 정령에 의하여 임신하기 때문에 태어나는 아이에게 '아버지'를 만들어주기 위해서는 남편이 항상 있어야 한다고 믿는다. 그래서 여자는 태어나자마자 남자와 혼인해야 하고, 할머니라도 남편이 죽게 되면 즉시 재혼해야 한다. 혼자가 된 여자는 아이들을 데리고 재혼하는데, 새 남편은 새 아내의 자식들에게 새로운 이름을 지어준다. 그리고 이름을 지어준 남자가 아이들에게 '아버지'가 된다. 이렇게 생식에 있어 남자의 역할을 무시하는 문화는 티위뿐만 아니라 다른 호주 원주민 사회에서도 일반적으로 볼 수 있으며, 태평양 제도의 여러 종족에서도 볼 수 있다.

어머니와 자식 간의 관계도 마찬가지로 문화적으로 구성된다. 뉴기니의 바루야Baruya 사회에서는 누가 아버지인지가 매우 분명하게 인식되며, 어머니가 누구인지는 중요하게 간주되지 않는다. 이 사회에서 생명체는 전적으로 남자의 정액으로 만들어진다고 본다. 즉, 어머니의 몸은 단지 남자의 '물질'을 전달해 주는 통로이며 어머니의 태반은 남자의 물질로 만들어진다고 생각한다. 또한 출산 후 여성의 몸에서 생산되는 모유도 남자의 정액이 변화한 것으로 보고 있다.

호주 원주민들이 임신에서의 남자의 역할을 인정하지 않는 것이나 바루야 사람들이 아이가 남성의 물질로 만들어진다고 보는 것은 그들이 미개하고 임신과 출산에 관하여 과학적 지식을 갖고 있지 않기 때문이라고 생각할 수도 있다. 그러나 생식에 관한 비과학적인 믿음은 과학이 발달하였다는 서구 사회에서도, 그리고 우리의 유교 문화에서도 볼 수 있다. 유럽에서는 오랫동안 로마법의 전통에 따라 어머니의 법적인 남편을 아버지로 간주해 왔다. 최근에도 노르웨이 같은 일부 국가에서는 DNA 검사에 의하여 생물학적 아버지가 누구인가를 정확히 밝혀낼 수 있음에도 불구하고, 어머니의 법적인 남편을 아버지로 인정한다(Holy 1996).

조선시대 후기의 한국 사람들도 바루야 사람들처럼 생물학적 아버지가 누구인지를 중요시했지, 생물학적 어머니는 중요하게 인식하지 않았다. 아이의 생모가 아버지와 정식으로 혼인한 여자가 아닐 경우, 아이는 아버지의 정식 아내를 어머니라고 불렀다. 또한 생명체를 이루는 기본 물질인 '기'氣는 아들이 아버지에게서 물려받는 것으로서 딸은 조상의 기를 물려받지 못하기 때문에 제사를 물려받을 수 없었다. 딸 역시 부모의 생물학적인 자식임에도 불구하고, 집안의 대를 잇는 '자식'으로 간주되지 않았고, 족보에 이름도 올리지 않았다. 자식의 입장에서 볼 때는 아버지의 조상만이 조상으로 인정되었다. 그래서 조상이 누구인가를 따질 때 아버지, 아버지의 아버지, 아버지의 아버지의 아버지 등 이렇게 부계父系 쪽으로만 추적해 올라간다. 실제의 생물학적 조상은 부모 대代가 둘이고, 조부모 대가 넷, 증조부모 대가 여덟, 이렇게 세대가 올라갈수록 무수히 많아지는데도, 세대당 단 한 사람인 아버지만 조상으로 인식되는 것이다.

이러한 부계 혈연의 개념은 조선시대 후기에 들어와서야 정착된 것이다. 그전에는 조상을 아버지, 어머니, 아버지의 부모, 어머니의 부모 식으로 모든 방향으로 찾아 올라갔다. 조선시대 전기에 나온 가계 기록인 팔고조도八高祖圖는 고조부 대까지 부모 모두를 밝히고 있다. 고조부 대의 조상은 모두 16명이지만, 고조부 대의 남자만 8명이기 때문에 팔고조도라고 부른 것이다. 팔고조도는 조선시대 전기의 한국인들이 어머니와 아버지를 똑같이 중요시했음을 보여준다(송준호 1987). 이와 같이 조상에 대한 인식은 시대에 따라 변화함을 알 수 있다. 결론적으로 말하면, 소위 혈연 자체도 모든 사회에서 존재하는 자명하고 객관적인 자연 현상이 아니라는 것이다. 혈연은 사회마다, 그리고 시대에 따라 다르게

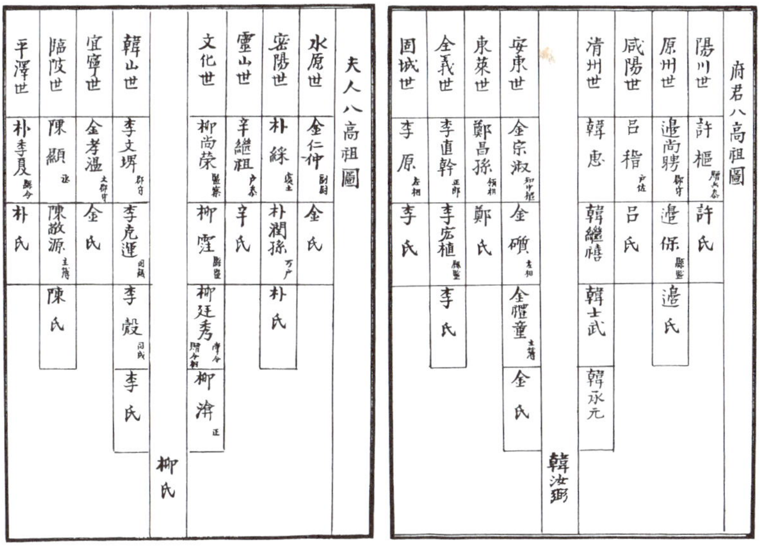

팔고조도

인식되는 문화적 관념이라고 할 수 있다.

가구 형태와 대가족의 신화

가족이 문화적 관념체라고 한다면, 실제로 가족 생활이 이루어지는 공동거주 집단은 가구라고 할 수 있다. 가구는 그 성원이 함께 생활하면서 경제적으로 협력하고 아이도 키우는 사회 집단을 가리킨다. 가족으로만 구성될 수도 있지만, 먼 친척이나 하인, 일꾼, 유모와 같이 가족이 아닌 사람도 성원으로 포함될 수 있다. 한국 사회가 핵가족화되기 전에는 가구에 혈연이 아닌 사람도 포함시켰다. 현재도 농촌에서 살았던 노인들에게 '식구'가 몇 명이었냐고 물어보면, 자기 집에서 살던 머슴과 일꾼들까지 다 포함하는 것을 볼 수 있다.

가구는 함께 사는 친족이 어떻게 구성되느냐에 따라 핵가족 가구, 확대가족 가구, 직계가족stem family 가구, 결합가족joint family 가구 등으로 분류할 수 있다. 핵가족은 부부와 미혼의 자식이 같이 사는 경우이며, 확대가족은 결혼한 자식(들)이 그(들)의 배우자와 자식, 그리고 자신의 부모와 동거하는 경우를 말한다. 그리고 확대가족 중에서 자식 중 하나만이 결혼하여 부모와 함께 사는 경우를 가리켜 특별히 직계가족이라고 한다. 결혼한 형제들이 처자식들을 데리고 함께 살 때 결합가족이 형성된다.

누구와 함께 사는가에 관한 문화적인 규칙 외에도 가구의 구성은 결혼 연령, 평균 수명, 출산율과 같은 인구학적인 요인과 사회경제적 요인, 환경적인 요인 등의 영향을 받는다. 확대가족의 규범을 가진 사회에서는 자식이 일찍 결혼하게 되거나 평균 수명이 길 경우에는 확대가족을 이룰 가능성이 커지게 된다. 또한 가구집단은 초기에 형성된 후 자녀의 혼인으로 확장되었다가 분열하는 과정을 반복하는데, 이를 가내 주기domestic cycle 혹은 가내 집단의 발전 주기라고 부른다. 결혼 초에 핵가족을 이루다가, 자녀가 결혼하여 배우자를 데리고 오면 확대가족을 이루게 되고, 부모가 돌아가시면 다시 핵가족으로 돌아가게 된다. 따라서 인구조사에서 나타나는 여러 가지 가구 형태는 한 가지 형태가 발전 주기 상에서 서로 다른 단계에 있기 때문에 나타날 수 있으며, 그 사회의 이상적인 동거집단이 통계적으로는 소수의 가구일 수도 있다.

확대가족은 집약농경사회에서 흔히 나타나는 것으로 알려져 있다. 이는 집약농경사회의 경우 식량의 여분이 많아 대가족을 부양할 수 있기 때문이라고 설명되고 있다. 또한 토지를 분배하는 것보다 대가족을 유지하는 것이 유리하며, 가족원은 중요한 노동력을 제공하게 된다. 반면에 핵가족은 산업사회와 수렵채집사회에서 모두 볼 수 있는데, 이는 이들 사회가 높은 이동성을 요구하기 때문이라고 많은 학자들이 설명한다. 남아프리카의 칼라하리 사막에 사는 쿵 부시맨이나 흔히 에스키모 Eskimo족으로 불리는 알래스카의 이누이트Inuit족은 자원이 희소하기 때문에 핵가족 단위로 넓은 지역에 흩어져 산다. 현대 산업사회에서는 더 좋은 직장을 찾아, 자식이 부모와 고향을 떠나 자주 이동하게 된다.

그러나 집약농경사회라고 해서 모두 대가족을 이루어 오순도순 살았던 것은 아니다. 농민 계층에서도 빈부의 차이는 상당하였으며, 확대가족은 주로 지주계층에서 많이 볼 수 있었다. 산업화 이전의 한국 사회에서 소작농들은 부모를 부양하지 못하거나 자식을 열 살이나 열두 살 때 남의 집에 일꾼으로 보내는 일이 흔했다. 반면에 부농들은 젊은 부부가 부모와 함께 사는 경우가 많았고, 일꾼들을 많이 거느리고 살았다. 서구유럽의 가족사 연구도 모든 집약농경사회에서 대가족이 지배적인 가구 형태였던 것은 아님을 보여주고 있다. 영국의 경우, 이미 산업혁명이 일어나기 전인 15 · 16세기에도 핵가족이 지배적인 가구 형태였다고 한다. 대가구인 경우에도 직계가족이나 친척이 동거한 것이 아니라 혈연관계가 없는 하인과 동거한 경우가 많았다.

가족과 가구에 관한 이러한 역사적 연구들은 과거 집약농경사회에서 사람들이 대가족을 이루면서 화목하게 살았다는 우리의 문화적 믿음을 뒤집어놓는다. 그러나 이러한 논의에서 주의해야 할 것은 문화적 이상형으로서의 가족과 실제의 가구 구성을 구분해야 한다는 것이다. 많은 한국 사람들이 맏아들은 당연히 부모를 모시고 살아야 한다고 믿어도, 실제로 한국 사회에서 많이 나타나는 가구 형태는 직계가족이 아닐 수도 있다. 마찬가지로 산업사회 이전의 영국에서 핵가족이 지배적인 가구 형태였다는 사실이 현대 서구사회에서 볼 수 있는 핵가족 이데올로기가 그 당시에 이미 존재했다는 의미는 아니다.

핵가족, 직계가족, 확대가족 등 여러 가지 형태의 가족과 가구를 비교할 때 친족구성은 가장 중요한 특징으로 다루어져 왔다. 친족구성이 비슷하면 구조적으로 비슷하다고 보고 있는 것이다. 그러나 분명히 가족구조는 친족구성 이상의 것을 말한다. 미국의 핵가족 문화는 단지 자식이 결혼하여 부모와 따로 산다는 것만을 의미하지는 않는다. 미국의 핵가족 문화는 남녀간의 성, 자식, 개인 등에 관한 문화적 의미로 구성된다. 따라서 한국의 핵가족이 미국의 핵가족과 아무리 친족 구성이 비슷하다 해도, 가족이 무엇을 의미하고, 가족 생활이 어떻게 구조화되며, 가족으로서의 개인의 삶이 무엇을 지향하는가에 있어서는 서로 다르다.

읽을 거리

『어린이의 문화인류학』, 하라 히로코原ひろ子, 최정순 옮김, 삼동자, 1990.

이 책은 주로 캐나다 북부에 사는 헤어 인디언들의 생활을 알기 쉽게 소개하고 있다. 흔히 본능적이고 보편적이라고 보는 가족과 혈연 간의 유대가 문화적인 산물이라는 것을 잘 보여주는 아주 흥미로운 책이다.

『출산과 육아의 풍속사』, 카트린 롤레 · 마리 프랑스 모렐Catherine Rollet & Marie-France Morel, 나은주 옮김, 사람과 사람, 2002.

이 책은 출산과 육아를 둘러싼 다양한 관습을 살펴보고 있는데, 부모와 자식 간의 유대가 생물학적인 사실과는 별로 관련이 없는 문화적 상징 체계의 일부임을 깨닫게 해준다.

『티위사람들 : 북호주 원주민의 문화』, 하트 · 아놀드 필링C. W. M. Hart & Arnold R. Pilling, 왕한석 옮김, 증보판, 교문사, 1990.

가족과 '혈연' 이 무엇인가를 알고자 하는 사람은 꼭 읽어보라고 권하고 싶다. 우리가 갖고 있는 상식적인 생각들을 뒤집는 민족지이다.

제6장

우리는 누구인가_민족, 종족, 인종

●●●한건수

한국계 미국인Korean-American인 그레이스Grace는 집에서 은혜라고 불린다. 미국에서 태어나 어렸을 때부터 중산층 거주 구역에서 살았고, 자라면서 학교나 이웃에서 특별히 한국계 미국인들이나 다른 유색 인종들과 그리 많이 접촉할 기회가 없었다. 그레이스는 집에서만 불리는 은혜라는 이름에 대해 별다른 느낌이 없었으나, 사춘기 때 자신이 백인 학생들과 다르다는 점을 깨닫기 시작하면서 정체성의 혼란을 경험하게 되었다. 대학에 진학한 그레이스는 자신이 한국계 미국인이란 범주로 구분되며, 이 범주는 미국 사회의 복합적인 민족 구성 속에서 특별한 사회적 의미를 갖는다는 것을 자각하게 되었다.

그레이스는 이러한 깨달음 속에서 자신이 누구인가에 대해 진지하게 고민하기 시작했다. 그녀는 자신의 뿌리와 한국계 미국인으로서의 정체성을 확인하고 싶다는 생각에 부모님의 나라인 한국을 방문했다. 한국 사람이 한국 말도 못하냐는 택시 기사의 핀잔을 들어가며 시작한 그레이스, 아니 은혜의 한국 생활은 하루하루가 새로운 삶이었다. 한국어와 한국의 전통문화를 배우면서 처음에 몰랐던 낯설고 신기한 것들의

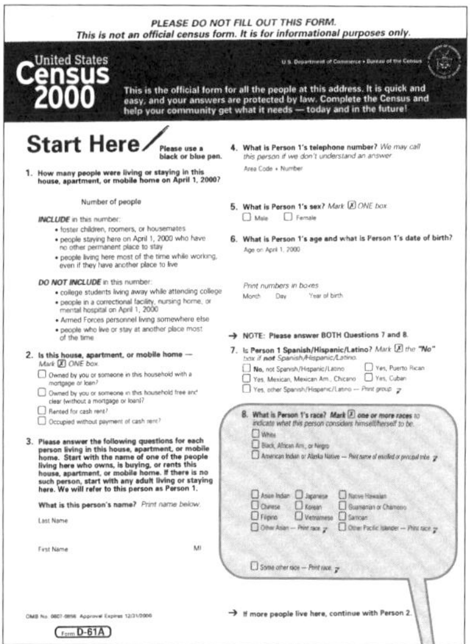
PLEASE DO NOT FILL OUT THIS FORM.
This is not an official census form. It is for informational purposes only.

United States Census 2000

U.S. Department of Commerce • Bureau of the Census

This is the official form for all the people at this address. It is quick and easy, and your answers are protected by law. Complete the Census and help your community get what it needs — today and in the future!

Start Here — Please use a black or blue pen.

1. How many people were living or staying in this house, apartment, or mobile home on April 1, 2000?

Number of people

INCLUDE in this number:
- foster children, roomers, or housemates
- people staying here on April 1, 2000 who have no other permanent place to stay
- people living here most of the time while working, even if they have another place to live

DO NOT INCLUDE in this number:
- college students living away while attending college
- people in a correctional facility, nursing home, or mental hospital on April 1, 2000
- Armed Forces personnel living somewhere else
- people who live or stay at another place most of the time

2. Is this house, apartment, or mobile home — *Mark ☒ ONE box.*
- ☐ Owned by you or someone in this household with a mortgage or loan?
- ☐ Owned by you or someone in this household free and clear (without a mortgage or loan)?
- ☐ Rented for cash rent?
- ☐ Occupied without payment of cash rent?

3. Please answer the following questions for each person living in this house, apartment, or mobile home. Start with the name of one of the people living here who owns, is buying, or rents this house, apartment, or mobile home. If there is no such person, start with any adult living or staying here. We will refer to this person as Person 1.

What is this person's name? *Print name below.*

Last Name

First Name MI

OMB No. 0607-0856: Approval Expires 12/31/2000

Form D-61A

4. What is Person 1's telephone number? *We may call this person if we don't understand an answer.*

Area Code + Number

5. What is Person 1's sex? *Mark ☒ ONE box.*
- ☐ Male ☐ Female

6. What is Person 1's age and what is Person 1's date of birth?

Age on April 1, 2000

Print numbers in boxes.

Month Day Year of birth

→ NOTE: Please answer BOTH Questions 7 and 8.

7. Is Person 1 Spanish/Hispanic/Latino? *Mark ☒ the "No" box if **not** Spanish/Hispanic/Latino.*
- ☐ **No**, not Spanish/Hispanic/Latino
- ☐ Yes, Puerto Rican
- ☐ Yes, Mexican, Mexican Am., Chicano
- ☐ Yes, Cuban
- ☐ Yes, other Spanish/Hispanic/Latino — *Print group.*

8. What is Person 1's race? *Mark ☒ one or more races to indicate what this person considers himself/herself to be.*

→ If more people live here, continue with Person 2.

미국 인구 조사 설문지의 일부 우리나라 사람들에게는 생소한 것이지만, 주어진 칸에 자신의 종족성을 기입하는 부분이 있다.

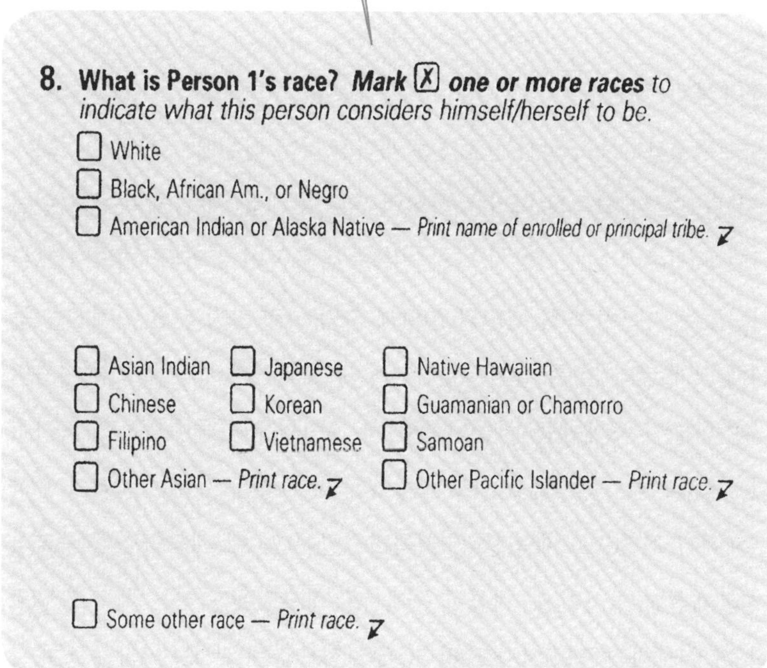
8. **What is Person 1's race? *Mark ☒ one or more races*** *to indicate what this person considers himself/herself to be.*
- ☐ White
- ☐ Black, African Am., or Negro
- ☐ American Indian or Alaska Native — *Print name of enrolled or principal tribe.*
- ☐ Asian Indian
- ☐ Japanese
- ☐ Native Hawaiian
- ☐ Chinese
- ☐ Korean
- ☐ Guamanian or Chamorro
- ☐ Filipino
- ☐ Vietnamese
- ☐ Samoan
- ☐ Other Asian — *Print race.*
- ☐ Other Pacific Islander — *Print race.*
- ☐ Some other race — *Print race.*

의미를 점차 알게 되었고, 한국의 전통음악과 민속에 열광하게 되었다. 그러나 은혜는 점차 그런 자신의 모습이 동년배의 한국인 사촌과는 너무나 다르다는 것을 느끼게 되었다.

한국에서 태어나 자란 사촌은 늘 영어 배우기에 바빴고, 할리우드 영화나 록Rock 음악에 몰두했으며, 좋아하는 음식이나 옷도 은혜가 미국에서 늘 보아왔던 것들이었다. 은혜 자신이 그렇게 찾고 싶어했던 한국인의 전통과 정체성이 자신의 사촌에게는 존재하지 않는 것처럼 보였다. 게다가 한국의 친척들은 자신을 은혜라고 부르기보다는 영어 이름인 그레이스로 부르는 것을 더 좋아했다. 이제 은혜, 아니 그레이스는 자신이 누구인지, 그리고 한국계 미국인의 문화적 전통을 어디에서 찾아야 할지 새롭게 고민하기 시작한다.

정체성과 개인

내가 누구인지를 구성하는 토대는 개인적 자아 형성에서부터 한 사회의 구성원으로서 획득해 나가는 사회적 역할의 내용, 자신이 속한 집단의 성격과 민족에 이르기까지 다양한 특질로 이루어져 있다. 따라서 모든 사람들은 자신이 속한 집단과 상황에 따라 여러 가지 다른 정체성을 동시에 갖게 된다. 예를 들어, 한 성인 남자는 자신의 가정에서 한 여자의 남편이고, 부모에게는 아들인 동시에 자신의 아이들에게는 아버지이다. 직장에서는 학생들을 가르치는 교사이고, 일과 후에는 지역의 봉사단체에서 회장으로 활동한다. 기독교인인 그는 더 세분하면 천주교가 아닌 개신교 신자이고, 개신교 중에서도 장로교에 속하는 예수교 장로회 경기 노회의 장로이기도 하다. 정치적으로는 진보주의자로서 특정 정당의 당원이며, 환경운동에 관심이 많아 환경단체에 가입해 자원봉사도 한다. 또한 같은 고향 출신들이 만든 향우회의 총무와 고등학교 동창회의 동기회장이기도 하다.

이 성인 남자는 가공의 인물이지만, 이 글을 읽고 있는 대부분의 사람들 역시 다양한 정체성을 갖고 살아가고 있다. 종족 정체성ethnic identity 또는 민족 정체성national identity 역시 개인이 가지고 있는 다양한 정체성 중의 하나이다. 종족 및 민족 정체성은 다른 집단 정체성에 비해 사회적 또는 정서적으로 특별한 의미를 갖는 것으로 여겨진다. 모든 민족이 비슷하겠지만, 한국인에게 한민족이라는 민족 정체성은 다른 어떤 집단 정체성보다 우월한 지위를 갖는다. 그 이유는 한국인에게 민족이라는 의미는 일본에 의한 강압적인 식민통치와 민족의 분단이라는 역사적 경험으로 인해 절대적인 것으로 여겨져왔던 면도 있지만, 무엇보다도 민족은 아주 먼 옛날부터 내려온 것이며 개인이 선택하거나 바꿀 수 있는 것이 아니라 앞으로도 영속될 실체라고 생각해 왔기 때문이다.

2001년 12월, 아키히토明仁 일본 천황의 68회 생일을 맞아 열린 기자회견에서 아키히토 천황이 자신의 가계家系에 한국인의 피가 흐르고 있다고 발언하여 화제가 되었다. 781년 일본의 50대 천황으로 등극했다는 간무桓武 천황이 백제 왕족의 후손인 다카노 니카사高野新笠의 아들이라는 사실을 일본 왕실이 공개적으로 인정한 것이다. 천황의 발언 이후 마치 일본 민족이 백제의 후손이며, 결국 일본은 한반도에서 이주해 간 사람들에 의해 만들어진 국가라고 흥분하는 한국인들, 그리고 이 사실을 애써 감춰왔던 일본인들 모두 1,200여 년 전의 사건을 오늘날의 한국과 일본이라는 국가의 경계와 관점에서 이해하고 있는 듯하다. 내 몸속에 한국인의 피가 흐르고 있다는 천황의 표현에서 '한국인'이란 도대체 누구를 말하는 것일까? 한국 역사에 등장하는 예맥이나 여진과 같은 집단들은 어떤 종족 정체성으로 분류해야 할 것인가?

이 글에서는 우리가 일상에서 흔히 사용하는 한민족, 한국인이라는 표현에 반영되고 있는 민족이나 국민, 종족 집단ethnic group과 같은 집단 정체성의 내용과 의미를 살펴보고자 한다. 이러한 주제는 비단 우리는 누구인가라는 한민족 정체성의 논의뿐만 아니라, 현대 세계가 직면하고 있는 민족갈등이나 종족분쟁의 현실을 이해하는 데 도움이 될 것이다.

인종, 종족 집단, 그리고 민족

피부색과 머리카락의 모양, 인체 계측計測을 통해 드러나는 신체적 차이를 근거로 인류를 황인종Mongoloid이나 백인종Caucasoid, 흑인종Negroid 같은 몇몇 범주로 구분하는 인종race 개념은 19세기의 진화론적 세계관과 맞물려 소개되었다. 인종 개념은 생물학에서 생물체들을 분류하기 위해 고안한 종의 개념을 차용한 것으로, 초기에는 단순히 인류를 신체적 특징에 따라 각각의 범주로 분류하는 데 사용되었다. 그러나 19세기 말, 식민통치를 통해 피부색과 신체적 외모가 다른 사람들과 만나게 된 서구의 백인들은 다른 인종들이 처한 열악한 환경과 미개한 문명 수준을 해당 인종의 진화론적 발전 단계로 이해하게 되었다. 이 시기에 여러 박람회가 열려 유럽의 대중들을 사로잡았다. 백인들은 식민지의 신기한 동식물과 함께 전시된 낯선 인종들을 보면서 자신들의 인종적 우월성을 확인하는 계기가 되었다.

인종 개념은 점차 시간이 흐르면서 생물학적 특징에 따른 분류 범주를 넘어서는 의미를 갖게 되었다. 인종의 차이는 곧 지능이나 정신적 능력, 문화의 열등함과 우월함으로 연결되었다. 이러한 생각은 객관적이고 과학적인 것으로 여겨졌는데, 그것은 인종 개념 자체가 일반인들이 눈으로 확인할 수 있는 신체적 특징과 차이를 통해 설명되었기 때문이다. 1990년대 초까지도 이러한 인종 개념에 근거하여 차별을 제도적으로 유지했던 남아프리카 공화국의 백인들은 인종의 차이는 과학적인 사실로 증명되므로 백인종과 유색인종 간의 격리와 차별은 합리적 정책이라는 주장을 펴기도 했다.

그러나 생물학적 차이를 토대로 한 인종 개념이 과연 인종간의 차별을 합리화할 만큼 의미 있는 실체를 갖고 있는가에 대한 근본적인 질문도 제기되어 왔다. 인류학자들의 연구에 따르면, 전체 인류는 유전자의 99.8%를 공유하며, 나머지 0.2%의 차이 중에서 인종을 구분짓는 유전자의 비율은 그중 9%에 불과하다고 한다. 즉 인종의 차이를 가져오는 유전적 차이는 전체 유전자의 0.018%(원서에는 0.012%로 표기되어 있으나 오류로 보임)에 불과한 것이다(Eriksen 1995). 더욱이 이러한 유전자 차이의 대부분은 실질적으로 인종을 구분짓는 피부색, 머리색, 눈동자색이나 외모와 상관없는 것들이라고 한다. 이처럼 너무나 미미한 차이에 근거해서 분류된 인종이 오늘날에는 절대적인 '생물학적 실재'로 받아들여질 만큼 중요하게 여겨지는 것은 생각해 볼 문제라 할 수 있다.

만약 구분 기준을 달리 적용한다면 우리가 상식적으로 알고 있는 인류의 구분은 전혀 다른 조합을 만들어낸다. 예를 들어, 우유를 소화하는

데 필요한 락타아제lactase라는 효소를 갖고 있는가를 기준으로 하면, 북유럽인들은 아랍인들이나 서아프리카의 풀라니Fulani족과 함께 분류되어야 하고, 남부 유럽인들은 동아시아인들이나 대부분의 아프리카인들과 함께 분류된다(Eriksen 1995). 생물학적 차이 중에 무엇을 기준으로 적용하느냐에 따라 우리 인류는 수많은 조합들로 분류될 수 있으며, 현재의 인종 개념은 단지 그중의 하나라고 볼 수 있다.

그렇다면 어떻게 현재의 인종 개념이 이다지도 중요하고 절대적인 것으로 여겨지게 되었는가? 오늘날 우리가 갖고 있는 차별의 기제mechanism로서의 인종 개념은 생물학적인 개념이라기보다는 사회 · 문화적 구성물로서의 인종 개념이라 할 수 있다. 즉 단순한 생물학적 분류 중 하나인 인종 개념에 사회 · 문화적으로 의미를 부여하고, 그에 따라 인종간 능력의 차이를 주장하면서 차별하는 실질적인 인종 개념을 '사회적 인종'이라 부르는데, 우리가 일상생활에서 사용하는 인종은 바로 이 사회적 인종을 말한다고 볼 수 있다.

사회적 인종의 개념이 형성되고 차별적인 인종 관계가 형성된 배경에 대해, 반 덴 버그Pierre van den Berghe처럼 사회생물학적 입장을 견지하는 학자는 인류가 유전자에 내재된 생물학적 프로그램에 따라 자신들의 집단을 보호하려는 것이라고 설명한다. 즉 피부색을 결정짓는 유전자는 햇볕에 적응하는 데 기여할 뿐인데, 이러한 차이를 가져오는 유전적 차이를 '문화적'으로 잘못 해석한 것이 인종 문제라고 본다(van den Berghe 1995). 반면에 에릭 울프Eric Wolf는 자본주의의 발전과 서구의 팽창이라는 맥락에서 사회적 인종의 개념이 발전해 왔다고 설명한다. 즉 비서구인들을 지배하게 된 유럽인들이 자본주의의 성장과 더불어 등장한 새로운 지배계급을 유지하기 위해 인종의 사회적 질서를 확립했다는 것이다. '깜둥이' Negro나 '인디언' Indian과 같은 인종 분류와 용어는 이들 집단 내부의 다양성을 무시한 채, 이들 모두를 하나의 열등한 인종 집단으로 낙인찍음으로써 노동시장에서 저임금을 받아 마땅한 열등한 집단으로 만드는 방법이었다고 한다(Wolf 1982).

사회적 인종 개념의 확산을 노동시장의 위계적 질서에 따라 착취를 정당화하는 과정으로 보아야 한다는 울프의 분석은, 현재 한국 사회의 인종 개념을 이해하는 데 시사점을 준다. 다른 인종이나 종족과의 접촉이 비교적 적었던 한국인들이 외국인 노동자들의 대량 유입으로 다른 인종과 일상적으로 접촉하게 되면서, 19세기 서구인들처럼 피부색을 기준으로 서열화된 사회적 인종 질서를 형성하고 있는 현상이 관찰되고 있다. 함한희는 외국인 노동자에 대한 한국인의 인종주의적 차별이 외국인 노동자들을 착취하는 노동질서의 형성과 관련이 있다고 설명한다(함한희 1995). 고용주들은 외국인 노동자들의 저임금을 합리화하는 방편으로 끊임없이 사회적 인종 개념에 근거하여 그들을 부정적으로 평가하며, 동료 노동자들도 자신들이 더 나은 임금을 받아야 함을 강조하기 위해 외국인 노동자들을 부정적으로 묘사한다는 것이다. 결국 인종 개념은 신체적 특징에 따라 인류를 분류하는 하나의 방법일 뿐이다. 따라서 인종간의 우열이나 다른 사회 · 문화적 의미를 부여하는 것에는 과학적인 근거가 없다.

이러한 이유로 인류학에서는 1950년대까지 인종이라는 개념보다 부족tribe이라는 개념을 많이 사용하였다. 부족이라는 말은 식민통치가 본격적으로 시작되기 이전에는 넓은 의미의 혈연 집단을 일컫는 말이었으나, 식민통치와 더불어 집단의 경계가 뚜렷하고 문화적 특질을 공유하는 안정된 정치집단을 가리키는 용어로 사용되었다.

그러나 부족이라는 용어와 개념은 식민통치가 끝나면서 거부되기 시작했다. 일반인들에게 부족은 기술 수준이 열악한 비서구사회의 소규모 집단들을 지칭하는 말로 받아들여졌고, 이 개념은 서구인과 비서구인을 '우리'와 '그들'로 구분지어 '문명'과 '미개'로 대비시킨다는 비판을 받게 되었다. 인류학자들도 이론의 형성과 비교연구의 편의를 위해 명확한 개념 정의 없이 부족을 하나의 연구 단위로 받아들여 왔다. 그러나 식민통치를 받으면서 급격한 사회 변동을 거친 많은 부족사회의 현실은 부족이라는 개념의 학문적 분석력을 상실하게 만들었다. 식민통치 기간 동안 도시화가 진행되었고 광산업이 발달하였다. 이와 함께 대규모 농장이 도입되어, 고립된 채 자급자족의 삶을 살아온 '부족민'들이 도시로 이주하였고, 이제 이들은 임금 노동자가 되어 다른 언어와 문화권에 있는 사람들과 함께 살게 되었다. 결국 부족이라는 개념이 내포하고 있는 의미로는 이런 변화된 사회를 설명할 수 없게 된 것이다.

1960년 이후 종족 집단과, 종족 집단을 구성하는 특질을 가리키는 종족성ethnicity이라는 용어의 갑작스런 등장은 이런 점에서 부족과 부족주의tribalism라는 기존의 개념을 대체한 면이 있다. 그러나 다른 한편에서는 종족 집단이 부족과 전혀 다른 차원의 개념이라는 주장을 제기한다. 학자들은 종족성과 종족 집단의 개념을 규정하기 위해 수많은 정의를 만들어냈으나, 이들의 노력에도 불구하고 종족성의 개념은 여전히 너무나 다양하게, 그리고 때로는 모호하게 정의되고 있다. 따라서 이러한 다양한 정의를 살펴볼 때, 종족성을 하나의 완벽한 정의로 규정하기보다는 다양한 정의에 내포되어 있는 종족성의 여러 측면들을 살펴보는 것이 의미가 있을 것이다.

종족은 인종의 범주와 일부 중첩되는 부분도 있다. 한 사회를 주도하는 종족 집단과 소수 집단이 다른 인종일 경우, 이들의 종족 관계는 인종 관계와 구분할 수 없기 때문이다. 어떤 사회에서는 인종 관념이 때로는 종족 이데올로기의 일부를 이루기 때문에 인종과 종족을 명확히 구분할 필요가 없는 사례들도 있다. 그러나 인종이 신체적 특징에 근거한 분류 범주인 반면에 종족은 다른 사회 · 문화적 요소들도 중요한 특질로 삼고 있기 때문에 다른 범주로 봐야 한다.

종족은 또한 민족의 관념과도 중첩된다. 일반적으로 민족은 근대적 영토 국가의 출현과 더불어 등장한 공동체로, 국가의 주권이 미치는 경계와 역사적, 문화적, 혈연적 공동체의 경계가 일치하는 경우를 일컫는다. 이러한 정의로 민족을 규정한다면, 민족은 18세기 이후 민족국가nation-state의 출현과 함께 등장한 근대적 산물로 볼 수 있다. 반면에 종족 집단은 정치적 공동체인 근대적 국가를 형성하지 못한 상태를 지칭하는 것으로 볼 수 있다. 오늘날 특정 종족 집단이 자신들만의 독자적인 국가 형성을 위해 행하는 정치적 운동과 이념을 '종족 민족주의ethno-nationalism' 라 부르는 것은 이러한 맥락에서이다.

종족성은 타고나는가

어떤 학자들은 종족성이 특별한 설명이 필요 없는 자연적 정서를 기반으로 하고 있다고 본다. 즉 종족 집단을 구성하는 특질인 종족성은 개인들의 경험이나 선택 여부에 우선하는 강제적 정서에 기초를 두고 있으며, 혈연 관계나 공통의 언어, 종교, 역사와 같은 문화적 유산으로 표현된다고 한다. 미국의 문화인류학자인 기어츠는 사람들이 피를 나누고 말과 관습을 공유하면, 그들 사이에 '신성' 하면서도 거역할 수 없는 통일성이 생긴다고 이야기하였다(기어츠 1998). 따라서 가족이나 친척에게 느끼는 정서적 감정과 마찬가지로, 종족성도 따로 설명할 필요가 없다고 보는 것이다. 이런 정서를 토대로 형성된 종족 집단은 따라서 같은 문화를 공유하는 것이 중요한 특질로 관찰된다. 같은 언어를 사용하고, 종교적 신념을 공유하는 것은 종족 집단의 당위성을 입증하는 재료가 된다.

문화를 공유하는 것이 종족성의 형성과 유지에 중요하다는 입장에서 보면, 문화의 변동이나 동화는 종족성과 연관되어 논의될 필요가 있다. 실제 문화간의 접촉 과정에서 특정 문화를 공유하는 집단이 다른 문화에 동화되는 사례를 발견하기도 한다. 고유한 문화적 특질을 공유하는 것이 종족성을 유지하고 표현하는 중요한 요소라면, 문화의 동화는 곧 종족성의 약화로 설명될 수 있다. 실제 미국 사회를 용광로melting pot로 비유한 사람들은 이민자들로 구성된 미국 사회가 다양한 종족 집단들이 모여서 새로운 문화와 사회를 만들 것이라고 믿었다.

그러나 오늘날의 미국 사회는 하나의 문화로 동화되기보다는 다양한 문화적 전통이 더욱 현저하게 나타나고 있다. 이제 미국 사회의 미래를 용광로에 녹아든 하나의 새로운 문화로 보는 사람은 많지 않다. 오히려 샐러드 접시 안의 야채들이 서로 자신들의 모양과 맛을 유지한 채로 조화를 이루는 것처럼, 다양한 문화가 유지되는 사회를 바람직한 미래

일본 오사카 시의 '조선시장' 안에 있는 김치 가게 재일교포들이 많이 살고 있는 오사카 시 이쿠노구의 미유키모리 시장은 보통 '조선시장'이라 불린다. 조선시장에는 김치 가게가 단연 많다. ⓒ 유철인

로 보고 있다. 문화간의 접촉에서도 종족 집단들이 고유한 문화적 전통을 유지하는 것을 어떻게 설명할 수 있을까?

종족 정체성의 유지에 대한 연구에서 바스Frederik Barth는 종족성을 연구하는 데 특정 종족 집단이 공유하고 있는 '문화적 특질' 자체보다는 다른 집단과 자신들을 구별하기 위해 만들어내는 집단들간의 경계에 주목해야 함을 강조한다. 문화간 접촉 상황에서 종족 집단은 자신들과 타자와의 경계를 유지하고 만들어내기 위해 상황에 따라 상이한 문화 특질을 선택한다는 것이다. 한국계 미국인 인류학자인 샌드라 리Sandra Lee는 재일동포 가운데 노년 세대를 연구하면서 이들이 신체적 특징상으로 별 차이가 없고, 문화적으로도 유사한 일본 사회에서 자신들의 종족 정체성을 어떻게 유지하는가를 연구하였다.

샌드라 리는 같은 한국계 후손이지만 언어나 문화적으로 공통점이 별로 없는 자신을 재일동포 노인들이 어떻게 받아들일지 몰라 걱정하였다. 그러다가 샌드라 리가 매운 김치를 먹는 모습을 보고서야 그들이 자신을 한국인으로 인정해 주었다고 진술한 바 있다. 한민족의 종족 정체성과 경계를 표현하는 상징으로 일본의 음식 문화와 대비되는 마늘과 고추를 사용한 매운 음식이 사용된 것을 알 수 있다. 한국어를 말할 줄 알고 김치와 고추장을 즐기는 것이 한국인과 다른 민족(종족 집단)을 구별해 주는 경계로 이용되는 경우가 많다. 그러나 현재 한국의 일부 어린이들은 김치나 고추장을 즐겨 먹지 않는다. 이들이 성인이 되었을 때, 과연 한민족의 민족 경계의 상징으로 여전히 김치나 고추장과 같은 음식 문화가 사용될지는 의문이다. 여기에서 알 수 있는 것은 종족간 경계를 만들어내는 문화적 특징이나 행위들은 고정된 것이 아니라 상황과 맥락에 따라 늘 변하는, 유동적이라는 것이다.

이해관계 때문에 종족성을 바꾼다?

인류학자들은 종족성을 현실의 이해관계 속에서도 파악하기 시작했다. 코헨Abner Cohen은 나이지리아의 요루바Yoruba족이 주를 이루는 이바단Ibadan이라는 대도시에서 살고 있는 하우사Hausa족과 이보Igbo족을 비교 연구하여 두 종족 집단이 동일한 공간에서 서로 다른 종족성을 구현하고 있음을 발견했다. 이러한 차이를 코헨은 두 종족 집단의 생계활동의 차이로 설명한다.

이바단에 살고 있는 하우사 사람들은 콜라kola 열매를 나이지리아의 북부 지역에 살고 있는 같은 종족 집단에게 공급하는 장거리 무역에 종사하고 있었고, 이보 사람들은 다양한 소매업에 종사하고 있었다. 콜라 열매는 상하기 쉬운 작물이며, 수확량을 모르는 상태에서 입도선매를 해야 하기 때문에 하우사 사람들의 사업은 불안정하고 기복이 심하다는 특징이 있다. 따라서 같은 하우사 사람들과의 신용거래에 크게 의존하기 때문에 이바단에 살고 있는 하우사 사람들은 나이지리아 북부의 하우사 지역에 살고 있는 하우사 사람들보다도 더 강한 종족 집단간 유대를 실현하고 있다. 나아가 하우사 종족성의 강화를 위해 이슬람 종교를 이용하고 있다. 이에 반해 같은 지역에 살고 있는 이보 사람들은 하우사 사람들과는 달리 현지의 요루바 사회와 밀접한 유대를 맺고 살면서 소매업을 하고 있었기 때문에, 굳이 이보족의 종족성을 강화하기보다는 요루바화되는 경향을 보여준다는 것이다.

코헨은 이러한 두 종족 집단의 사례를 통해 종족성의 현실적 이해관계에 주목하게 되었고, 본질적으로 종족성은 정치적인 것이라는 주장을 하게 되었다(Cohen 1969). 대부분 우리가 접하고 있는 종족 갈등이나 종족성의 강화 운동은 많은 경우 정치 · 경제적인 이해관계와 맞물려 있다. 수백만 명의 목숨을 앗아간 르완다Rwanda 종족 갈등이나 보스니아Bosnia 내전 등의 사례는 본질적으로 현실의 이해관계를 둘러싼 갈등과 투쟁이 종족성으로 포장된 것이라 할 수 있다.

종족성이 현실의 이해관계와 맞물려 규정되거나 만들어질 수 있다면, 종족 정체성은 상황적 정체성이라 할 수 있다. 훤칠한 외모와 흰 피부를 자랑하며 대중음악계의 우상으로 자리 잡은 리키 마틴은 자신의 종족성을 어떻게 드러낼까? 미국에는 리키 마틴과 같은 백인 계통의 남미 출신 이민자들이 많이 있다. 이들은 미국 사회에서 때로 유럽계 미국인과 히스패닉Hispanic이라는 두 개의 종족 정체성 중에서 주어진 상황에 따라 자신에게 보다 유리한 것 하나를 선택하기도 한다.

상황에 따른 종족 정체성의 선택은 소수 종족 집단에 대한 우대 정책을 갖고 있는 사회에서 많이 발견된다. 얼마 전까지 대학 입학이나 취업시 일정 비율로 소수 집단에게 우선적인 기회를 주었던 미국이나, 연방정부의 정신을 살리기 위해 모든 종족 집단들이 일정 비율로 연방정부의 공직을 차지할 수 있도록 한 나이지리아에서는 상황에 따라 종족 정체성을 선택하는 경우가 많다.

종족성은 만들어지는가

종족 정체성이 근원적인 것이 아니라 현실의 이해관계를 위해 만들어지거나 선택될 수 있다는 시각은 종족성이나 종족 정체성이 실제 어떤 맥락에서 어떤 방법으로 만들어지는가에 대한 보다 구체적인 연구를 촉진시켰다. 그러나 종족성이 단순히 현실적 이해관계에 따라 정치적인 동기에서 만들어진다면, 왜 굳이 혈연이나 기원신화, 공통의 역사 같은 근원적 상징들을 동원해내는지에 대한 질문을 동시에 하게 된다. 따라서 종족성을 고정된 실체로 보는 대신에, 상대적인 것이며 변할 수 있고 만들어질 수 있는 것으로 보아, 종족성을 하나의 과정으로 이해하는 여러 연구가 등장하게 되었다.

이러한 연구는 종족성이 만들어지는 과정에서 주도적인 행위 주체들이 누구이며, 이들이 어떻게 종족성을 구성하는가를 세밀히 분석한다. 민족이 구성되는 과정에 대한 연구도 마찬가지로 분석될 수 있다. 예를 들어, 홉스봄Eric Hobsbawm과 레인저Terence Ranger가 엮은 『전통의 창출 *The Invention of Tradition*』이라는 책은 민족이 구성되는 과정에서 전통이 어떻게 재해석되거나 발명되는지를 제시하였으며, 앤더슨 Benedict Anderson이 쓴 『상상의 공동체 : 민족주의의 기원과 전파 *Imagined Communities : Reflections on the Origin and Spread of Nationalism*』라는 책은 인쇄술의 발달로 인한 상업출판이 같은 언어를 구사하는 공동체를 만들고, 나아가 민족 공동체를 상상하는 데 어떻게 기여했는지를 설명하고 있다.

최근 역사에 관심을 둔 인류학자들은 역사적 축적물로서의 종족성뿐만 아니라, 현재의 종족성을 정당화하기 위해 과거를 어떻게 해석하고 기억하는지에 연구의 초점을 두고 있다. 예를 들어 모리셔스Mauritius의 이슬람교 신자(무슬림)들의 종족 정체성이 만들어지는 과정을 보자. 모리셔스 인구의 17%를 차지하는 이슬람교 신자들은 18세기와 19세기에 걸쳐 영국령 인도에서 이주해 온 상인과 노동자들의 후손들이었다. 이들은 우르두Urdu어를 비롯한 인도의 토착 언어를 사용했다. 1972년의 인구조사에서 대부분의 무슬림들은 자신들의 종족 언어가 인도어라고 밝혔으나, 10년 후의 인구조사에서는 자신들의 종족 언어를 아랍어라고 주장하게 되었다.

이들은 1970년대의 강력한 범아랍운동과 석유를 무기로 삼은 1973년의 오일파동을 통해 국제정치에서 아랍이 차지하는 위상에 자극을 받았던 것이다. 같은 인도 출신의 힌두교 신자들과 지속적으로 경쟁해야 했던 무슬림들은 인도나 파키스탄에 연결된 자신들의 종족성이 현실적으로 유리할 것이 없다고 판단하여 아랍의 종족 정체성을 주장한 것이다. 이슬람 신자라는 것만으로는 이러한 종족 정체성을 뒷받침하지 못하자, 모리셔스의 무슬림들은 조상들의 문화를 새롭게 규정했다. 모리셔스의 수도인 포트루이스Port-Louis에서 여자들은 아랍의 전통을 따라 베일을 쓰기 시작했으며, 남자들은 하얀 겉옷을 입고 수염을 기르기 시작했다. 인도 노동자의 후손보다는 아랍인의 후손이 되기 위해, 인도계 무슬림들은 과거를 새롭게 규정하며 종족 정체성을 만들어내고 있는 것이다(Eriksen 1993).

모리셔스의 인도계 무슬림의 사례와는 달리 나이지리아의 요루바 사람들은 과거의 역사적 경험과 현재의 상황을 모두 이용하여 종족성을 만들어내고 있다. 즉 현재의 종족성이 만들어질 때, 일정 부분 과거의 기억이나 사건으로 인한 한계를 갖기도 하며, 역으로 현재의 종족성을 정당화하기 위해 과거를 재구성하기도 한다. 문자로 기록된 역사가 없는 사회에서 종족 정체성은 늘 과거를 어떻게 해석하여 다음 세대에 전승하는가와 밀접한 관련을 맺고 있다.

나이지리아의 요루바 사람들은 대부분의 아프리카 종족 집단과 마찬가지로 유럽의 선교사나 식민 관리들이 개입하기 이전에는 요루바라는 하나의 통일된 종족 정체성을 갖고 있지 않았다. 요루바 역사를 살펴보면, 시대별로 적게는 7개에서 많게는 26개에 달하는 왕국이나 도시국가 형태의 독립된 정치공동체들의 존재를 확인할 수 있는데, 이들은 단 한 번도 통일된 정치 체계나 공동체를 형성한 적이 없다. 이들이 요루바라는 하나의 종족 이름으로 불리게 된 것은 유럽의 선교사들이 기독교 선교를 위해 현지 언어를 연구하는 과정에서 언어의 유사성을 중심으로 사람들을 분류한 것이 계기가 되었다. 언어의 유사성을 중심으로 선교사들은 새로운 종족 범주를 만들게 되었고, 이들을 부를 이름으로 요루바가 선택된 것이다. 선교사들의 언어 연구와 선교 정책의 편의를 위해 고안된 종족 범주는 식민 정부의 관리들에게 받아들여졌다. 나아가 유럽식 교육을 받은 현지사람들도 식민 국가 내에서 다른 종족 집단과 경쟁하는 과정 중에 이를 하나의 종족 정체성으로 받아들이게 된 것이다.

그러나 요루바 사람들은 요루바라는 범종족 정체성을 강화하는 동시에 19세기 말까지 유지해 왔던 독자적인 정치공동체별 집단 정체성도 유지해 왔다. 오늘날의 요루바라는 종족 정체성이 형성되기 이전에, 정치적 영향력의 확대와 유럽인들과의 교역을 위한 노예사냥을 위해 여러 집단들 사이에 벌어졌던 전쟁의 기억과 지배 또는 피지배 경험은 오늘날의 집단간 경쟁과 유대에도 지속적인 영향을 주고 있는 것이다. 즉 요루바라는 범종족 정체성은 나이지리아의 다른 종족 집단과의 경쟁 속에서 지속적으로 확산되고 강화되었지만, 동시에 내부적으로는 과거의 역사적 경험과 기억에 따라 하위 집단의 정체성 역시 더욱 분화되고 강해지는 모순적인 현상을 보여주고 있는 것이다.

세계화와 종족 정체성

세계화globalization로 표현되는 현대 세계의 변화는 민족이나 국가의 경계를 넘어서는 자본과 사람들의 이동을 촉진하고 있다. 유엔의 1992년 통계에 따르면 1억 명 이상의 인구가 자신이 태어난 국가가 아닌 곳에서 생활하고 있다고 한다. 이러한 변화는 인접한 두 문화가 만나 발생하는 전통적인 문화접변acculturation과는 다른 차원의 문화 환경을 제공하고 있다. 문화간 혼성이 중요한 현상으로 대두되고 있으며, 문화를 소비하는 사람들은 더 이상 자신들의 고유한 민족문화를 고집하지 않는다. 서아프리카의 음악을 뉴욕에 사는 백인들이 즐기며, 인도 음식이 서울의 젊은이들에게 인기를 얻고, 북아프리카의 유목민들이 미국의 연속극 일정 때문에 이동 시기를 늦추기도 하는 세상이다.

한국 사회도 세계화의 물결 속에서 놀라운 변화에 직면하고 있다. 한민족은 세계 각국으로 흩어져 살고 있으며, 한국 사회 내부에도 낯선 인종과 종족이 상당한 숫자를 차지하고 있다. 수십만 명으로 추산되는 외국인 이주 노동자들이나 이들과 혼인한 한국인과 그 자녀들은 단일 민족국가인 한국 사회의 미래에 어떠한 의미를 던져줄까? 한국인들의 민족 의식과 민족 정체성은 새롭게 변화된 사회에서 어떻게 적응해야 할까? 현재 미국 스포츠계의 우상으로 떠오른 타이거 우즈Tiger Woods가 아버지로부터 흑인과 중국인, 그리고 인디언의 혈통을 이어받았고, 어머니로부터 태국인과 중국인, 그리고 백인의 피를 이어받았다는 사실은 곧 세계화 시대에 출현하게 될 새로운 종족 집단의 모습을 예측하게 해준다.

세계화라는 흐름은 주도적인 문화로 문화의 동질화도 촉진하겠지만, 동시에 지역문화를 중심으로 한 지역화의 흐름도 강화할 것이다. 이러한 상황에서 종족 집단과 종족 정체성은 새로운 환경에서 재구성되거나 새로운 의미를 갖게 되며, 나아가 혼성 문화의 출현처럼 과거와는 전혀 다른 차원의 집단이나 정체성을 출현시킬 수 있을 것이다. 종족성은 고정된 실체가 아니라 끊임없이 변화하는 것이기 때문에 늘 과정 속에서 설명되고 이해되어야 한다.

읽을 거리

『상상의 공동체』, 베네딕트 앤더슨Benedict Anderson, 윤형숙 역, 나남출판, 2002.

베네딕트 앤더슨은 민족 혹은 민족주의가 고대로부터 존재해 온 원초적 실재가 아니라 자본주의의 발달, 특히 인쇄술의 발달로 인한 상업출판과 함께 나타난 특정한 문화적 조형물이라고 본다.

『1780년 이후의 민족과 민족주의』, 에릭 홉스봄Eric John Hobsbawm, 강명세 역, 창작과비평사, 1998.

민족은 국가 엘리트에 의해 '위로부터' 만들어진 신화이기 때문에, 민족 문제를 총체적으로 이해하기 위해서는 절대 다수의 민중들이 민족의 개념을 받아들이는 과정에 주목해야 한다는 관점에서 기술된 책이다.

제7장

문화로 풀어보는 경제

●●● 오명석

캐나다 서부 해안에 거주하는 인디언 부족들은 장례식이나 결혼식 또는 추장의 대관식과 같은 중요한 의례가 있을 때 인근의 부족들을 초청하여 포틀래치potlatch라고 부르는 광적일 정도의 낭비와 무절제한 소비가 이루어지는 성대한 잔치를 여는 관습을 가지고 있다. 주최자는 손님들에게 음식을 풍족하게 제공하고 생선기름, 동물가죽, 담요 등을 선물로 줄 뿐만 아니라, 때로는 담요를 불태우거나 그 사회에서 가장 소중한 재산으로 여기는 구리판을 파괴하기도 한다. 누가 더 잔치를 성대하게 열고 많은 선물을 주며 얼마나 재산을 쓰느냐를 둘러싸고 부족들간에 치열한 경쟁이 벌어진다.

우리가 보기에 비합리적이라고 여겨지는 이러한 관행의 배경에는 자신이 소유하고 있는 부를 과시함으로써 경쟁자들을 압도하려는 위세 경쟁의 문화적 논리가 깔려 있다. 미국의 경제학자인 베블렌Veblen이 '과시적 소비'라고 명명한 이러한 소비 행태는 '원시적' 사회에만 있는 것이 아니고, '문명' 사회에서도 흔히 발견되는 현상이다. 베블렌은 19세기 말 미국의 신흥 부유층이 사회적 위세를 얻기 위하여, 유럽 귀족 계급의 의복, 가구, 장신구, 주택, 오락, 스포츠, 예술을 모방하는 사치스러운 소비에 몰두하고 있음을 지적하였다. 이러한 과시적 소비 현상은 아시아 여러 나라의 신흥 중산층의 소비에서도 공통적으로 발견된다. 오늘날 한국 사회에서 유행처럼 확산되는 고급 호텔에서의 화려한 결혼식, 값비싼 예물과 예단에서 포틀래치적인 소비 성향을 읽을 수 있다.

경제학자들은 사람들이 자신에게 필요하며 효용성 있는 물건들을 가장 적절한 가격에 구입하여 소비한다고 가정하고 있다. 즉, 합리적 소비자로서의 인간관이 전제되어 있다. 하지만 소비 행위는 단지 실용적인 목적을 충족하기 위해서만이 아니고, 소비를 통해 어떤 의미를 느끼고, 표현하고, 전달하고자 하는 것이기도 하다. 따뜻한 커피 한 잔은 우리에게 생리적인 만족을 주는 것이긴 하지만, 분위기 좋은 카페에서 비싼 돈을 주고 마시는 커피 한 잔에는 생리적 만족을 넘어서는 심리적, 문화적, 사회적 의미가 담겨 있다. 소비현상은 소비가 행해지는 사회적 맥락과 그것에 부여되는 문화적 의미를 동시에 고려할 때에만 제대로 이해될 수 있다. 과시적 소비는 소비의 이러한 측면을 잘 보여주는 하나의 사례이다.

소비의 문화

우리는 흔히 재화를 필수품과 사치품으로 구분한다. 세계의 어느 민족에서도 이러한 구분은 존재한다. 하지만 무엇이 필수품이고 무엇이 사치품인지는 문화마다 다르게 규정되어 있다. 북미 인디언의 구리판, 남태평양의 트로브리안드Trobriand 제도 원주민의 조개목걸이와 조개팔

찌, 나이지리아 티브Tiv족의 놋쇠막대는 우리에게 전혀 사치품이라고 여겨지지 않지만, 그들에게는 자신의 사회적 위세를 과시하는 중요한 가치재로서의 의미를 지녔다. 트로브리안드 원주민들은 자신의 지역에서 나오는 진주를 유럽 상인들이 들어오기 전까지 그다지 귀한 물건으로 간주하지 않았다. 그것은 서구인들에게나 귀중품이었던 것이다. 이러한 사례들은 물건의 가치가 그 물건 자체에 내재한 어떤 본질적인 속성에 따라 정해지는 것이 아니고, 한 사회가 그 물건에 어떠한 문화적 의미를 부여하는가와 밀접히 연관되어 있음을 보여준다.

같은 사회 내에서도 필수품과 사치품의 구분이 변화하지 않고 항상 그대로 남아 있는 것은 아니다. 한때 사치품으로 여겨졌던 것이 아무 쓸모 없는 것이 되거나 필수품이 되기도 하며, 그 반대로 필수품이었던 것이 사치품으로 둔갑하기도 한다. 18세기 이전까지 영국에서는 설탕이 열대지방에서 수입한 이국적인 향신료이자 약품으로 귀족 계급만이 향유할 수 있는 희소한 사치품으로 여겨졌다. 설탕은 귀금속과 맞먹는 비싼 가격에 매매되었으며, 영국 왕실의 회계 장부에는 설탕의 구입과 소비가 중요한 항목으로 기재되어 있었다. 그러나 영국 식민지에 대규모 설탕 플랜테이션이 만들어지고 설탕이 대량으로 수입되면서, 설탕의 소비는 영국의 중산 계급과 노동자 계급까지 확산되기 시작했다. 영국인들은 설탕이 들어갈 만한 음식(푸딩, 비스킷, 잼, 캔디, 초콜릿 등)에는 모두 설탕을 가미했으며, 또한 차와 커피를 마시는 습관이 생기면서 감미료로서의 설탕 소비도 크게 증가하였다. 중산 계급과 노동자 계급의 설탕 소비는 처음에는 귀족 계급의 소비를 모방하는 것이었지만, 설탕이 대중적인 필수품이 되면서 더 이상 특별한 사회적 지위를 표시하는 수단이 되지 못했다.

사치품이 필수품으로 전환되는 현상은 우리의 삶에서도 쉽게 목격할 수 있다. 1960~1970년대 한국에서 텔레비전과 전화는 사치품이었으며, 이를 소유하는 것은 자신의 부와 지위를 과시하는 징표로도 여겨졌다. 하지만 오늘날에는 대부분의 가구에 보급되면서 필수품으로 간주될 뿐이다. 과거에는 초등학교에서 가정 환경을 조사할 때 텔레비전과 전화의 소유 여부가 학생의 생활 형편을 가늠하는 중요한 잣대로 사용되었지만, 이제는 그런 조사가 시대착오적이라고 여겨질 것이다. 텔레비전과 전화의 실용적 용도는 예나 지금이나 변화가 없지만, 한 사회의 소비 상품의 체계 내에서 그 물품이 지니는 위상에 변화가 생긴 것이고, 이에 따라 물품에 부여하는 문화적 의미도 변화했다.

이와는 반대로 일상적인 품목이 사치품으로 바뀌는 현상도 발생한다. 조선시대에 일상복으로 입던 한복은 서양식 복장이 일반화되면서, 명절이나 결혼식과 같이 특별한 날에만 입는 의례적인 옷으로 그 의미가 바뀌었다. 미국의 노동자 계급이 입던 청바지는 오늘날의 한국 청소년들에게 사치품은 아닐지라도 하나의 패션물로 인식되고 있으며, 청바지에 붙은 외국 유명 브랜드는 고급스러움을 표시하는 기호로 통하게 되었다. 우리가 언제든지 쉽게 구할 수 있는 것으로 여겼던 식수도 환경오염이 심해짐에 따라, 비싼 돈을 주고 천연샘물을 구입해야 하는 귀한 물건이 되어가고 있다.

문화적 정체성과 소비

경제학 이론에 의하면 상품의 가격은 시장에서 수요와 공급의 요인에 의해 결정된다. 하지만 이러한 이론은 수요가 어떻게 발생하고 변하는지를 제대로 설명하지 못하고 있다. 수요는 소비에 대한 인간의 욕망을 반영하는데, 욕망을 불러일으키고 실현하는 방식은 경제적 요인만으로는 설명될 수 없다. 이와 관련하여 차별화, 모방, 유행과 같은 소비의 메커니즘을 살펴볼 필요가 있다. 사람들은 소비를 통해 자신이 속한 집단의 정체성을 표현할 뿐 아니라, 다른 집단과의 차별성을 나타내기도 한다. 성, 연령, 직업, 계급과 신분에 따라 소비하는 품목과 소비하는 방식이 다른 것은 소비의 이러한 측면과 연관된다. 미국의 의복에 대한 한 연구는 남성의 옷은 거칠고, 딱딱하고, 무거운 직물을 사용하며, 색깔은 어둡고, 직선과 각이 진 데 반하여, 여성의 옷은 부드럽고 가벼운 직물을 사용하며, 색깔은 밝고, 곡선과 유선형을 강조하고 있음을 발견하였다. 미국 문화에서의 남성적인 것과 여성적인 것에 대한 상징적 의미가 옷의 형태에 반영된 것으로, 이러한 의복의 착용은 자신의 성 정체성을 표현하는 것이다. 1920년대 한국의 한 기생이 처음으로 단발을 하였을 때, "여자가 남자로 환형한 변괴"라고 지탄을 받는 등 큰 사회적 물의를 불러일으켰는데, 이러한 반응은 성 정체성에 대한 차별적 관념이 얼마나 뿌리깊게 자리잡고 있는가를 보여준다.

소비의 차별화 전략은 계급간의 문화적 구별짓기에서도 잘 드러나고 있다. 부르디외Pierre Bourdieu는 현대 프랑스 사회에서 문화적 취향과 사회계급 간에 매우 긴밀한 상관관계가 있음을 주장했다. 음악, 회화, 영화, 문학, 연극과 같은 예술 분야뿐 아니라 대중문화, 스포츠, 가구, 복장, 화장품, 사진을 향유하는 방식에서 학력 수준과 사회계급에 따라 뚜렷한 차이가 발견된다는 것이다. 음악적 취향에 대한 예를 든다면 교사나 지식인은 바흐의 '평균율 클라비어곡집'에 대한 선호도가 높은 반면, 노동자나 상인은 요한 슈트라우스의 '왈츠'에 대한 선호도가 높았다. 스포츠에서도 차이를 보여, 권투와 축구, 럭비는 노동자 계급에서, 테니스와 스키는 부르주아 계급에서, 골프는 상류 부르주아 계급에서 선호하였다. 취향은 가정 환경 같은 개인이 성장한 생활 조건에서 배양된 것인데도 불구하고, 사람들은 자신의 취향을 '타고난 성향'으로 인식하고 다른 사람의 취향에 대해서는 혐오감을 가지게 됨으로써 계급을 구분하고 경계 짓는 강력한 심리적 기제로 작용한다.

한국 사회에서도 계급에 따른 소비의 차별화 전략은 뚜렷하게 발견된다. 대기업 회장이 프라이드를 탄다거나, 신입사원이 그랜저나 고급 외제 승용차를 탄다면 구설수에 오르게 될 것이다. 신분과 지위에 어울리는 차종에 대한 암묵적인 규범을 깨뜨렸다고 여기기 때문이다. 골프, 밍크코트, 호화 주택에 대해 도덕적으로 비난하는데, 이것들은 상류층의 생활 양식을 보여주는 단적인 사례로 인식되기도 한다. 최근에는 몇 평형 아파트에 사는지, 어느 지역에 위치한 아파트인지가 계층을 구분하는 척도로 손쉽게 사용되고 있다. 우리의 의식주, 가구, 가전제품, 취미와 여가생활 등 일상적인 소비의 영역에서 계급간의 문화적 차별화 전략이 작용하고 있는 것이다. 조선시대에는 양반과 상민의 신분에 따라 소비할 수 있는 품목을 명시적으로 규제한 데 반해, 현대의 시장경제에서는 형식적으로는 소비의 대중화와 민주화가 이루어졌지만, 소비의 차별화 전략을 통해 계급적 지위의 표현이 재생산되고 있다.

모방은 일종의 동질화 현상을 가리킨다. 앞에서 언급했듯이 설탕의 소비는 하층 계급이 상층 계급의 소비 행위를 모방함으로써 일반적인 사회 현상이 되었다. 텔레비전, 전화, 자동차는 보급 초기에는 상류층의 전유물이었지만, 모방을 통해 사회의 각 계층에 빠르게 확산되어 갔다. 상류층의 전유물이었던 피아노는 요즈음에는 초등학생들의 피아노 학습 열기에서 보여지듯 점차 대중적인 소비 품목이 되었다. 모방의 동기는 모방되는 것이 특별한 사회적 지위나 문화적 의미를 갖고 있다는 데에서 촉발되지만, 모방이 진행되면서 문화적 동질화가 이루어지고 원래의 차별적 의미는 상실된다. 이러한 현상이 나타나면 상류층은 다시 다른 계층과의 차이를 보여주는 소비로 옮겨간다. 홈시어터, 고급 외제승용차, 고급 브랜드의 가구와 전자제품들이 이들의 차별화 욕망을 채워주는 새로운 상품으로 등장하게 되었다. 모방과 차별화의 전략이 한 사회 내의 소비 방식에 동시에 작용하고 있는 것이다.

이러한 현대적 소비의 특징적인 현상으로 유행 체계를 들 수 있다. 유행의 특징은 끊임없이 새로운 것이 만들어지며 빠르게 확산되고 소멸되어 간다는 것이다. 유행은 낡은 것과 새로운 것을 대비시키며, 다른 사람과 자신을 차별화하려는 '개성화' 에서 비롯되지만, 유행에 뒤떨어지지 않으려는 대중 심리를 자극하여 매우 획일적인 모습을 띠게 되면서 그 수명을 다하게 된다. 한국 사회는 옷, 구두, 헤어스타일, 가전제품, 가구, 심지어 외식 음식에까지 유행이 빠르게 전파되면서 지나가는 모습을 보이고 있다. 현대의 자본주의적 생산 체계는 시장의 확대를 위하여 유행 체계를 이용하고 있고, 광고나 백화점에서의 판매기술의 발전은 유행의 소비를 진작시키고 있다. 백화점은 상품이 넘쳐흐르는 '현대판 가나안 계곡' 으로서 새로운 상품을 찾는 사람들의 일상적인 소비 순례 장소가 되었고, 광고는 대중에게 신상품에 대한 이미지를 전달하는 가장 강력한 매체가 되었다. 유행 체계의 지배력은 현대의 소비가 점차 상품 자체보다는 그 상품이 표상하는 이미지와 기호를 소비하는 성격을 띠게 만든다.

지구촌 시대에서 소비는 더 이상 특정한 종족이나 국가 내부에서 자율적으로 결정되지 않고, 초국가적인 상품의 움직임에 민감하게 반응하고 있다. 할리우드 영화, 맥도날드, 코카콜라는 아프리카와 태평양 오지에까지 깊숙이 파고 들어가고 있다. 이러한 현상을 가리켜 소비의 세계화라고 부르기도 하는데, 이는 주로 미국의 상업적 소비문화의 영향에 의해 전세계적으로 소비의 동질화 현상이 발생하고 있음을 지적하는 것이다. 하지만 이러한 세계화 과정과 더불어 그것에 의해 촉발된 소비의 지역화 과정이 동시에 발생하고 있는 것에 주목할 필요가 있다. 외래적 요소와 토착적 요소가 혼합되는 혼성화 현상은 지역화가 이루어지는 하나의 방식이다. 한국에 들어온 미국의 패스트푸드 음식점에서 한국식 패스트푸드 음식을 파는 것이 혼성화의 한 예이다. 한국의 아파트도 원래는 미국의 아파트를 모방한 것이었는데, 온돌을 놓거나 방과 거실의 배치 구조에 한옥의 주택 구조를 반영함으로써 한국식 아파트로 자리 잡은 것이다. 혼성화는 예외적이라기보다는 오히려 일반적인 현상이라고 할 수 있을 것이다. 지역화 과정에는 외부의 충격에 대항하여 전통적인 것이 새롭게 부활하는 '전통의 재발명' 현상도 존재한다. 농산물의 시장개방 압력에 직면하여, 우리 땅에서 생산된 농산물이 우리 몸에 좋다는 신토불이身土不二 논의가 활발하게 전개되는 것, 관광지에서 향토 음식점과 토산품이 인기를 끄는 것은 우리의 고유성을 새롭게 발견하고 강조하려는 전통의 부활을 보여주는 사례이다. 최근 이슬람 사회에서 서구 소비문화의 영향에 대항하여 의복, 음식, 영화, 잡지 등에 종교적 규범을 엄격히 적용함으로써 이슬람적 소비를 강조하는 입장이 출현한 것도 이와 동일한 맥락에서 이해할 수 있다. 민족주의적 이데올로기나 종교적 이념이 소비 행위에 영향을 미치고 있는 이러한 사례들은 소비를 단순히 세계화의 논리나 시장논리로만 설명할 수 없다는 것을 보여준다.

선물 교환의 경제학

아담 스미스는 인간에게 물건을 거래, 교역, 교환하려는 타고난 본능이 있다고 보았다. 그가 살았던 시대에는 국가나 왕이 상인들의 교역에 개입하고 통제하는 중상주의 정책이 실시되었다. 그는 이러한 정책이 인간의 본능에 위배되는 것이며, 자유로운 시장 체계가 자연법에 부합될 뿐 아니라 국부를 증대시키는 최선의 방법이라고 주장하였다. 물론 교환이 인간의 경제 생활에서 보편적인 현상임은 분명하다. 그러나 어떤 물건이, 어떤 방식으로, 그리고 어떤 목적 때문에 교환되는가는 시대와 문화에 따라 다르다고 할 수 있다.

모스Mauss는 '원시' 부족사회에서 이루어지는 교역이 시장거래와는 다른 '선물교환'의 성격을 띠고 있다고 보았다. 그는 선물교환에서 주고받는 것은 단순히 물건이 아니라, 선물을 주는 사람의 영혼이라고 주장하였다. 크리스마스 때 친구나 연인으로부터 카드를 받았을 때 중요한 것은 카드 그 자체가 아니라 그 속에 담겨 있는 보낸 사람의 정성이나 애정이라고 느끼는 것과 같다. 선물교환은 영혼을 가진 사물의 교환이며, 선물교환을 통해 맺어지는 유대는 교환 당사자간의 영적인 유대를 의미한다.

선물을 주고받는 사람들은 선물교환을 통해 사회적 의무와 정서적 유대를 확인하고 표현한다. 모스는 선물이 자발적이고 자유로운 행위처럼 보이지만, 실제로는 사회적인 의무를 실천하는 것이며, 사회적 의무에는 선물을 '주어야 할 의무', '받아야 할 의무', '갚아야 할 의무'가 순환고리를 이루고 있다고 보았다. 즉, 선물교환시 교환 당사자간에 호혜성reciprocity의 의무가 존재한다는 것이다. 모든 사회에서 한 개인은 가족, 친척을 포함한 복잡한 사회관계 속에 존재하는데, 그러한 사회적 관계망은 일정한 의무와 권리를 구체적인 행동으로 실천하고 표현하는 것에 의해서 유지된다. 선물교환은 바로 그러한 실천의 중요한 양상이다. 이러한 의무가 이행되지 않으면, 그것은 관계의 단절이나 심지어는 전쟁의 선포로 받아들여질 수 있다.

한국에서의 부조 관행 역시 일종의 선물교환이라고 할 수 있다. 아는 사람이 결혼식이나 장례식을 치르게 될 경우 부조를 해야 할 의무를 느끼며, 부조를 하지 않았을 때 관계가 서먹해지는 것을 경험하게 된다. 매우 드문 일이기는 하지만 주최측에서 특정인의 부조를 거부한다면, 이는 관계의 단절을 의미하는 것으로 받아들여질 것이다. 부조를 받은 사람은 상대방이 미래에 결혼식이나 장례식을 치르게 될 경우 부조를 함으로써 서로간의 의무가 완결된다고 생각한다. 선물교환은 물물교환이나 시장교환과는 달리 즉각적으로 완결되지 않고 시간적 거리를 두고 이루어진다는 특징을 가지고 있다.

선물교환은 호혜성의 원리에 기초하고 있지만, 교환망을 전략적으로 활용함으로써 개인의 위세와 명예를 증진시키는 수단이 될 수도 있다. 이 점은 말리노프스키Malinowski가 트로브리안드 제도에서 관찰한 쿨라kula라는 의례적 선물교환에서 잘 나타난다. 쿨라 교환은 이 사회에서 가치재로 여기는 조개 목걸이와 조개 팔찌를 특정한 쿨라 파트너 간에 선물 형태로 서로 주고받는 호혜적 교환을 가리킨다. 하지만 이 교환을 주도하는 사람들은 이 지역의 명망가들이며, 이들은 자신이 소유하고 있는 조개 장식품의 수량과 명성이 가져다주는 사회적 위세와 명예를 얻기 위한 수단으로 쿨라 교환을 이용하고 있다. 조개 장식품은 쿨라 파트너간의 선물교환을 통해서만 획득할 수 있기 때문에, 조개 장식품의 축적은 자신이 구축해 놓은 쿨라 교환망의 크기와 질에 좌우된다. 따라서 이들은 자신의 쿨라 교환망을 확대하고 중요한 쿨라 파트너를 확보하기 위한 전략을 사용한다.

이와 같이 선물교환을 전략적으로 활용하는 방식은 조선시대에서도 발견된다. 조선시대 양반들은 명절이나 평상시에 서로 선물을 주고받았으며, 다른 사람의 집을 방문하거나 서신을 주고받을 때에도 선물을 동봉하는 것이 관례였다. 이러한 선물들은 서로 알고 지내는 정표 혹은 서로를 이끌어주는 감사의 예물로 주고받는 것이었지만 혈연, 지연, 학연이 매우 중요시되는 '연줄사회' 에서는 개인의 사회적 관계망을 확대하고 공고하게 하는 중요한 수단이기도 했다. 현대 한국 사회에서도 여전히 연줄관계가 중요하기 때문에 이러한 성격의 선물교환이 관행적으로 지속되고 있으며, 이 경우 선물과 뇌물의 경계선은 종종 애매해져 버린다.

돈으로 살 수 있는 것, 돈으로 살 수 없는 것

원시 부족사회에 대한 인류학적 연구는 이들 사회에서 교환의 영역이 나누어져 있으며, 서로 다른 영역에 속하는 재화나 서비스는 자유롭게 교환되지 않는다고 보고하였다. 예를 들어, 나이지리아 티브족의 경제는 크게 생계 영역, 위세 영역, 여성에 대한 권리 영역으로 구분되어 있다. 생계 영역에 속하는 재화는 식량, 가구, 농기구 같은 것으로 이들간에는 선물교환이나 물물교환 방식의 자유로운 교환이 성립된다. 위세 영역에 속하는 재화는 노예, 가축, 약, 주술, 놋쇠막대 같은 것으로, 이 영역에서 놋쇠막대는 화폐의 기능을 한다. 여성에 대한 권리의 영역은 혼인과 관련되며 가족간에 여성을 서로 주고받는 교환이 가장 이상적인 것으로 간주된다. 서로 다른 영역에 속하는 재화의 교환은 놋쇠막대를 매개로 해야만 가능하고, 또 여기에도 도덕적 규제가 가해진다. 놋쇠막대를 주고 식량을 구입하는 사람은 사회적 비난을 감수해야 하며, 놋쇠막대를 지불하고 부인을 얻는 혼인은 불완전한 것으로 간주된다.

한때 서구인은 티브족의 놋쇠막대를 화폐로 오해했다. 놋쇠막대는 부분적으로는 화폐의 기능을 갖고 있지만, 오늘날 시장경제에서의 화폐처럼 모든 종류의 재화와 서비스에 대해 교환 수단, 지불 수단, 가치 척도의 수단으로 사용될 수 있는 것은 아니다. 아프리카 콩고의 렐레Lele족의 라피아raffia라는 옷 역시 장례식의 부조, 신부대, 종교적 의례집단의 가입비, 범칙금의 지불 수단, 다른 부족과의 거래시 교환 수단으로 사용됨으로써 부분적으로는 화폐의 기능을 갖고 있지만, 일상적인 재화에 대해서는 교환 수단이나 가치 척도의 기능을 갖고 있지는 않다. 이러한 '원시화폐'와 시장경제에서의 화폐 간의 차이에 주목하여 경제사학

중국 요녕성 와니전자촌의 10일장 ⓒ 유철인

자인 폴라니Karl Polanyi는 전자를 '특수목적적 화폐', 후자를 '일반목적적 화폐'로 구분하였다.

지금까지 살펴본 선물교환, 교환 영역의 분절, '원시화폐'는 교환되는 품목과 방식, 교환의 동기가 사회적 맥락과 문화적 규범에 따라 규정되어 있음을 보여준다. 이에 반해 시장교환은 영리적이고 비인격적인 교환이다. 또한 시장경제는 모든 종류의 재화와 서비스의 가치가 화폐라는 동일한 척도에 의해 평가되고 자유롭게 교환되는 경제 체계를 의미한다. 근대 유럽에서 토지와 노동의 상품화, 즉 이들이 화폐를 통해 매매될 수 있는 대상이 된 것은 자본주의적 시장경제를 성립하는 데 결정적인 요인이 되었다. 이러한 상품화 현상은 우리의 일상적인 삶의 모든 영역으로 점차 확산되어 갔다. 예술, 학문, 종교와 같이 경제적 가치로 환원될 수 없다고 생각되는 미적 · 도덕적 영역에서도 상품화가 이루어지고, 성, 가사노동, 심지어 출산과 육아와 같이 개인의 지극히 사적인 영역에서도 상품화가 진행되었다. 시장경제의 발전은 영리 목적의 거래 대상이 되는 것과 그렇지 못한 것 사이의 전통적인 문화적 경계를 끊임없이 깨는 과정이라고 할 수 있다. 하지만 이러한 상품화 과정이 아무런 저항 없이 진행되는 것은 아니며, 완결된 것도 아니다. 현대의 시장경제에서 점차 그 폭이 좁아지고 있기는 하지만, 아직까지는 종교적 · 윤리적 이유, 또는 단순히 관습으로 인해 시장의 침투를 거부하고 저항하는 영역들이 남아 있다. 예를 들어, 포르노나 매춘 같은 성의 상품화를 도덕적으로 비난한다거나, 학력이나 직위를 돈으로 사는 것을 부패한 행위라고 간주한다. 또한 가족과 같이 매우 친밀한 인간관계에 시장논리를 적용하는 것에 거부감을 느끼고 있는 것 등이 그 예이다.

왜 먹고 살 만큼만 일하면 안 되나

생산이란 자연에 노동을 가하여 인간의 욕구에 맞게 변형시키는 활동이다. 인간의 욕구는 기본적으로 의식주 같은 생리적 필요와 직접적으로 관련된 것부터, 사회적 관계에서 파생하는 욕구, 미적 또는 종교적 욕구까지 매우 다양한 형태를 취한다. 이 점에서 생산은 궁극적으로 소비와 서로 밀접한 관계에 있다. 하지만 오늘날의 자본주의 경제 체계에서 생산은 시장교환을 위한 상품 생산의 모습을 띠고 있으며, 생산의 목적은 화폐가치로 측정할 수 있는 이윤을 추구하는 데 있다. "희소한 자원을 효율적으로 사용하여 최대의 이윤을 얻는다"는 경제적 합리성은 이러한 자본주의 경제 체계의 생산논리를 반영한 것이다.

이러한 자본주의적 생산논리는 역사적으로, 그리고 비교경제학적으로 볼 때 특별한 것이라고 할 수 있다. 남아프리카 칼라하리 사막에 사는 부시맨Bushmen이나 호주 원주민에 대한 최근의 인류학적 조사는 이들 수렵채집민들이 매우 열악한 환경에 살고 있음에도 불구하고 '풍요로운 사회' 를 영위하고 있음을 역설적으로 보여주었다. 부시맨이 사는 지역에는 100여 종이 넘는 식용 가능한 식물이 풍부하며, 그들은 이를 채집해 식량의 대부분을 충당한다. 이와 더불어 비정기적인 수렵활동을 통해 필요한 동물성 단백질을 얻고 있다. 이들이 섭취하는 음식은 매일 2,355칼로리로 세계 인구의 절반 정도가 하루 평균 2,250칼로리 미만으로 연명하고 있다는 사실에 비추어 볼 때 그다지 나쁜 상황이 아니다. 부시맨 성인이 생계 활동에 투여하는 시간은 일주일에 평균 20시간 정도로 현대 산업사회의 주 40시간 노동에 훨씬 못 미치는 수준이다. 이들은 물질적 욕구를 최소화하고, 이를 초과하는 생산을 위한 노동을 불필요하다고 간주함으로써, 물질적 빈곤 속에서 '풍요로움' 을 느끼는 것이다. 반면, 현대 산업사회에서의 물질적 풍요로움은 더 많은 노동시간을 확보하고 여가를 희생한 대가로 얻은 것이다. 물질적 풍요 속에서도 사람들은 자신의 욕구가 항상 충족되지 못하는 만성적인 부족감을 느끼고 있다. 필요한 소비를 충족하는 데 생산의 일차적인 목표를 두는 것은 불교나 이슬람교 같은 종교의 경제관에서도 발견되며, 오늘날에는 환경론자들의 생태주의에 의해서도 제기되고 있다.

그런데 필요 소비는 생물학적 욕구뿐 아니라 친척간 의무의 이행, 혼인이나 장례 등의 의례와 같이 사회적 삶을 유지하는 데 소요되는 '의례용 자금' 도 포함한다. 또한 농민은 지주나 국가와 같이 자신들에게 권력을 행사하는 집단에게 지대나 조세를 납부해야 하는 의무를 지고 있다. 자본주의 경제 체계에서도 자본 소유 여부에 따른 불평등한 관계는 이윤 창출을 위한 잉여노동을 가능케 하는 구조적 특성을 가지고 있다. 즉, 생산의 동기는 특정한 사회적 관계와 문화적 규범에 의해 규정되는 것이다.

아담 스미스 이래로 노동분업에 대한 경제학적 논의에서는 분업이 지니는 생산성 향상의 효과에 초점을 맞추어 왔다. 이에 반하여 인류학자들은 한 사회에서 노동분업이 이루어지는 방식에 성별, 연령, 친족집단, 신분, 카스트, 계급, 인종 등에 따른 사회분화 및 그와 연관된 문화적 규범들이 어떠한 영향을 미치는지 주목해 왔다.

성별 노동분업은 기본적으로 남성과 여성 간의 신체적 특성의 차이에 기인하는 것으로 모든 사회에서 나타나고 있다. 그러나 그 구체적인 방식은 남성적인 일과 여성적인 일에 대한 각 문화의 관습과 규범에 의해 다양하게 규정되고 있다. 남녀관계가 상대적으로 평등한 양변적 bilateral 친족제도를 가진 동남아 사회에서는 전통적으로 여성의 경제 활동이 활발한 데 반하여, 가부장적인 부계사회에서는 여성의 경제 활동이 가사와 관련된 영역으로 제한되는 경향이 있다. 예를 들어 일부 전통적인 이슬람 사회에서는 여성의 바깥 출입을 종교적으로 엄격히 규제함으로써 이들은 주로 가사나 가내 수공업과 같은 집안 일에만 종사하고 있다. 현모양처를 이상적 여성상으로 삼는 유교적 관념도 한국 전통사회에서 성별 노동분업에 큰 영향을 미쳤다. 산업혁명은 전통적인 성별 노동분업 체계를 약화시켰지만, 성역할에 대한 전통적인 관념이 산업사회에서 완전히 사라진 것이 아니라 새로운 모습으로 나타나고 있다. 섬세한 손놀림, 단조로운 일에 대한 인내심, 부드럽고 순종적인 태도 등을 여성적 특질로 간주하면서, 섬유산업 또는 전자산업 같은 노동집약적 산업이나 서비스업에 남성보다는 여성이 더 적합하다고 보는 기업가의 인식이 그러한 예이다.

신분과 계층에 따른 노동분업 방식은 계급적 분화가 이루어진 사회에서 보편적으로 발견되는 현상이다. 인도의 카스트 제도는 신분에 따른 노동분업이 극단적으로 정교해지고 경직된 방식으로 적용되는 경우에 해당한다. 인도의 촌락사회에는 이발, 도기제작, 제화, 세탁, 직조, 대장일, 목공, 청소, 목축, 채소 재배와 같이 세분화된 직업에 세습적으로 종사하는 카스트 집단이 존재하는데, 이를 자티jati라고 부른다. 조선사회에도 크게 양반, 중인, 평민, 천민 신분이 있었지만, 실제로는 직역職役에 따라 세분화된 신분 체계에 따른 노동분업 체계가 존재했다. 자본주의 경제 체계는 세습적 신분에 따른 직업의 분화를 약화 또는 폐기시키고, 개인이 후천적으로 획득한 능력이나 자질에 따라 다양한 직업에 참여할 수 있는 새로운 노동분업 체계를 가져왔다. 하지만 자본주의 경제 체계에서도 부의 불평등한 분배에 의해 계급이 형성되고, 계급에 따른 재산과 교육 기회의 격차가 노동의 분업 방식을 결정짓거나 재생산하는 양상을 보이고 있다.

문화와 경제적 합리성

경제학자들은 경제 행위를 설명하는 데 경제적 합리성을 의사결정의 보편적 원리로 간주하고 있다. 경제적 합리성은 희소한 자원을 가장 효과적으로 활용하여 최대의 만족을 얻으려는 태도를 의미하며, 경제적 선택을 할 경우 효율성, 계산 가능성, 예측 가능성을 강조한다. 이러한 경제적 합리성이 경제 행위의 원리로 작동하기 위해서는 토지와 노동, 그리고 모든 생산물의 질적인 차이가 화폐가치라는 단일한 척도에 의해 양적으로 측정되고 비교될 수 있어야 한다. 현대의 상품시장경제는 바로 그러한 사회적 조건을 제공한 것으로 볼 수 있다.

하지만 공리주의적, 실용주의적 인간관에 기초한 이러한 논의는 사람들이 왜, 그리고 어떤 방식으로 소비를 하며, 교환과 생산의 동기와 목적이 무엇인가에 대한 충분한 설명을 하지 못한다.

지금까지 인간의 경제 활동을 순수하게 공리적이고 실용적인 것으로 환원시킬 수 없음을 소비, 교환, 생산의 측면에서 살펴보았다. 즉, 경제는 문화와 사회의 영역으로부터 떨어져서 자율적으로 존재하는 영역이 아니라 서로 긴밀하게 연관되어 있으며, 이러한 양상은 오늘날의 상품시장경제에도 나타난다. 마찬가지로 경제적 합리성은 인간의 의사결정 방식의 한 측면일 뿐, 사회제도와 문화적 가치체계로부터 자유로운 보편적인 원리가 아니다. 순수한 의미에서의 경제적 합리성은 이념적인 구성물이며, 실제로 존재하는 사회에서는 그러한 이념적 원리만으로 설명될 수 없는 소비의 양상, 교환의 형태, 생산조직의 방식이 시장관계와 함께 공존한다.

읽을 거리

『증여론』, 마르셀 모스Marcel Mauss, 이상률 역, 한길사, 2002.

'미개사회' 에서 선물교환이 갖는 사회적, 문화적 의미를 호혜성의 원리를 중심으로 분석한 저서로 경제현상에 대한 비교문화적 연구의 고전으로 알려져 있다.

『설탕과 권력』, 시드니 민츠Sidney Mintz, 김문호 역, 지호, 1998.

유럽 사회에서 귀족 계급의 사치품이었던 설탕이 일상적인 기호품으로 변화하게 되는 역사적 과정을 추적함으로써 소비와 문화, 소비와 권력의 관계를 구체적으로 보여준 현대의 고전이다.

『한가한 무리들』, 톨스타인 베블렌Thorstein Veblen, 최세양 · 이완재 공역, 동인, 1995.

근대 미국 사회의 유한 계급에서 보여지는 과시적 소비의 동기와 양상을 비판적으로 분석한 고전으로 이후의 소비문화 연구에 큰 영향을 미친 저서이다.

『문화와 실용 논리』, 마샬 살린즈Marshall Sahlins, 김성례 역, 나남, 1991.

경제적 합리성과 문화적 논리가 인간의 경제 활동에 어떤 방식으로 작동하는가를 인류학적 관점에서 이론적으로 제시하고 있다.

제8장

정치의 문화인류학

●●●김광억

대통령이 어딘가 가는 날이면 새벽부터 곳곳에 경찰이 배치되고 삼엄한 경계가 펼쳐진다. 지나가는 길마다 교통이 통제되고 대통령은 수많은 오토바이 경호대의 호위를 사방에서 받으며 특별히 제작된 승용차를 타고 제한 속도를 넘어 질주하지만 아무도 이의를 제기하지 않는다. 그의 몸은 개인의 것이 아니라 이 나라 전체를 대표하며, 그의 건강과 안전은 곧 나라 전체의 원활한 운영을 확보하는 힘이라고 믿기 때문이다. 그래서 모든 국민이 나라의 주인이며 평등하다고 말하면서도, 대통령만은 예외적으로 공공시설을 우선적으로 사용하며 일반 시민에게 적용되는 법률규정을 넘어서는 특권을 누린다. 헌법에 따르면 대통령은 국민의 뜻을 받들어 국정을 책임지는 공복이지만, 실제로는 가장 강한 권력을 갖는 공복이다.

권력은 참으로 매력적이어서 누구나 그것에 매달리고 행사하는 것을 즐긴다. 사람들간에는 여러 가지 이유로 등급이 매겨지고 권리와 기회, 명예가 차등적으로 분배되며, 우리는 이러한 불평등을 대부분 당연한 것으로 받아들이면서 살고 있다. 권력은 공동체 성원들의 사고방식과 행동에 어떤 강제성을 행사하는 공인된 힘이다. 법적으로 인정되지 않는 강제력은 폭력이라 부른다. 그런데 현실적으로는 합법적인 힘이나 불법적인 힘의 구분이 명확하지 않은 경우가 많이 있으며, 일상생활에서는 법적인 규범보다 관습적으로 인정되는 권력이 더 큰 영향력을 행사한다. 예를 들어 우리 사회에서 아버지가 자녀에 비해 누리는 특권이나 사장이 사원 위에서 누리는 특권은 엄밀히 따지면 법적으로 인정되지 않는 경우가 많지만, 그 해당 가족이나 사원들은 관습적으로 당연하게 여긴다. 임금을 백성의 어버이로 보는 전통적인 관념은 오늘날에도 여전히 뿌리 깊게 사람들의 뇌리에 남아 있어 자기가 속한 조직의 우두머리를 유교적 가부장으로 여기는 풍조가 강하며, 지도자와 추종자 사이의 불평등한 권력 분배도 자연스럽게 인정되고 있다. 권력자는 이러한 관계가 당연하면서도 필연적인 것이라고 믿도록 다양한 방법을 통해 이념교육을 하고 있다.

이 장에서는 권력의 본질이 무엇이며, 그것을 생산하고 획득하며 실천하는 다양한 방식들을 정치인류학Political Anthropology의 시각에서 살펴보고자 한다.

권력이란 무엇인가

일반적으로 무정부 상태에서는 혼란과 약육강식의 법칙만 존재한다고 믿고 있다. 그 때문에 이 세상을 편안하고 정의로운 삶의 공간으로 만들기 위해 이기적 욕망과 폭력, 갈등과 경쟁을 통제하고 조절하는 행정체계와 사법체계, 그리고 법과 규범 등 제도적 장치를 마련한다. 그에 따라 각 직책과 직위에 맞는 역할과 법적인 뒷받침이 주어지는데, 이를 권력이라 한다. 이 권력이 올바르게 분배되고 제대로 사용될 때 사회질서와 평안과 안전이 보장되는 것으로 여긴다. 그런데 현대사회에서 볼 수 있는 형태의 정부가 없더라도 모든 사회에는 나름대로의 질서와 정의, 공정성을 판단하고 지키며 권력을 행사하는 장치가 있다. 조직화된 정부가 없는 상태, 곧 무정부 상태라 해도 질서는 존재한다.

그런데 권력이 권위를 갖기 위해서는 정당성과 합법성 외에도 어느 정도의 신성함을 토대로 해야 한다. 왕이나 대통령은 국가나 민족의 운명을 결정짓는 절대적이고 신성한 어떤 힘—그것은 하늘의 뜻이나 신의 뜻이라고도 하고, 국민 모두의 뜻이라고도 한다—의 대리자로 인식되기 때문에 그에게는 절대적 충성과 복종이 요구된다.

예를 들어 한국의 대통령 당선자는 취임하기 전에 먼저 국립묘지를 찾아가 참배하고, 광장에서 전 국민이 보는 가운데 자신의 임무를 다할 것을 맹세한다. 일본의 왕은 고대로부터 전해 내려온다는 예복을 입고 현대 일본어와는 다른 고대의 언어를 사용하며, 궁중에서 전해지는 신성한 고대의 무기 등을 꺼내오고 특별한 의식 절차를 거침으로써 왕권의 신비화와 신성화를 도모한다. 미국의 대통령은 의회 앞에서 대법원장 앞에 서서 선서를 한다. 취임식이나 즉위식이 이처럼 다양한 형식을 갖추는 것은 곧 그가 행사할 권력의 근원을 암시하고, 그 권력의 신성함과 절대성을 상징하기 위해 고안된 문화적 장치다. 재미있는 사실은 한국에서는 특별히 정해진 국교가 없기 때문에 모든 주요 교파의 지도자가 대통령 취임식에 자리를 함께하는 반면, 기독교 전통을 기본으로 하는 미국에서는 기독교의 모든 종파들이 모여 국립교회에서 연합예배를 올릴 때 다른 종교의 지도자는 배제된다는 것이다.

대통령 취임식

나라에 따라서는 특정 정치 지도자에 대한 탄생 신화와 그의 특출한 성장기가 전파되며, 또한 초인적인 능력에 관한 흔적과 전설들이 전시되고 기념된다. 이러한 모습은 정치적 권위와 개인적인 카리스마가 법적인 제도를 훨씬 능가하는 사회일수록 많이 나타난다.

흔히 정치를 행정부와 의회, 그리고 정당과 같은 특별히 규정된 별도의 영역과 제도 안에서만 일어나는 현상으로 취급한다. 그러나 실제로는 우리 일상생활 자체가 권력으로 얽혀 있고, 그 권력을 획득하고 분배하며 실천하기 위해 다양한 비정치적인 제도와 문화 요소가 동원되고 있다. 여기에는 권력뿐만 아니라 권위도 중요한 요소로 작용한다. 권위는 사람들이 자발적으로, 특히 감정적으로나 심리적으로 복종과 존경, 추종을 하게 만드는 어떤 위엄이나 영향력을 의미하는데, 물론 권력과 권위가 반드시 일치하지는 않는다. 즉 권력은 있지만 권위를 누리지 못하는 사람도 있고, 비공식적인 지도자처럼 실질적인 직책과 이에 따른 권력은 없지만 인품과 경륜을 토대로 권위를 행사하는 사람도 많다. 그러나 일반적으로 권력과 권위의 관계는 밀접하다. 비록 진심으로 존경하는 것인지는 알 수 없어도 권력은 종종 권위를 수반하기 때문에 이 둘은 보통 함께 취급된다.

권력과 지도자

지도자 또는 최고 대표자의 신분은 그가 선천적으로 능력과 자격을 부여받았다는 믿음을 바탕으로 주어지기도 하고, 개인이 세속적인 성취를 통해 그 능력을 공인받음으로써 획득하기도 한다.

멜라네시아의 여러 섬들에서는 '하우hau' 라는 초자연적인 능력을 발휘하는 어떤 힘이 이 우주에 존재한다고 믿고 있다. '하우' 를 갖게 된 사람은 집단의 운명을 책임지는 지도자가 된다. 그런데 이 '하우' 라는 기운은 특정인에게 고정되지 않고 이리저리 옮겨다니는 속성이 있어 사람들은 이를 획득하기 위해 경쟁한다. 그러나 만약 '하우' 를 가질 자격이 없는 사람이 하우를 갖게 되면 그 자신은 물론 그가 속한 사회 전체가 파괴된다. 따라서 '하우' 를 갖겠다고 나선 사람은 우주의 질서와 국가공동체의 운명을 책임지는 신성한 지배 임무를 수행할 수도 있지만, 동시에 그것을 파괴하는 대역죄를 저지를 가능성도 함께 갖게 된다.

그런데 특정 범주의 사람만이 이러한 힘을 가져야 한다고 여기는 사회에서는 지도자가 능력보다는 미리 정해놓은 신분 등의 자격에 의해 정해진다. 즉 특정 혈통과 남녀의 성별, 적자와 서자의 구분, 장남과 차남의 구분과 같은 출계出系, descent에 따라 지도자의 자격과 지위를 부여하는 제도를 갖추고 있다. 추장Chief형 지도자는 이러한 원리에 따라 정해진다. 물론 구체적으로 승계자를 정하는 방식과 과정은 다양하다. 혈통이나 출생 순위에 따라 자연스럽게 왕세자가 정해지는 왕가의 제도가 대표적이라 할 수 있지만, 그 외에도 교황의 선출 방식처럼 후계자 결정 과정을 비밀로 함으로써 신비화와 성스러움을 더하는 방식도 있다. 이에 비해 오늘날 흔히 볼 수 있는 것처럼 특정 범주와 자격을 갖춘 후보자들 중에서 공개적으로 치르는 선거를 통해 후계자를 정하는 방식이 있다. 이 경우 후계자는 미리 지도자로서의 능력과 자질을 갖추기 위한 학습과 훈련을 하고, 모든 국민은 누구에게 권력이 계승되는지를 미리 알 수 있기 때문에 권력 이양이나 계승에 따르는 혼란이 극소화된다는 장점이 있다. 다만 후계자가 미리 정해지면 현재의 권력 체계에 레임덕Lame Duck 현상이 초래될 수도 있고, 추종자들이 후계자를 둘러싼 충성 경쟁을 벌이게 되는 빌미를 제공하기도 한다. 혈통에 의한 세습적 승계 제도는 능력에 대한 공정한 검증과 경쟁이 이루어지지 않기 때문에 사회 성원의 불만을 살 수 있으며, 자칫 무능한 지도자가 등장할 가능성도 있다. 왕조적 성향이 강한 국가나 기업체를 하나의 가족으로 인식하는 사회에서는 국가 지도자나 기업 창업주의 아들이 각기 추장형 지도자로서 조직의 우두머리직을 계승하는 것이 자연스러워진다.

이와는 대조적으로 개인의 세속적인 능력과 성취를 사회적으로 인정받아 지도력을 얻게 되는 빅맨Big Man형 지도자가 있다. 지도자의 자격은 특정 권력 집단이나 계급에 의해 정해지는 것이 아니라 그 사회를 구성하는 사람들의 공인을 받아 결정되기 때문에 지도자의 지위는 끊임없는 경쟁의 대상이 되며, 이를 쟁취하기 위해 긴장이나 갈등, 대립과 타협 등 다양한 역동적 과정이 존재한다. 빅맨은 외모도 잘생기고 말솜씨도 좋아 남을 설득하는 능력을 갖춰야 할 뿐만 아니라 판단력이 빠르고 정확하며 세속적인 일을 잘 처리해서 남에게 신뢰받을 수 있어야 한다(류웰린 1998).

파키스탄의 스와트 계곡에 거주하는 파탄Pathan족은 국가 체제로 편입되기 전에는 소규모의 집단으로 나뉘어 칸kahn이라 불리는 빅맨의 영도를 받고 있었다. 칸은 자신의 명예를 위해 이웃의 칸과 싸움을 하고, 승리자는 상대방의 토지를 몰수해 자신에게 충성을 맹세하는 추종자들에게 분배해주며, 분쟁을 해결하고 질서와 안정을 보장했다. 만약 칸이 경제적인 혜택과 정치적인 질서를 보장해주지 못하면 지지자들에 의해 추방당하거나 죽임을 당하기도 한다. 즉 그는 탁월한 능력과 자격을 검증받고 사람들의 인정을 받아야만 지도자가 될 수 있다(Barth 1959).

추장이나 빅맨과 달리 세속적인 권력을 갖지 않고 오직 신성한 종교적 권위로 지도력을 행사하는 사제priest형 지도자가 있다. 아프리카 수단에 사는 누어Nuer족 사회에는 표범가죽을 어깨에 걸친 사제가 있다. '표범가죽leopard skin'이라 불리는 이 사람은 세속적인 권력 경쟁이나 재물 축적의 욕심과 떨어져 있으며, 신의 뜻을 전달하는 신성한 존재로 인식된다. 따라서 탈권력적 존재이기 때문에 오히려 세속적인 권력자들에게 권위를 행사해 그들 사이의 분쟁과 알력을 중재하고 판결한다.

우리 나라에서도 과거 군사정권 시절에는 국정이 정치적 갈등과 알력 때문에 잘 풀리지 않을 때 종교계 지도자들이 대통령에게 시국 타개

책을 제시하거나 여야 정치 지도자들을 화해시키는 경우가 있었다. 이러한 종교계 지도자들은 세속적 권력과 떨어져 있기 때문에 공정하다는 인상을 주는 것이다. 그러므로 만약 정치가가 그 성스러운 종교적 인물을 기피하거나 반대하면, 곧 추악한 욕심의 소유자라는 낙인이 찍히게 마련이다. 따라서 정치가들은 종교적 지도자의 중재를 받아들이거나 적어도 귀를 기울이는 시늉이라도 해야 한다. 일상생활에서도 분쟁이 심각해질 경우, 그 사안과 아무런 이해관계가 없는 제3자에게 중재나 판단을 맡기는 것도 마찬가지 이치다.

권력은 획득하는 것도 중요하지만 무엇을 위해, 누구를 위해, 그리고 어떤 논리와 형식으로 실천해야 하는지도 중요하다. 종종 이러한 문제에 대한 사람들의 기대와 평가가 달라서 분쟁과 갈등과 대립, 그리고 심지어는 전복과 혁명이 일어난다. 그러므로 지도자는 권력과 권위를 모든 사람의 인정을 받을 수 있게 사용해야 하며, 권력의 차별적 분배나 사용이 인정을 받아야 하고, 사회 구성원이 공동체적 삶을 누리고 있다는 생각을 할 수 있어야 한다. 나아가 그들 집단이 다른 집단에 비해 특히 강하게 결속해야 할 필요성을 느껴야 하며, 그 집단이 영원히 지속되면서 부단히 새로운 힘과 번영을 확인할 수 있는 문화적 장치도 마련되어야 한다.

평등을 위한 불평등

흔히 대통령을 함부로 범접할 수 없는 존재로 여기면서 그의 주변을 성역이라 부르는 것을 볼 수 있다. 그는 이론상으로는 국민의 공복이지만, 실제로는 국민의 지배자다. 그럼에도 불구하고 우리가 차등적 권력분배

체제를 받아들이는 이유는 그것이 평등과 번영이라는 이상을 실현하는 방법이라고 믿기 때문이다. 즉 불평등을 통해 평등을 실현한다는 아이러니를 진리로 받아들이고 있는 것이다.

불평등은 권력에 접근하는 기회, 즉 정치에 참여하는 자격과 권리에도 적용된다. 조선시대에 여자는 정치적으로 중요한 어떠한 공식적인 직책도 가질 수 없었으며, 남자도 신분과 계급에 따라 정치 참여 기회가 불평등하게 주어졌다. 그런 시대가 이미 지났음에도 불구하고 아직도 우리 사회에는 성과 연령에 따라 권력 분배가 달라야 한다는 사고방식이 남아 있으며, 여자가 한 조직의 지도자가 되거나 나이가 어린 사람이 연장자보다 더 높은 직책을 맡는 것을 꺼리는 사람들이 많다. 심지어 스위스에서는 1971년에 비로소 여성에게 투표권이 주어졌다는 사실을 아는 사람은 별로 없다. 결국 정치 구조는 그러한 정치적 자원과 기회에 대한 접근 수단이 어떻게 주어지는지, 정치 영역이 어떤 모습으로 설정되는지에 따라 형성된다.

공적인 정치에 참여할 수 있는 자격과 관련해 남북한을 비교해 보자. 냉전체제 속의 분단국가였던 한국에서는 특히 6 · 25 전쟁 때 북한에 협조한 사실이 있는지, 즉 부역 경력이 있는지에 따라 참정권이 상당 부분 제한되었다. 한편 북한에서는 남한에 연고자가 있는 사람이나 지주 계급의 자손은 출신 성분이 나쁘다는 이유로 차별 대우를 받았다. 전통사회뿐만 아니라 현재도 많은 사회에서 특정 세력 집단이 참정권이나 정치권력을 독점하거나 반복해서 장악하는 것을 볼 수 있다. 몇몇 권력 엘리트들이 배타적 특권세력을 형성하고 그들 집단 내부에서 경쟁하는 폐쇄적 정치체제는 전제주의나 사회주의 국가에서 볼 수 있다.

최고 지도자에게 주어지는 특권의 이미지는 일상생활에도 그대로 투사된다. 권력의 크기는 개인이 차지하는 공간이나 장식, 특권의 종류와 정도에 따라 표현되는데, 지위가 높은 사람일수록 집무실의 공간과 책상이 더 크고, 승용차의 가격, 수행원의 수와 직급, 판공비의 액수, 회의석상에서의 좌석 배치와 발언의 영향력 등도 단연 뛰어나다. 사람이 파묻힐 정도로 등이 높은 헌법재판소의 재판관 의자는 바로 그 직책의 권위를 의미한다. 우리 눈에는 텅 빈 공간으로 보일지라도 그 공간은 권력으로 채워져 있기 때문에 지도자의 집이나 집무실, 또는 그가 서 있는 장소에 접근할 수 있는 기회는 차등적으로 제한되어 있으며, 가까이 다가갈 때마다 검색 과정을 거쳐야 한다. 따라서 권력자를 바로 곁에서 모시거나 아무 때나 쉽게 만날 수 있는 사람은 곧 권력과 잘 통한다는 것을 의미한다.

공간의 크기나 주변의 장식은 권력을 생산하고 강화하는 기능도 한다. 왜냐하면 사람들은 그러한 요소들에 의해 권력자 앞에서 기가 죽거나 권력자를 존경하고 두려워하기 때문이다. 관료적 권위와 권력이 중요했던 전통시대에는 관직의 등급에 따라 집의 크기, 관복의 색깔과 장식을 달리했고, 모임에서의 좌석 배치도 정해졌다. 오늘날에도 좌석과 발언의 순서가 권력에 따라 암묵적으로 정해지는 경우가 많다. 유교전통의 관료적 권위주의는 오늘날에도 강하게 남아 있어서 고위 공무원이나 기업체의 사장, 관리직을 맡고 있는 사람은 검은색 계통의 옷을 입으며 목과 어깨에 힘을 주고 근엄한 표정을 하고 있다. 친절보다는 권위가 있어야 사람들이 자신에게 의존하고 복종할 것이라고 생각하기 때문이다.

공동체의 신화와 실체

사람들은 권력의 불평등한 분배를 필요하다고 인정하면서도 공동체의 성원으로서 동질적으로 평등하게 살기를 원한다. 그러므로 지도자는 모두가 같은 이념과 동등한 자격으로 공동운명체적 관계를 맺고 있다고 믿게 만드는 문화적 장치를 이용한다. 그래서 우리는 평소 공동체의 성원으로 살고 있다고 생각한다.

그런데 공동체를 살펴보면 그 안에는 이념, 가치관, 도덕, 관습, 풍속, 취향, 그리고 사회적 배경 등이 서로 다른 다양한 집단들이 각각의 정당성과 이익을 위해 경쟁하고 다투는 것을 발견할 수 있다. 즉 공동체란 성원이 모두 동질적이고 단일한 체계 속에 통합되어 있다고 믿을 때만 존재하는 '상상의 공동체'다. 정치란 결국 이질성을 극소화하고 공통의 언어와 감정, 그리고 가치관과 이념으로 사람을 통합하거나 사람들이 동질적인 존재로 공동운명체를 이루고 있다고 믿을 수 있도록 다양한 문화적 요소를 동원하고 상징을 조작하는 기술이며 과정이라고 할 수 있다. 그러므로 공동체는 '상징의 구축물' symbolic construction이다(Cohen 1985). 이 관점에서 보면 민족 공동체도 실제로는 서로 다른 종족이 동일한 조상과 역사를 갖고 있다는 상상에 따라imagined 서로를 공동체로 인식하는 집단이라 할 수 있다. 인도네시아는 수많은 섬들로 이루어졌고 다양한 종족 집단으로 얽혀 있지만 동일한 언어, 종교, 관습, 역사, 예술을 공유하고 있다는 상상에 의하여 마치 하나의 민족으로 이루어진 국가로 여겨진다. 국가는 사람들이 그러한 상상을 하도록 끊임없이 상징을 생산하고 연출한다.

동질적이고 공동운명체적인 집단을 만들기 위해 정부와 지도자는 공통의 문화를 강조하고 역사적 공동운명체 의식을 자극하는 다양한 문화행사를 조직하며, 공동체가 영원히 지속될 것이며 탁월하다는 생각을 하게 만드는 종교적 의식을 연출한다. 인류학자들은 어떤 사회 구조와 조건에 따라 그러한 문화 요소가 정치적 자원으로 작용하는지를 비교문화적으로 분석한다.

흔히 미국을 계급이나 혈연 등 연줄이 작용하지 않는 공정한 법치국가라고 믿고 있다. 그러나 이는 유교적 관료주의가 강한 우리 나라와 비교할 때 상대적으로 그렇다는 것이다. 한국에서는 혈연의 범주가 아주 넓으며 정치적 자원으로 작용하는 정도가 상대적으로 강하다. 가족제도 자체가 국가의 축소판이며, 국가에 대한 시민으로서의 자세와 이념을 훈련시키는 기본 공간이자 제도라고 여기고 있다. 그러므로 국가는 혼인의 자격과 가족의 규모와 형태, 가정의례 등에 대한 이상형을 제시하고 지원하며, 모범가정이나 효자와 효부 등을 선발해 표창하면서 끊임없이 간섭한다. 이는 가족이 국가의 기본이라고 믿기 때문이다. '피는 물보다 진하다' 는 말은 '감정보다는 이성으로 공정하게 심판하자' 는 말과 짝을 이루면서 한국인의 투표 행위에 영향을 미치고 있다.

기억하기의 정치학

우리는 국가가 정한 공공 기념일 외에 직장이나 조직체, 그리고 집안에서도 사적인 기념일을 정해 주기적으로 과거의 특정 사건에 대한 기억을 되살리는 의식을 행한다. 이는 역사적 기억이 정치적 자원으로서 중요한 기능을 하기 때문이다.

우리 나라의 8월 15일은 광복절이다. 나라를 빼앗긴 치욕과 나라를 다시 찾은 감격의 기억을 재생함으로써 국민을 애국심으로 통합시키는 날이다. 일본의 8월 15일은 종전기념일인데, 이날 전후로 히로시마와 나가사키에 원자폭탄이 투하된 사건이 집중적인 조명을 받는다. 군국주의 일본, 식민주의 일본이 얼마나 나쁜 짓을 했는가를 반성하는 대신 무고한 시민이 얼마나 비참하게 희생당했는지를 강조함으로써 일본은 오히려 피해자가 된다. 그래서 일본을 반전과 평화의 세계적 중심으로 부각시키는 의식을 조작한다. 이날은 일본이 가해자로서 심판을 받는 날이 아니라 오히려 피해자로서 세계의 동정을 받는 성스러운 날이다. 그리고 한국의 정치인들이 국립묘지를 찾아가 참배하며 순국선열을 기릴 때, 일본의 정치인들은 야스쿠니 신사를 찾아가 참배하면서 군국주의가 자행한 침략전쟁의 역사를 영광스러운 기억으로 되살린다. 한편 미국은 앞으로 9월 11일을 가장 큰 기념일로 삼아 애국심과 미국 공동체의 환상을 극대화하려 할 것이다. 이렇게 과거의 기억은 국가에 대한 특별한 의미를 되새기게 함으로써 통치권력을 정당화하고 통치권자의 지도력을 강화하는 중요한 정치적 자원으로 이용된다.

우리 현대사도 그러한 맥락에서 이해할 수 있다. 1950년대의 국가 재건 과정에서 국가의 중요성, 국가에 대한 국민의 충성과 희생정신을 강조하기 위해 정부는 3월 1일과 8월 15일, 그리고 6월 25일을 가장 중요한 기념일로 삼았다. 1960년대 박정희 정부는 군사 쿠데타를 정당화하기 위해 군인이 국가를 위기에서 구해낸 역사적 사실을 부각시키고, 이순신 장군을 우리 민족의 역사에서 가장 위대한 영웅으로 삼아 그의 동상을 광화문 한복판에 세우고, 현충사를 성역화해서 국민 모두가 수시로 참배하게 했다. 이와 동시에 '국군의 날'을 국가의 최대 경축일로,

그리고 현충일을 가장 중요한 기념일로 삼았다. 그런데 1990년대에 문민정부가 들어서면서 군사정권에서의 무武에 비해 문文의 전통이 강화되었다. 김영삼 정부는 민족주의를 정권의 정당성을 위한 문화적 자원으로 삼아 구총독부 건물을 철거하고 경복궁을 복원했다. 이와 함께 국군의 날 대신 광복절이 최대 국경일이 되었다. 김대중 정부가 출범하면서 '세계 속의 한국' 실현이 강조되면서 정치적 자원으로 과거에 대한 인식보다는 미래를 향한 전통의 근본적인 변혁을 채택했다. 그렇게 해서 국제적으로 명성을 높이는 운동 선수를 국가적 영웅으로 지정해 태극기와 대통령, 운동선수가 어우러지는 영상을 만들어냈다.

한편 1980년대에 민주화 운동이 거세지고 군사정권의 독재에 대한 시민의 반발이 강해지자 정부는 6·25의 참상과, 전후의 가난과 파괴 속에서 지냈던 시절을 되돌아보는 문화행사를 유행시켰다. '그때를 아시나요' 라든가 '광복 50년' 등의 주제로 대중매체를 통해 영상기록물을 보여주고, 주먹밥 먹기나 체험하기 등의 행사를 개최했다. 가난하고 비참했던 기억을 되살림으로써 현재의 행복을 깨닫고 안보와 번영을 위해 강력한 정권의 필요성을 인식시키려 한 것이다. 이러한 역사 인식의 조작은 권력의 확보와 분배, 향유에 중요한 수단이 된다. 즉 기억을 통제하는 것은 사람들의 사상과 행동을 통제하는 것이다.

축제와 정치

집안 어른의 생신이나 조상의 제사는 친척들이 오랜만에 모이는 즐거운 기회가 된다. 직장에서는 정기적으로 체육대회, 야유회, 등산대회, 단합대회 등 특별한 행사를 계획해 축제 분위기에서 직장 동료로서의 동질감을 갖게 하고 단합을 도모한다. 이러한 축제는 매일 되풀이되는 일상 생활의 단조로움과 싫증에서 벗어남으로써 스트레스를 풀어주며, 생산 활동을 위한 새로운 활력을 찾아준다. 축제는 더 나아가 평소의 불만을 해소하고 모든 참가자가 한 식구로서의 일체감을 느끼게 하며, 조직의 지도자에게 충성하고 구성원들 사이에 존재하는 위계질서와 상호의존의 공동체 의식을 고양하는 정치적 과정으로서도 중요한 의미가 있다.

평소 위계질서가 엄격하고 강하면 사람들은 불평과 불만을 갖게 되며, 기존 체제의 권위와 권력에 도전하게 되는 위험이 발생하기 쉽다. 따라서 주기적으로 모두가 동등하고 동질적인 존재임을 상상적으로 경험하는 정치문화적 장치로서의 축제가 필요하다.

남아프리카의 스와질란드Swaziland는 전사들의 용맹으로 유명한 스와지족의 왕국이다. 매년 이 나라에서는 인츠왈라Incwala라는 추수감사 축제가 열린다. 왕이 백성들 앞에서 그 해에 수확한 농산물을 먹는 의식은 하늘의 대리자인 왕과 땅을 상징하는 백성이 하나의 우주질서 속에서 지배와 복종의 관계로 맺어지고, 왕에 의해 풍요와 질서가 보장된다는 믿음을 확인하는 것이다. 이 성스러운 의식이 끝나면 백성들은 왕과 추장으로 이루어진 지배구조와 체제를 비판하고, 지배집단의 부도덕성을 비난하는 노래와 춤으로 반란의 몸짓을 연출하며, 왕과 추장들은 피신함으로써 반란은 상징적으로 성공한다. 그러나 혁명의 축제가 시간이 지나면서 방종과 혼란으로 치닫게 되면 그 순간 왕의 근위대가 출현해 반란을 일으킨 백성들을 진압하고, 피신했던 왕을 다시 원래의 자리에 앉힘으로써 혁명은 일단락되고 구체제가 회복된다.

이 의례는 첫째로는 현재 지배 체제의 신성함과 절대성을 새롭게 인식하게 하고, 두 번째로는 체제에 대한 불만과 전복의 욕구를 의례의 형식을 통해 표출하게 하며, 세 번째로는 급격한 체제 전복이 가져올 부정적인 결과를 상징적으로 경험하게 함으로써 결과적으로 현 체제를 강화하는 데 기여하는 복합적 과정으로 구성되어 있다. 이러한 '반란의례'가 있기 때문에 스와질란드 왕국은 현대적인 국가 제도를 확립하지 않았음에도 불구하고 체제를 계속 유지할 수 있었다. 무엇보다 이 의례는 현재의 권력 체계를 주기적으로 다시 태어나게 만든다. 이러한 고도의 정치적 · 사회적 드라마는 현대 사회에서도 많이 볼 수 있다. 질서와 규칙을 일부러 어기는 것을 즐기는 '반란의례' 로서의 축제는 사회 질서를 유지하는 안전밸브 기능을 한다. 이러한 축제가 발달하지 않으면 사회는 경직되고 폐쇄적이 되며, 사람들은 불만을 해소할 기회가 없어서 결국 체제에 대한 저항과 반란이 일어나게 된다.

종교와 정치

우리는 흔히 정교분리政敎分離를 강조하지만 실제로 종교는 권력과 지배 체제를 신성하고 절대적인 것으로 만드는 가장 중요한 역할을 한다. 앞에서 보았듯이 최고 통치자는 자신이 하늘이나 초인간적 존재의 대리자라는 이미지를 부각시키기 위해 종교 의식을 행하며, 국가는 현재의 지배 체제와 권력 구조를 종교적 세계관을 동원해 신성하고 절대적인 것으로 인식하게 만든다. 또한 종교는 신에 대한 인간의 절대적 복종이라는 윤리를 현 제도에 적용하도록 국민의 사상과 행동을 훈련시킨다. 그러므로 종교는 국가를 수호하고 민족과 국가의 영원한 번영과 안정을 보장하는 정치 문화적 기제로서 중요시된다.

호메이니라는 종교 지도자가 1979년 종교혁명을 일으켜 왕정을 무너뜨린 후 이란에서 종교 지도자가 정치 지도자 위에 군림하게 된 것은 극단적인 예이지만, 아랍 사회에는 전반적으로 이슬람이라는 종교 공동체 의식이 강하다. 한 국가 안에서도 아랍인들은 지역이나 혈연에 따라 부족집단으로 나뉘어서 서로 경쟁하고 다투지만, 이 집단들을 하나로 통합하는 것은 이슬람이라는 종교적 문화 체계이다. 따라서 정치적 지도자들은 종교적 지도자들의 지지를 확보하기 위해 각별한 주의를 해야 한다.

국가의 통치력을 절대화하려는 나라에서는 종교에 대해 특별한 정책을 수립하게 된다. 조선시대의 유교정책이 불교와 샤머니즘을 공식적으로 부정했고, 아랍에서는 기독교를 배제하며, 중국이나 북한에서는 과학사회주의를 내세워 모든 종교와 민간 신앙을 탄압했다. 그 이유는 종교가 국가의 권위와 권력에 도전할 충분한 가능성이 있기 때문이다. 세속적인 권위와 질서 체계에 대항해 신의 권위에 의한 또 다른 신성한 체제가 실현된다는 믿음의 확산은 경우에 따라 현 체제를 뒤엎고 새로운 세상을 추구하는 저항과 혁명의 이념적 기반으로 작용할 수 있다. 기독교나 불교의 발생 및 그 전파 과정에서 볼 수 있듯이 종교는 언제나 기존의 세속적 권력 체제를 부정하면서 출발했다. 물론 종교가 일단 확립되면 다시 호국종교로 발전해 세속적인 국가와 민족집단의 번영과 안정을 위한 문화적 장치로서의 역할에 타협하기도 한다. 그러므로 종교와 정치는 불가분의 관계이며, 또한 양날의 칼과 같아서 체제 유지라는 보수적 이념의 기반이 되는 동시에 체제 전복의 혁신적 이념을 생산하는 기제이기도 하다.

한국의 1980년대 군부독재에 항거한 민주화 운동에서는 샤머니즘의 요소인 굿이 많이 이용되었다. 이는 굿이 사람들에게 저항과 전복에 대한 상상을 제공해 주기 때문이다. 당시 샤머니즘은 한국의 민족 정체성의 상징으로, 또한 외부 세력에 의해 오염된 토착사회의 순수성을 되살리는 상징으로 채택되었다. 이때 무속의례인 굿은 힘없고 이름 없이 죽어간 민중의 영혼이 다시 살아나 현 체제를 비판하고 새로운 세계를 위한 투쟁의 성공을 기리는 몸짓을 연출함으로써 구경꾼들의 저항정신을 격려하는 것이었다(김광억 1991). 한편 제주도에서는 4 · 3사건으로 억울하게 죽은 사람들의 이야기를 굿을 통해 되살림으로써 공식적으로는 금기시되어 있던 그들의 은밀한 역사를 되살린다. 즉 종교는 국가의 공권력에 의해 부정되고 금지된 사적인 역사를 기억하고 전수하는 수단이 되기도 한다.

식민지배자들은 식민지 사회의 토착종교나 새로운 종교운동을 위험하게 여겼으며, 이를 미신이나 백성의 정신을 오염시키는 혹세무민惑世誣民이라 몰아붙이기 일쑤였다. 식민지 사회를 경제적으로 착취하고, 정치적으로 압박하며, 문화를 파괴하기 위해 온갖 수단과 방법이 사용되는 상황에서 종교운동은 식민 지배 이전의 정당한 권력 분배와 정의, 인간다움 등의 토착문화를 되살리기 위해 식민지배 세력에게 보여준 저항이었다. 그러므로 종교는 권력과 정의에 대한 반응 기제이며, 정치를 이해하는 아주 중요한 영역이다.

이상에서 보았듯이 정치란 이 세계의 질서 체계가 어떤 것이어야 하는지, 그리고 우리의 삶이 어떤 형태로 영위되는 것이 이상적인지에 관한 상상의 실천이다. 그러므로 사회적 제도와 이념, 세계관, 종교, 경제,

예술, 그리고 축제 등 우리의 삶을 이루는 모든 영역이 정치의 대상이며, 또한 정치가 이루어지는 공간이다. 우리가 인류학적 시각을 필요로 하는 것은 그러한 제도와 행위의 정당성이 문화적으로 규정되기 때문이다. 정치는 곧 문화 체계의 실천이라고 할 수 있다.

읽을 거리

『동남부 중국의 종족 조직』, 모리스 프리드만Maurice Freedman, 김광억 역, 일조각, 1999.

중국에서 친족과 혈연에 바탕을 둔 종족 조직이 어떻게 내적 결속을 이루고 정치적 동맹체로 작용하는가를 분석하였다. 중앙 정부와 지방 사회가 어떻게 연결되어 긴장과 타협의 관계를 만들어내는가를 분석하여, 전통시대 중국에서 종족 조직이 국가의 공식적인 정치 구조와 체제를 유지하는 데 중요한 기능을 하였음을 보여준다.

『누어인』, 에드워드 에반스 프리차드Edward Evans-Pritchard, 권이구 · 강지현 공역, 탐구당, 1988.

현대의 서구적인 국가 체제나 정부 조직이 없는 아프리카 수단 지역의 누어족의 사회에서 종족의 분파 구조와 분파 사이의 권력과 권위 구조에 의하여 분쟁의 해결과 갈등의 통제, 그리고 사회적 질서의 유지가 가능하다는 사실을 보여줌으로써 소위 무정부 상태에서도 비정치적인 제도들이 정치적 기능을 한다는 것을 증명한다.

『정치인류학』 제2판, 테드 류웰린Ted C. Lewellen, 한경구 · 임봉길 공역, 일조각, 1998.

정치인류학의 주제와 관심, 그리고 이론과 방법론을 다양하게 섭렵하여 정리함으로써 심도 있게 해당 분야에 들어가는 데 좋은 길잡이가 되는 책이다.

제9장

차이와 불평등

●●●황익주

개인들 사이에는 수많은 차이점이 존재한다. 이러한 차이는 선천적으로 타고나는 것에서 후천적으로 습득되는 것까지 다양하다. 그런데 각 개인이 지닌 무수한 차이들 가운데는 사회적으로 그 중요한 의미를 지니는 차이들이 있는가 하면, 그렇지 않은 것들도 있다. 예를 들어 남녀의 성별과 연령의 차이, 소속 친족 집단이나 소유 재산의 많고 적음에 따른 차이, 종교의 차이 등은 거의 모든 사회에서 중요한 차이로 간주된다. 따라서 이런 차이들은 한 사회의 구성원이 몇 개의 상이한 사회범주 social category로 분류되어 속하게 되는 기준으로 작용한다.

반면 어떤 차이들은 사회적으로 그 중요성을 인정받지 못한다. 가령 어떤 사람이 현대 한국 사회의 구성원들을 입가에 점이 있는지의 여부에 따라, 또는 자장면 한 그릇을 얼마나 빠른 시간 내에 먹어치울 수 있는가에 따라 분류한다고 해도, 다른 사람들이 그러한 분류의 중요성에 대해 쉽게 동의하지 않을 것이다. 이렇게 사회적으로 중요하다고 간주되는 차이difference에 근거해 한 사회의 구성원이 몇 개의 사회범주로 구분되어, 각기 다른 역할이나 지위 또는 자원을 배분받고, 각 범주들 간에 일정한 방식에 따라 상호 작용이 이루어지게 되는 현상을 사회분화social differentiation라고 한다.

다름과 같음: 사회분화와 불평등

사회범주들 간의 분화는 차이를 기반으로 성립되지만, 하나의 범주에 속하는 사람들은 개인으로서 지닌 차이들이 무시되고 동일한 존재로 간주된다는 점을 인식할 필요가 있다. 즉, 사회분화 현상에서 차이와 공통성에 대한 인식은 동전의 양면과도 같은 관계이다. 예를 들어 동창회는 같은 학교 출신이라는 공통점을 기반으로 결성되는 모임이다. 그러나 사람들을 동창회라는 모임에 참여하게 만드는 배경 요인은 출신학교가 다른 수많은 사람들과 함께 살아가면서 느끼는 차이에 대한 의식이다.

개인적 수준에서 보면 사회분화는 다른 사람들과의 사회적 상호 작용 가운데 개인들이 참조해야 할 각종 정보와 행동지침이 된다. 한 개인은 사회생활을 하면서 만나게 되는 사람들 중에서 깊고 지속적인 인간관계를 맺어야 할 사람, 별로 깊지도 지속적이지도 않은 수준에서 관계를 유지해야 할 사람, 그리고 전혀 의미 있는 관계를 맺을 필요가 없는 사람을 구별해야만 한다. 바로 이러한 구별을 가능하게 해주는 것이 사회분화이다. 즉 타인의 성별, 연령, 소속 친족 집단, 출신지와 현 거주지, 출신학교, 직업, 종교, 취향, 정치적 입장 등을 확인함으로써 그 사람이 자기와 어떤 점에서 얼마나 같고 다른지를 판단할 수 있게 되고, 그럼으로써 그 사람에 대해 앞으로 어떻게 처신할 것인지를 결정하게 되는 것이다.

다양한 차원의 차이점에 따라 분화되는 사회범주들 중에는 가령

'청소년층' 같이 사회 전역에 산재해 있는 특정 연령대의 개인들을 총칭하는 분류적 범주에 지나지 않는 것들도 있지만, 동창회나 종친회처럼 일정한 조직활동을 통해 구성원들이 상호 작용하면서 공통의 관심사를 실천하는 조직체에 가까운 것들도 있다. 또 그런가 하면, 처음에는 단지 사회 전역에 산재한 개인들을 총칭하는 분류적 범주에 가깝던 것이 소수 구성원의 지속적 노력의 결과로 시간이 흐름에 따라 조직체로서의 성격이 강화되는 현상도 흔히 볼 수 있다. 특정한 정치적 견해를 가진 사람들이 정당을 조직한다거나 공통의 사회적 관심사를 지닌 사람들이 NGO를 결성해 활동하는 것이 그 대표적인 예이다.

사회분화의 양상은 문화에 따라 매우 다양하다. 어떤 문화에서는 매우 큰 비중을 지니는 사회분화의 차원이 다른 문화에서는 별다른 중요성을 갖지 못하기도 한다. 예를 들어 한국 사회에서는 동창 관계가 일상생활에서 매우 높은 비중을 차지한다. 그러나 영국에서는 엘리트층을 제외한 보통 사람들에게는 동창 관계가 별로 중요하지 않다. 또한 동일한 차원의 사회분화라 해도 그와 연관된 사람들의 행동 및 사고 양식은 문화에 따라 다르다. 다시 동창 관계의 예를 들어보자. 한국의 대학에서는 매년 봄이 되면 특정 고등학교 출신 재학생들이 모두 한자리에 모이는 '신입생 환영회' 나 '새내기 환영회' 라는 술자리가 열린다. 그 자리에서는, 고교 시절에 한 번도 만난 적이 없는 후배라도 처음 만난 선배의 명령에 따라 '사발주' 라는 이름의 술을 몸을 가누지 못할 정도로 마셔야 한다. 한편 선배들은 후배들의 술값을 대신 내줄 뿐만 아니라 만취한 후배들의 잠잘 곳도 챙겨주어야 한다. 그러나 이런 모습들은 영국의 대학 사회에서는 볼 수가 없다.

대학교 신입생들에게 멤버십 트레이닝이라는 이유로 치러지는 사발식 술과 음료, 우유 등 여러 가지를 커다란 대야에 부어 섞은 후, 코펠이나 그릇으로 떠서 각 조의 사람들이 돌아가면서 다 비운다. ⓒ 김영훈

특정한 차이에 따라 분화되는 사회범주들은 종종 권력power, 위신prestige, 재산property, 쾌락pleasure 등 '4P'라고 불리는 것들을 누릴 수 있는 기회 역시 다르다. 즉 어떤 사회범주에 속하는 사람들은 다른 범주의 사람들보다 더 많은 권력과 위신, 재산, 쾌락을 누리기도 한다. 이러한 불평등의 양상이 체계화 · 제도화되어 있는 경우, 이를 사회불평등social inequality이라고 한다. 즉 사회불평등이란 사회분화의 특정한 측면을 가리키는 개념이다.

일반적인 사회분화 양상이 모두 그렇지만, 사회불평등의 구체적 모습, 즉 사회불평등을 발생시키는 요인이라든가, 그러한 요인들이 작용해서 생겨난 사회불평등의 지표, 또는 사회불평등에 대한 사람들의 반응 등은 문화에 따라 매우 다양하다. 어떤 사회에서는 차이가 사회불평등을 유발하는 중요한 요인으로 작용하지만, 다른 사회에서는 별로 중요하지 않을 수도 있다. 예를 들어 가톨릭 교도와 프로테스탄트 교도 사이의 대립과 갈등의 역사가 깊은 북아일랜드 사회에서는 종교적 차이가, 다인종 사회인 미국 사회에서는 인종간의 차이가 사회불평등의 중요한 요인으로 작용하는 반면, 한국에서는 종교나 인종에 따른 사회불평등은 심각하지 않다. 또한 사회불평등의 지표로 사람들의 상호 작용 속에서 인식되는 차이점의 내용도 문화에 따라 다양하게 나타난다. 예컨대 영국 사회에서 말을 할 때 지방 억양을 쓰고 있으면 당사자가 엘리트층이 아니라 일반 서민층 출신임을 가리키는 지표로 작용한다. 이렇게 된 역사적 연원은, 영국의 엘리트 가문의 자제들은 사립기숙학교에서 교육을 받으면서 그 학교의 공통적인 독특한 억양을 학습해 왔기 때문이다. 반면 같은 서양이라도 미국이나 프랑스에서는 엘리트층 사람들도 말을 할 때 지방 억양을 쓰고 있으며, 이는 한국도 마찬가지다.

사회분화 및 사회불평등이란 다양한 차원의 복합적 현상이다. 여기에서는 그중에서도 인간 사회에서 가장 역사가 오래된 사회분화 현상 중 하나인 나이에 따른 분화와 근대 자본주의 사회에서 특징적으로 나타나는 사회계급에 따른 사회불평등의 문화적 의미에 대해 살펴볼 것이다. 그리고 사회분화 및 불평등의 문제에 대해 문화상대주의를 강조하는 인류학은 어떠한 입장인지 간략히 논의할 것이다.

나이 차이의 문화적 의미

현대 한국 사회에는 개개인이 지닌 실제 능력과는 상관없이 나이에 따라 사람들이 할 수 있는 일 또는 해야 할 일들을 규정한 각종 법규가 존재한다. 어떤 영화는 만 15세 또는 18세 이상의 사람들에게만 관람이 허용되며, 술과 담배는 만 19세 이상의 사람들에게만 판매할 수 있다. 또한 선거에 참여할 수 있는 권리는 만 20세 이상인 사람에게만 주어지며, 만 18세 미만인 사람들은 당사자들이 원하더라도 부모가 동의해 주지 않으면 결혼할 수 없다. 그리고 직종에 따라 차이는 있지만, 만 58세에서 65세가 되면 공무원직에서 은퇴하도록 법으로 정해져 있다. 그런가 하면 법규의 형태는 아니지만 사람들로 하여금 나이에 맞추어 일정한 행동을 하도록 유도하는 문화적 규범도 존재한다. 30대 중반이 되도 결혼을 하지 않는 사람들에게 주위 사람들은 '노총각' 또는 '노처녀' 라는 부정적인 어감 표현을 사용하여 이들의 결혼을 종용하는 것이 그런 예이다.

이처럼 나이에 따라 사회 구성원을 몇 개의 사회범주로 분류해 각기 다른 사회적 역할과 지위, 권리와 의무를 부여하는 일은, 원시의 수렵채집사회든 현대의 후기 산업사회든 모든 인간 사회에 공통적으로 나타나는 현상이다. 그렇지만 나이에 따른 사회분화가 사람들의 일상생활에서 지니는 비중이나 그러한 분화의 기준이 되는 시간단위 등을 살펴보면 문화에 따른 다양성이 매우 크게 나타난다.

나이에 따른 사회분화의 가장 대표적인 사례로 인류학자들의 주목을 많이 받아온 것은 아프리카, 멜라네시아, 남아메리카, 북미 대평원지역 인디언 등 세계 각처의 민족들에게서 나타나는 연배年輩, age-set 및 연령단계age-grade 제도다. 연배란 몇 년에 한 번씩 거행되는 성인식initiation ceremony을 함께 치른 같은 성별의 사람들로 이루어지는 집합체로서, 이들은 이후 인생의 일부 또는 전체 단계를 함께 거치게 된다.

또 연령단계란 한 시점에서 특정 사회 내에 존재하는 복수의 연배집단들 사이에 성립하는 사회적 지위와 역할의 서열을 가리킨다. 따라서 한 개인은 일생 동안 특정한 연배의 구성원으로서 다른 구성원들과 함께 상이한 연령단계들을 차례로 거치게 되는 셈이다. 즉 연배 및 연령단계 제도가 있는 사회에서는 절대연령상으로, 짧게는 남아프리카의 스와지Swazi족의 경우처럼 5~7년, 길게는 케냐 및 탄자니아의 마사이Masai족의 경우처럼 14~15년의 차이가 있는 한 무리의 사람들이 사회적으로는 동질적인 하나의 집단으로 간주되어 일정한 역할과 지위를 담당하게 된다.

연배 및 연령단계 제도가 있는 사회들처럼 나이에 따른 사회분화가 한 개인의 삶에서 결정적으로 중요하다고는 할 수 없겠지만, 한국 사회는 분명히 나이라는 것이 대단히 중시되는 사회에 속한다. 예를 들면, 불과 10여 년 전까지만 해도 한국의 신문들은 어떤 사건에 대해 보도할 때 반드시 관련자들의 이름 뒤에 그 사람의 나이를 밝혔다. 이는 서구의 신문 보도에서는 볼 수 없는 관행으로 한국 문화에서는 한 사람이 어떠한 인물인지를 파악하는 데 나이라는 것이 중요한 요소의 하나로 간주되었음을 말해준다. 지금도 내각의 개편으로 새로운 인물이 장관이나 차관 등 고위 공직자로 임명되었을 경우 신문이나 TV 보도에는 해당 인물의 학력 사항 등과 함께 나이가 꼭 명기되는 것을 볼 수 있다.

한국 문화에서 나이의 중요성은 사회적 상호 작용 속에서 더욱 잘 드러난다. 한국인들이 특정한 상호 작용의 상황에 맞는 행동과 말을 하기 위해서는 자신과 상대방의 나이 차이가 어떠한지를 파악하는 일이 매우 중요하다. 가령 김갑돌과 홍길동이라는 두 성인 남자가 상호 작용

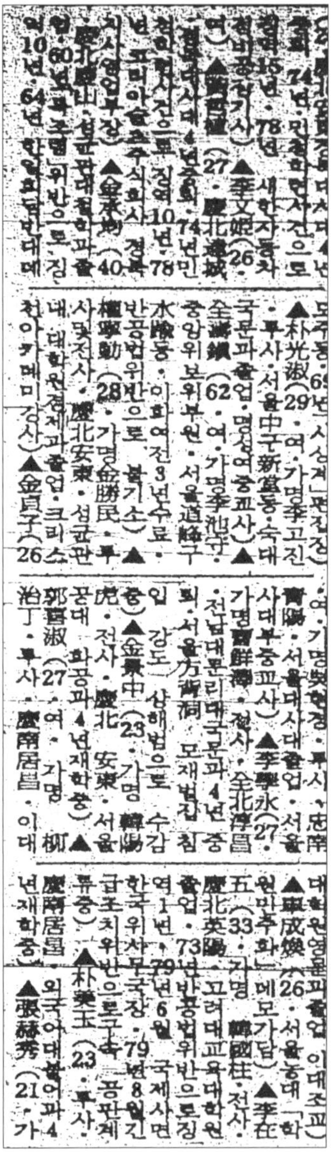

불과 10여 년 전까지만 해도 한국의 신문들은 어떤 사건에 대해 보도할 때 반드시 관련자들의 이름 뒤에 그 사람의 나이를 밝혔다. (『동아일보』 1979년 10월 9일)

을 하는 상황이라고 할 때, 김갑돌의 입장에서는 당장 상호 작용의 시작 단계에서부터 인사는 누가 먼저 어떤 식으로 해야 하며, 또 상대방을 부를 때에는 '홍 선생님', '홍길동 씨', '홍 형', '길동이 형' 또는 '길동아' 등의 가능한 호칭 가운데 어떤 것을 선택할 것인지, 또 이어지는 대화에서 종결어미는 '했습니다', '했다', '했네' 등의 형태 가운데 어떤 것을 취할 것인지를 선택해야 한다. 이러한 선택에 영향을 미치는 가장 중요한 요인들 가운데 하나가 나이 차이다. 한국인들이 외관상 비슷한 나이로 보이는 사람과 처음 만났을 때 상대방의 나이를 직접 묻기도 하고 나이를 파악할 수 있는 우회적인 질문을 하는 등 서구인들과는 달리 자신과 상대방의 나이 차이를 확인하기 위해 몹시 신경을 쓰는 것도 바로 이 때문이다.

비록 아프리카 등지의 부족 사회에서처럼 사회 구성원 개개인의 생활 전반에 걸쳐 포괄적인 영향을 미치는 요소는 아니지만, 산업화된 현대 사회에서도 연배 및 연령단계와 유사한 사회분화의 원리가 작용하고 있다. 현대 사회의 연배에 해당하는 대표적인 예가 바로 초·중등학교의 학년 제도이다. 이 제도에서는 3월 1일부터 다음해 2월 28일이라는 특정 기간 동안 출생한 아이들이 하나의 학년으로 묶여져 1년간 동일한 내용을 공부하면서 생활하다가 상급 학년으로 올라가게 된다. 그 결과 어떤 아이가 어느 학교의 몇 학년이라는 사실은 그 아이의 나이를 판별하는 지표로서 실제 나이를 대체하게 된다. 한국 대학생의 경우에는 졸업년도를 중시하는 서구와는 달리 입학년도를 가리키는 '학번' 이라는 것이 때로는 학년보다 더 중요한 지표로 활용되기도 하는데, 이렇게 한국 사람들이 학번을 따지는 것 또한 마찬가지로 나이를 판별하기 위한 것이다. 그리고 같은 학교에서 공부했던 선배, 후배, 동기생들로 이루어진 동창회라는 결사체는 내부적으로 보면 1년을 단위로 형성되는 연배들이 일련의 연령 단계를 이루고 있는 경우라고 볼 수 있다.

나아가 한국 사회에서 각종 '기수' 를 따지는 관행들, 즉 사법고시 등 국가고시의 합격 시기에 따른 기수, 군대나 사관학교에서의 장교나 하사관으로의 임관 시기에 따른 기수, 기업체의 공채시험에 합격한 시기에 따른 기수 등으로 선배, 후배, 동기생을 구분하는 관행은 동창회의 조직원리가 학교 이외의 영역에까지 확장된 사례라고 말할 수 있다. 특히 어떤 인물이 법원이나 검찰의 고위직에 임명되면, 그 사람보다 고시 기수 상으로 선배나 동기생인 사람들 다수가 현직에서 물러나는 관행은 서구 문화에서는 유례를 찾기 힘들다. 이러한 관행이 지니는 사회적 기능은 동일한 조직체에 속하는 사람들 사이에 직급에 따른 위계서열과

법조계 '인사태풍'

사시9회 2명 대법관인선후 선배4명 사표

내달 고위법관인사 폭클듯

송재헌(宋哉憲·사시4회)서울고법원장 정용인(鄭鏞仁·사시4회)대전고등법원장 권광중(權光重·사시6회)사법연수원장 권 성(權 誠·사시8회)행정법원장 등 4명이 28일 사표를 제출함에 따라 법조계가 인사태풍에 휩싸이게 됐다.

법원은 동기나 후배가 승진할 경우 용퇴하는 관행이 검찰처럼 확고한 것은 아니지만 현직 법관중 사시9회 2명이 대법관에 인선됨으로써 선배기수인 고시15회~사시8회 법원장급 이상 고위 법관들이 상당수 용퇴할 것으로 예상됐다.

현재 대법관 임명제청자를 제외하고 법원장급 이상에는 사시8회가 10명으로 주축을 이루고 있으며 고시15회~사시6회가 10명에 이른다. 특히 사시8회인 권 행정법원장의 사표제출은 법원장급 이상 인사들에게 심리적인 부담으로 작용, 조만간 연쇄 사의표명으로 이어질 가능성도 배제할 수 없다. 이에 따라 내달 21일로 예정된 고위법관 인사에서는 일선 법원장에 포진하고 있는 사시8회들이 5개 고등법원장으로 승진하고 서울지법원장 등 주요법원장에 임명될 것으로 보인다.

서울지법원장 자리엔 사시8회인 김대환(金大煥) 수원지법원장, 김효종(金曉鍾)인천지법원장, 신명균(申明均) 가정법원장이 물망에 오르고 있다.

또 사시8회들이 차지하고 있는 일선 법원장과 대법관에 인선된 손지열(孫智烈)법원행정처 차장 후임은 사시 10~11회가 이어 받을 전망이다. 고법부장 승진에는 사시 18~19회 30여명이 대상이다.

강신욱(姜信旭)서울고검장이 이번에 대법관에 임명제청됨으로써 검사장급 이상 4자리가 공석이 된 검찰도 9월에 임기만료되는 현재 재판관 5명의 후임 인선에 맞춰 검사장 인사를 단행할 방침이다.

검찰은 당초 7월 중순께 인사를 한다는 방침이었으나 현재 재판관과 대한법률구조공단 이사장이 9월에 임기만료되는데다 대검 마약수사부장 신설까지 앞두고 있어 9월도 연기하는 쪽으로 가닥을 잡았다.

현재 행자부와 협의중인 대검 마약수사부장 신설안이 확정될 경우 검사장급은 모두 7자리가 비게돼 대규모 승진인사가 불가피할 전망이다.

/이진동기자 jaydlee@hk.co.kr
김영화기자 yaaho@hk.co.kr

특히 어떤 인물이 법원이나 검찰의 고위직에 임명되면, 그 사람보다 고시 기수 상으로 선배나 동기생인 사람들 다수가 현직에서 물러나는 관행은 서구 문화에서는 유례를 찾기 힘들다. (『한국일보』 2000년 6월 29일)

나이에 따른 위계서열을 가능한 한 일치시킴으로써 두 위계서열 사이의 불일치에서 생겨나는 긴장과 갈등을 예방해 주는 것이다.

사회계급의 문화 비교

현대 한국이나 서구 국가들을 포함해 근대 이후의 자본주의 사회에서 나타나는 사회불평등의 양상을 설명할 때 사용되는 핵심 개념은 사회계급social class이다. 사회계급에 따른 사회불평등 체계가 지니는 특성은 신분estate이나 카스트caste에 따른 불평등 체계와의 비교를 통해 잘 설명될 수 있다.

봉건시대 유럽 사회의 영주 · 농노 구분이나 조선시대 한국 사회의 양반 · 중인 · 상민 · 천민 구분에 따른 사회불평등 체계를 신분제도라고 한다. 신분제도 하에서 사회범주의 분화와 불평등은 정치 · 법률적 장치들에 기초를 두고 있었다. 바꿔 말하면, 어떤 부모에게서 태어난 자식은 어떤 신분 집단에 속하게 된 것이 법률로 규정되어 있었다. 예외적인 경우에는 군주의 특권으로 특정 개인의 신분을 변경시킬 수 있었지만, 대체로 군주 자신이 국가의 법률을 준수했다. 한편, 인도의 전통사회에서 볼 수 있는 사회불평등 체계를 카스트제도라고 한다. 카스트제도는 흔히 '브라만' Brahman(사제), '크샤트리아' Kshatriya(전사), '바이샤' Vaisya(농민과 상인), '수드라' Sudra(수공업자와 노동자), 그리고 앞의 네 가지 범주에 속하지 않는 나머지 사람인 '불가촉천민' (영어로는 untouchables, 힌두어로는 dalit, harijan, pariah)이라는 사회범주 사이에 성립하는 제도라고 알고 있지만, 실제로는 훨씬 더 복잡하다. '바르나' varna라고 불리는 이 다섯 범주는 다시 '자티' jāti라고 불리는 수십 개의 하위 범주들로 나뉜다. 각 자티는 하나의 직업집단이면서 고유한 하위문화를 지닌 집단이었다. 카스트 제도에서 바르나 및 자티들의 분화와 그들 사이에 존재하는 불평등의 기초는, 의례적 순결과 오염의 관념을 기반으로 사회범주들 사이의 사회적 격리와 직업의 분업을 규정한 힌두교의 종교적 교리였다는 점에 주목해야 한다. 그 결과 바르나나 자티의 지위는 신의 뜻에 따라 미리 정해져 개인에게 부여되는, 즉 개인이 어떤 부모에게서 출생하는가에 따라 정해지는 일생 동안 절대 바뀔 수 없는 것으로 간주되었다.

신분제도와 카스트제도는 모두 현실 속에 존재하는 불평등을 정당한 것으로 인정할 뿐만 아니라 한 개인이 어떤 사회범주에 속하여, 어떤 사회적 지위에서, 어떤 역할을 하며 살게 될 것인가라는 문제를 출생에 따라 결정한다는 점에서 공통점을 지니고 있다. 반면 근대 자본주의 사회의 사회계급에 따른 분화는 '만인은 법 앞에 평등하다'는 이념을 전제로 하면서, 재산이나 소득 또는 직업 등 경제적인 영역에서 나타나는 개인 간의 차이를 기초로 성립하는 불평등 체계이다.

그러다 보니, 개인이 노력하기에 따라서는 위계 질서 맨 밑바닥에서 맨 꼭대기까지 상승하는 것이 가능하기 때문에 근대 자본주의 사회의 현실 속에 존재하는 불평등은 체계화되고 제도화된 것으로서의 사회 불평등은 아니라고 주장하는 사람들도 있다. 이러한 사람들은 사회계급이라고 하면 구시대의 고착화된 불평등제도를 연상하기 때문에 사회계급이라는 개념 사용을 거부하기도 한다.

한편 사회계급이라는 개념을 유용하다고 보는 학자들은, 자본주의 사회에서도 사회계급에 따라 삶의 기회의 불평등과 사회 구성원들의 사회적 격리가 심각할 정도로 발생하고 있을 뿐만 아니라, 그러한 불평등과 격리가 대물림되는 경향이 있다는 점을 논증함으로써 이 개념의 현실 적합성relevance을 주장해 왔다. 이러한 작업은 이전에는 사회학자나 경제학자들의 전문 영역이라고 알려져 왔으나, 인류학자들 또한 사회계급의 문제에 점점 더 많은 관심을 기울이고 있다.

인류학자들이 주목한 것은 사회계급 분화와 연관되어 나타나는 다양한 문화적 양상들이다. 여러 사회계급이 분화되어 있는 현실에서 개인이 자기 자신의 위치를 어떤 식으로 인식하고 있는지, 또 각 계급 구성원들의 생활 양식이나 행동 양식은 다른 계급과 비교할 때 어떠한 특성이 있는지를 살펴보는 것이다. 특히 인류학자들은 '계급문화' class culture, 즉 특정 사회계급의 구성원들에게서 나타나는 하위문화subculture의 특성을 비교문화적 관점에서 파악하는 일에 많은 관심을 기울여 왔다. 인류학자들의 이러한 연구 성과 중에서 가장 유명하면서도 가장 많은 논쟁을 학계 내외에 촉발시킨 것이 아마도 '빈곤의 문화' 일 것이다.

미국의 인류학자 오스카 루이스Oscar Lewis는 멕시코와 푸에르토리코, 그리고 미국의 도시 빈민들에 대한 다년간의 연구를 통해 '빈곤의 문화' culture of poverty라는 개념을 제시했다(Lewis 1966). 그는 전 세계의 자본주의 사회에 나타나는 도시 빈민들의 생활 양식을 비교해 보면 공통점을 발견할 수 있다면서, 이를 '빈곤의 문화' 라고 불렀다. 루이스는 빈곤의 문화를 정의하면서 약 70가지에 이르는 속성을 제시했다. 불안정한 직업과 낮은 소득, 노동조합이나 정당 등 공식적 조직체에 대한 낮은 참여도, 학교 생활에서의 빠른 이탈과 그 결과인 낮은 교육 수준, 지역사회를 아우르는 조직체의 비활성화, 높은 비율의 처자식 유기 현상에 따라 가족 및 친족 생활이 어머니를 중심으로 이루어지고 있다는 사실, 잦은 가정 불화, 조기 취업 및 어린 나이부터 갖게 되는 성관계 경험, 미래를 도모하기보다는 현재에 탐닉하려는 생활 태도 등이 그가 제시한 속성들 가운데 대표적인 항목이다.

나아가 루이스는 빈곤의 문화가 도시 빈민들이 자본주의 경제 체제 내에서 처해 있는 주변적 위치 때문에 생겨난 것이기는 하지만, 일단 빈곤의 문화가 생겨나게 되면 그것은 빈곤한 처지에 있는 사람들로 하여금 빈곤 상태를 벗어나지 못하게 하며, 결과적으로 빈곤을 대물림하는 경향이 나타난다고 지적하였다(Lewis 1966). 이러한 루이스의 빈곤의 문화 이론은 인류학계뿐만 아니라 당시의 사회과학계 전반에 큰 파장을 불러일으키면서 도시 빈곤 문제의 올바른 이해와 정책적 대응방향 모색을 둘러싸고 열띤 논쟁을 유발시켰다.

루이스의 빈곤의 문화 이론에 대해 여기서 지적하고자 하는 것은, 같은 자본주의 사회라 하더라도 각국의 문화적 배경이 다른 만큼 도시 빈민의 하위문화의 양상도 나라에 따라 크게 다르다는 사실을 경시하고 있다는 점이다. 예컨대, 한국 도시 빈민들의 경우, 루이스가 빈곤 문화의 속성으로 제시한 바와 합치하는 양상들도 물론 존재하지만, 그렇지 않은 양상들도 많이 존재한다. 인류학적 사례연구들에 따르면, 한국에서는 자식들만이라도 빈곤 상태를 벗어날 수 있도록 헌신적으로 노력하는 부모들 덕택에, 그 자녀들은 루이스가 주로 언급하고 있는 나라들에 비해서 훨씬 오랫동안 학교교육을 받고 있으며, 미래를 도모하려는 생활 태도도 강하게 나타난다. 또한 모중심 가구matrifocal household의 비율도 멕시코나 미국의 도시 빈민에 비해 훨씬 낮은 반면, 재개발 문제 등이 계기가 되어 빈민 지역사회를 아우르는 조직체들은 상대적으로 활성화되어 있는 것으로 나타나고 있다. 이러한 사실은 계급문화의 한 유형으로서 도시 빈민의 하위문화를 연구할 경우에도 그러한 도시 빈민들이 속해 있는 전체 사회의 배경 맥락에 대한 비교문화적 인식이 중요하다는 것을 보여준다.

다른 사회계급에 속하는 사람들을 어떻게 대하는가

이렇듯 인류학자들은 사회계급에 따라 사회가 분화되어 있다는 것이 그 구성원들의 일상문화 속에서는 어떠한 의미를 지니는지를 이해하기 위해 노력해 왔다. 이러한 노력의 한 가지 중요한 경향은, 상이한 사회계급의 구성원들이 자신과 다른 사회계급에 속하는 사람들과의 관계를 염두에 두고 어떠한 행동 양식을 보이는지를 밝히려는 시도이다. 이와 관련해 상층 계급에 속하는 사람들이 다른 계급 사람들과 자신을 구별짓기 위해 보여주는 다양한 소비 행태에 대한 논의는 제7장을 참고하기 바란다. 여기서는 동일한 지역사회 내에 살고 있는 사람들간의 교제social mixing 방식에서 사회계급에 따른 분화는 어떠한 양상으로 나타나는지에 대해 살펴보기로 한다.

영국 및 수백 년 동안 영국의 식민 통치를 받았던 아일랜드 공화국에서는 19세기 후반에서 20세기 전반에 걸쳐 회원전용 사교클럽members-only social club들이 번성했다. 이 클럽들은 다목적 사교 공간으로서, 구내에서는 여가시간에 클럽을 찾은 회원들이 신문을 읽거나 카드, 당구, 다트dart 놀이 등을 하고, 식사를 하거나 술을 마시며 다른 회원과 담소를 즐기기도 했다. 어떤 클럽의 경우에는 이따금 음악 공연도 열리곤 했다. 그런데 회원들에 의해 자체적으로 운영되는 이 클럽들의 회원 구성을 살펴보면 사회계급에 따른 차이가 뚜렷이 나타나고 있다. 어떤 클럽은 토지귀족landed gentry이 회원의 주축을 이루었고, 어떤 클럽은 변호사, 의사, 회계사, 고위 공무원, 기업가, 대상인 같은 중상류층이, 어떤 클럽은 중소상인들이, 어떤 클럽은 농부들이, 또 어떤 클럽은 육체노동자들이 회원의 절대 다수를 차지했다. 이러한 사실은, 비슷한 사회계급적 지위를 지니고 있기 때문에 교제를 해도 괜찮다고 여기는 사람들이 각기 자기들만의 공간에서 편안하게 만남으로써 클럽이 생겨났다는 것을 말해준다. 즉 회원전용 사교클럽들은 내부적으로는 사회계급적 동질성을 표현하고 외부적으로는 다른 사회계급들과의 차별성을 나타내는 기능을 수행하는 문화적 장치였던 셈이다.

이 시기의 영국 및 아일랜드 사회에서는 사회계급에 따른 교제 공간의 분화가 회원 전용 사교클럽에서뿐만 아니라 회원들에 의해 자체적으로 운영되는 각종 스포츠클럽에서도 나타났다. 이러한 사교클럽과 스포츠클럽 활동을 통해 사람들은 자신과 유사한 계급적 지위를 지닌 사람들과 함께 자연스럽게 교제할 수 있었으며, 장래의 배우자감도 그 속에서 찾게 되었다. 그리고 그 결과가 유사한 계급적 배경을 지닌 사람들끼리의 통혼으로 나타났다. 그러나 20세기 중반 이후 사회의 '민주화'가 진전되면서 회원 전용 사교클럽은 대부분 소멸했고, 이전까지 매우 배타적이던 스포츠클럽도 일반 서민층에게 문을 열어주었다. 하지만 현재도 스포츠클럽 회원들의 사회계급적 구성을 분석해 보면 승마 클럽이나 요트 클럽 등은 상류층이나 중상류층 사람들이, 골프 클럽, 럭비 클럽, 테니스 클럽 등은 중산층 사람들이, 그리고 축구클럽은 노동계급 사람들이 주축을 이루는 분화의 양상을 볼 수 있다(황익주 1995).

이상에서 언급한 영국 및 아일랜드에서의 양상은 한국과는 판이한 것처럼 보인다. 하지만 이는 한국인이 문화 전통의 차이 때문에 회원 자체적으로 클럽을 운영하는 일에 익숙하지 않기 때문이지, 한국 사회에 사회계급에 따른 차이 자체가 없거나 한국인들에게 계급적 차이를 명시적으로 드러내려는 욕구가 없기 때문이라고 해석하면 곤란하다. 왜냐하면 현대 한국 사회에서도 일부 골프 클럽이나 스포츠센터가 엄청나게 비싼 회원권을 판매함으로써 고객을 관리하는 현상이라든가, 최근 서울 강남의 청담동 등지를 중심으로 '신귀족'이라 불리는 사람들이 주로 찾는 고급스럽고 세련된 소비 및 교제의 공간들이 생겨나는 현상, 그리고

영국 귀족의 사냥 The Start of the Hunt © George Derville Rowlandson

이러한 부류 사람들끼리의 결혼을 주선하기 위해 일부 결혼정보회사에서 취하고 있는 'VIP고객' 관리 등이 나타나고 있기 때문이다. 심지어는 '상류층다운' 생활 양식을 추구하는 사람들만을 회원으로 받아들여 운영되는 잡지사 및 상업적 인터넷 사이트들도 등장하고 있다. 이러한 현상의 본질은 스스로 상류 계급에 속한다고 생각하는 사람들이 다른 계급의 사람들을 가능한 한 배제하면서 자신들만의 만남의 공간을 확보하려는 시도라 할 수 있다.

차이는 존중하되 차별은 배격한다

이상에서 살펴본 것처럼 개인들간의 차이를 기반으로 발생하는 사회분화는 매우 다양한 차원에서 나타난다. 뿐만 아니라 인간 사회에 보편적으로 존재하는 나이에 따른 사회분화 하나만을 보더라도 그 구체적 양상은 문화에 따라 매우 다양하다. 인류학자들은 이러한 문화적 다양성을 특히 강조해 왔다. 또한 사회불평등의 구체적 양상이 문화에 따라 매우 다양하다는 점을 특히 강조해 왔다. 인류학자들이 이렇게 차이와 불평등이 사회적으로 조직되는 방식이 문화에 따라 다양하다는 사실을 강조해 온 이유는 물론 인류학의 문화상대주의적 정신 때문이다.

하지만 이러한 문화적 다양성에 대한 강조는, 인류학자들이 사회불평등 문제에 대해서도 세상의 모든 것은 나름대로 일리가 있기 때문에 용인해야 한다는 식의 윤리적 상대주의의 입장을 취하고 있다는 것을 의미하는가? 예를 들어 조선시대의 반상班常 차별이라든가 남아프리카 공화국에 최근까지도 존재했던 극심한 인종차별처럼 특정한 범주에 속하는 사람들에게 일반적으로 가해지는 명백한 차별 대우까지도 외부인이 비판해서는 안 되는 그 사회의 고유한 문화적 관행이라고 생각하는가? 또 앞 절에서 살펴본 빈곤의 문화나 회원전용 사교클럽과 같은 현상을 분석할 때도 인류학자들의 목적은 단지 그 사람들이 살아가는 모습을 관조하는 데 있는가?

결코 그렇지 않다. 왜냐하면 그런 연구 주제를 선정하게 되는 근본적 이유가 바로 그 현상들이 극복되거나 개선되어야 할 '문제'라고 보는 인류학자들의 가치 의식이기 때문이다. 다만 인류학자들은 그러한 현상을 연구하면서 연구대상이 되는 사람들이 처해 있는 사회문화적 맥락을 최대한 충실하게 고려하고, 그 사람들의 입장에서는 그런 현상이 어떻게 보여지는지에 대해서도 파악하여 그 현상의 발생 및 존속의 원인을 규명하기 위해 노력하고 있다. 인류학자들은 그렇게 함으로써 보다 현실적인 실천 방안을 찾아낼 수 있을 것이라고 믿고 있다. 차이와 불평등 문제와 관련해 인류학의 문화상대주의로부터 도출해낼 수 있는 태도가 있다면 '차이는 존중하되 차별은 배격한다' 일 것이다.

읽을 거리

『산체스네 아이들』, 오스카 루이스Oscar Lewis, 박현수 역, 지식공작소, 1997.

인류학에서 도시 빈곤 연구를 개척한 학자라고 평가되는 오스카 루이스가 쓴 도시 빈민에 대한 고전적 민족지이다. 멕시코시티에 거주하는 한 도시 빈민 가족의 삶의 모습을 구성원 개개인들이 각자의 경험에 대해 상세히 이야기하고 있어 마치 자전적 소설을 읽는 듯한 느낌을 독자로 하여금 갖게 한다. 이 책은 미국에서 베스트셀러가 되었으며, 같은 제목으로 영화가 만들어지기도 했다.

『교육 현장과 계급 재생산 : 노동자 자녀들이 노동자가 되기까지』, 폴 윌리스Paul Willis, 김찬호 · 김영훈 공역, 민맥, 1989.

영국 중부지방의 어느 소도시에 위치한 한 중등학교 학생인 노동자계급 가정 출신의 '노는 아이들'에 관한 민족지이다. 이들은 유사한 가정 배경을 지닌 아이들과 또래집단을 이루어 얌전히 학교에서 시키는 대로 공부만 하는 것을 경멸하며 노동자인 부친들의 사나이다움을 흉내내고 다닌다. 그러나 그런 행동은 이들로 하여금 부모들과 마찬가지로 가난한 노동자로서의 직업밖에는 못 갖게 만들어 결국 계급적 지위가 세대를 넘어 재생산됨을 생생한 민족지와 정교한 이론적 분석을 통해 잘 보여주는 책이다.

『구별 짓기 : 문화와 취향의 사회학』 상 · 하권, 피에르 부르디외Pierre Bourdieu, 최종철 역, 새물결, 1995 · 1996.

현대 프랑스인들의 생활 스타일이 사회계급에 따라 분화되어 있는 양상을 분석한 책이다. 음악, 미술, 영화, 스포츠, 음식, 신체적 아름다움 등에 대한 개개인들의 취향은 사회계급에 따라 차이를 보인다. 저자는 이러한 사회계급에 따른 취향의 분화가 어째서 발생하게 되었는지를 아비투스habitus라는 독특한 개념을 중심으로 설명하고 있다. 이 책은 1980년대와 1990년대를 통해 인문사회과학 분야 전반에 걸쳐 가장 영향력이 컸던 저작 중의 하나이다.

제10장

몸을 통해 문화를 본다

●●●김은실

아름다운 여성에 대한 이미지를 한번 상상해 보자. 오늘날 아름다운 여성은 날씬하면서도 건강하게 보여야 하고, 작은 얼굴에 큰 이목구비를 갖추고 있어야 한다. 사람들은 이러한 이미지가 자신감이나 성적 매력과 관련된 것으로 자기관리, 활동성, 사회성 등을 비롯해 계급적 지위와 능력까지도 드러낸다고 생각한다. 여성들은 이러한 몸을 갖기 위해 운동을 하고 다이어트와 성형수술 등의 다양한 방법으로 외모를 관리한다. 그러나 '서구적인 현대 미인'이라는 이미지는 서구에서조차도 근대 부르주아 시민사회의 등장 이후 나타난 현상이다. 식량이 부족했던 전前 산업사회나 많은 농경사회에서 뚱뚱한 몸은 건강과 부의 상징이었으며, 높은 지위와 능력을 보여주는 몸의 이미지였다. 따라서 자연히 뚱뚱함은 사회적으로 높은 평가를 받았다. 반면 마른 몸은 빈곤하고 지위가 낮으며 건강하지 못한 것이라는 사회적 의미를 갖기 때문에 낮은 평가를 받았다.

여성의 뚱뚱함도 마찬가지였다. 나이지리아의 에픽Efik족의 전통풍습에는 엘리트 계층의 사춘기 소녀들을 결혼 전에 오두막에 가두고 음

서구적 현대 미인의 기준을 연상시키는 바비 인형. ⓒ 지그마리

식을 많이 먹여 뚱뚱하게 만드는 관행이 있었다. 결혼 전 오두막에서 2년 동안 격리되어 지낸 소녀는 이러한 통과의례를 거친 후 성인 여자로 인정받는다. 이 통과의례를 통해 '결혼할 수 있음'을 상징하는 것으로 독특한 머리 스타일과 음핵 절개, 그리고 뚱뚱한 몸을 갖게 되는 것이다. 이 가운데 뚱뚱함은 이런 풍습에 참여할 수 있는 경제력을 가진 엘리트들이 정해 놓은 가장 중요한 미의 기준이었으며, 또한 자신들의 경제력을 과시하는 것이었다. 여기서 뚱뚱함에는 아름다움뿐만 아니라 여성성과 생식력의 의미가 있었다. 우리 나라에도 옛날에 미인을 잡아오라고 했더니 뚱뚱한 여자를 데려왔다는 이야기가 있다. 이렇듯 미에 대한 기준 혹은 몸에 대한 지배적인 이미지는 각 사회의 지배집단이 정한 가치와 밀접한 관련이 있다.

인류학자들은 비서구사회의 다양한 문화를 연구하면서 사람들이 자신이 속한 문화에 따라 각기 서로 다른 방식으로 세계를 인식한다고 주장해 왔다. 각 문화 내에서 사람들이 몸을 인식하는 방식 역시 그들이 갖고 있는 인식론과 세계관에 따라 다르다. 즉, 무엇이 몸이며 어떠한 몸이 바람직한 것인가, 몸은 어떻게 관리되어야 하는가에 대한 생각은 문화마다 다르다. 인류학자들은 심지어 서구에서 과학적이고 객관적인 현상으로 간주되는 질병조차도 문화마다 다른 방식으로 이해되거나 치료되고 있음을 발견했다. 그리고 훈육 체계나 사회적 변화에 따라 몸의 형태나 이미지가 변화되어 왔다고 보고한다. 그래서 몸은 그 자체가 문화적 차이를 드러내는 중요한 연구 대상이며 자료라는 것을 발견했다.

여기서는 어떻게 몸이 문화 연구의 대상이 될 수 있는지에 대해 살펴보고, 우리가 이해하고 있는 근대적이고 객관적인 몸이라는 개념이 우리가 살고 있는 근대적 세계관의 산물이라는 것을 설명하고자 한다. 또한 몸은 우리가 살고 있는 사회의 지배가치를 드러내고 있다는 사실을 밝힐 것이다.

문화현상으로서의 몸

한국 사회에서 쓰이고 있는 몸에 대한 표현을 살펴보면, "몸을 가꾼다", "몸을 만든다", "몸이 좋아졌다", "몸이 힘들다", "몸값을 높여라", "몸을 낮춰라", "몸으로 때운다", "몸을 판다", "몸밖에 안 남았다" 등이 있다. '몸' 이라는 단어의 쓰임새를 살펴보면, 한국 사회에서 몸은 다양한 의미를 나타낸다는 것을 알 수 있다. 몸은 외모와 체형을 의미하기도 하고, 건강이나 심리적 상태를 의미하기도 한다. 또한 몸은 개인의 능력에 대한 은유이기도 하고, 모든 사람들이 갖는 보편적인 물적 자원으로서 언급되기도 한다. 다양하게 표현되는 몸에 관한 말들을 살펴보면, 우리 사회에서 쓰이는 몸이라는 단어는 마음과 감정, 그리고 집단의 규범이나 가치와 깊이 관련되어 있음을 알 수 있다. 즉 몸은 객관적인 것으로 이해하기보다는 몸을 갖고 있는 개인이 속한 사회와 문화에 따라 몸에 대한 의미가 만들어지고 이해된다.

몸에 대한 느낌이나 정서, 그리고 몸에 발생하는 고통이나 쾌락은 그 몸을 지닌 개인의 것이다. 그러나 몸의 외양이 갖는 의미나 몸이 느끼는 고통과 쾌락의 의미를 개인이 스스로 창조하는 것은 아니다. 몸이 경험하는 고통이나 쾌락에 관한 의미는 개인의 내부에 있다기보다는 간주관적間主觀的, intersubjective인 것으로, 그것이 의미를 확보하기 위해서는 다른 사람과 소통해야 하고, 그 소통은 언어를 통해 가능하다. 따라서 한 문화 속에서 개인이 경험하는 몸에 대한 감각이나 체험의 의미는 그 사회의 언어가 허용하는 범위 내에서 소통되고 이해된다. 물론 개인이 체험하지만 다른 사람과 소통되지 못하는 몸에 대한 체험들을 언어화하고, 그것을 타인과 소통하기 위한 많은 노력들도 있다. 몸에 관한 개인의 고유한 체험을 표현하려는 예술가의 노력들, 의사나 치유자healer들이 알려지지 않은 질병을 찾아내고 다른 사람이 이해하지 못하는 환자의 고통을 치유하려는 노력들이 모두 몸에 대한 사람들의 소통 영역을 확장시키려는 노력들이다.

우리의 경험을 한번 생각해 보자. 몸이 아플 때 우리는 그 고통을 남에게 전달하는 것이 쉽지 않다는 것을 경험한다. 같은 고통을 겪은 적이 있거나 비슷한 경험이 있는 사람, 아니면 그러한 사람을 치료한 적이 있는 의사가 그나마 내가 겪은 몸의 경험을 같은 방식으로 가장 잘 이해할 수 있는 사람이다. 이처럼 개인이 몸을 통해 느끼는 것을 타인과 바로 공유하고 소통하는 것은 쉬운 일이 아니다. 그래서 모든 문화에는 몸이 무엇이고, 몸의 내부에는 무엇이 있으며, 몸에서 일어나는 여러 현상들은 왜 나타나는 것인지에 대한 경험과 지식을 다루는 전문가 집단이 존재한다. 그리고 이 전문가 집단은 한 문화가 갖는 몸에 대한 인식론, 지식, 관리 방식 등을 아는 사람들이며, 그 문화의 사고 체계를 유지하는데 중요한 역할을 하는 사람들이다. 간혹 새로운 치유자들이 등장하는데, 그들은 사회의 기존 사유 체계를 비판하면서 몸에 대한 새로운 인식론을 제시하는 사람들이다.

몸이 특정 문화의 사고 체계와 어떻게 연관되어 있는지에 대해서는 김성례가 연구한 제주도 무당의 예를 통해 살펴보자(Kim 1995). 몸이 초자연적인 힘에 의해 통제되고 조절된다고 생각했던 전통사회에서는 그러한 힘을 다루는 주술사나 사제, 무당 등이 몸에 대한 지식을 독점하고 있었다. 환자를 치유하는 제주도 무당에 관한 김성례의 연구는, 사람의 몸은 독립되어 있는 것이 아니라 정情이나 혼魂 또는 정신을 통해 다른 사람들과 연결되어 있고, 개인은 집단적 자아의 일부라는 생각을 잘 보여준다. 제주도의 무당은 아픈 사람의 몸이 가족이나 친족 또는 지역사회에 속해 있다고 간주하고, 병은 바로 이러한 사회관계에 이상이 있다는 것을 드러내는 징후의 하나라고 여긴다. 다시 말해 개인의 밖에 존재하는 집단간의 원한, 누군가의 주술, 초자연적인 힘 같은 것들 때문에 병이 생긴 것이다. 따라서 병을 치료하는 방식은 푸닥거리를 통해 원한이나 주술을 해소하거나 초자연적인 힘을 다루는 방법을 찾기도 하고 저주자를 찾아내는 것이다. 김성례의 연구는 정치적 억압 때문에 오랫동안 공개적으로 말할 수 없었던 제주도의 4 · 3사건에 대한 기억이나 상처, 그리고 집단간의 갈등이 병을 통해 드러나고 해소되는 기회를 갖게 되는 것을 보여준다. 여기서 무당은 병든 개인을 포함한 집단적 자아를 치료하는 것이다.

물론 이러한 접근이 몸이 호소하는 모든 문제들을 해결하는 것은 아니다. 대신 몸이 어떻게 한 문화 속에서 사회적 소통의 매체가 되고, 사회의 규칙이나 관계를 재현하는지represent를 잘 보여준다. 몸이 특정한 사회관계의 산물이고, 문제가 있는 몸은 그 사회나 문화의 맥락 속에서만 이해되고 치유할 수 있다는 무당의 치료 방식은 몸에 대한 일종의 문화적 접근이다. 그런데 이러한 문화적 접근이 결정론적인 것으로 이해되면 신토불이身土不二와 같은 이데올로기로 변하기도 한다.

근대적인 몸

몸의 보편성과 객관성을 옹호하는 근대적 사고는 앞에서 소개한 제주도 무당의 몸에 대한 인식과는 매우 다르다. 서구의 근대적 세계관에서는 몸이란 구체적이고 관찰 가능한 물리적 실체로서 마음이나 정신과는 구분되는 것이다. 눈에 보이지 않는 마음과는 달리 몸은 생물학적으로 주어진 자연의 영역에 속하며, 인간의 의식과 문화 및 역사와는 무관한 자율적이고 객관적인 실체로 인식되었다. 이에 따라 몸은 자연과학인 의학이나 생물학의 연구 대상이 되었고, 몸에 대한 연구는 집단과는 관련이 없는 한 개인의 개별적인 몸 내부에 대한 탐구를 의미했다.

오늘날 우리가 서구인의 경험을 통해 만들어진 서구의학서로 교육을 받은 의사에게 자신의 몸을 맡길 수 있는 근거는 무엇일까. 그것은 서양사람과 한국인의 몸이 동일하다는 전제 때문이다. 이것이 바로 몸에 대한 (서구의) 근대적 사고이고, 우리가 흔히 갖고 있는 몸에 대한 과학적 이해이다. 그래서 몸을 문화와 통합되어 있는 것으로 이해하는 비서구사회의 몸에 대한 인식은 근대적인 몸에 대한 인식론과 만나면서 충돌과 타협의 과정을 겪는다.

몸에 대한 근대적 인식과 문화적 체험이 충돌하는 하나의 예를 살펴보자. 1980년대 중반 우리 나라 농촌의 면 보건소에 의과대학을 갓 졸업한 공중보건의가 근무하고 있었다. 보건소를 찾아오는 대부분의 사람들은 노인이나 중년 부인들이었는데, 이들은 갓 대학을 졸업한 젊은 의사가 도저히 이해할 수 없는 원인으로 고통받고 있었다. 한 노인은 속이 거북해서 왔는데, 체한 것 같다고 했다. 그 노인은 전날 마을에 결혼식이 있어서 그곳에서 돼지고기를 먹다가 기분 나쁜 소리를 듣고 집에 왔는데, 다음날 아침부터 속이 안 좋다는 것이었다. 머리가 아파서 온 한 중년 여성은 남편이 일은 안 하고 술만 마시며, 아픈 시어머니의 병 수발을 들어야 하는 데다 아이들의 일도 잘 안 풀려서 아프다는 것이었다.

의사는 이들의 생활환경은 잘 알지만, 그것이 병의 직접적인 원인이라고는 생각하지 않았다. 고통이나 병은 신체의 한 부분에 문제가 있어서 생기는 것이므로, 환자가 정확히 어디가 아프고 고통의 원인이 무엇인지를 밝히는 것이 그가 할 일이었기 때문이다. 그래서 이들이 설명하는 질병의 원인은 사실 고통과는 직접적인 상관이 없으며, 이야기를 들어주는 것이 시간 낭비라고 생각했지만 끝까지 들어주었다. 그리고 나서는 잠시 기다리라고 말한 뒤 다른 방에 들어가 의학서를 보고 아프다는 부위에 있을 수 있는 질병들을 확인했다. 그가 확인한 것은 그들의 증세를 어떻게 이해할 것인지가 아니라, 의학서에 그들이 말한 증세가 포함되어 있는지였다. 그런 다음 환자의 증세가 책에 없으면 대부분 무시해 버렸다. 많은 의사들은 사회적인 정보들은 '진짜' 생의학적 진단과는 무관하다고 생각한다. 그들이 알고 싶은 정보는 몸에 변화를 일으키고 있는 신경 화학적 요인이다. 이러한 자연과학적 사실에 대한 관심이 임상의학의 특징이고, 몸에 대한 과학적 접근이다.

과연 몸에 대한 경험이 객관적일 수 있을까. 앞에서 살펴본 것처럼 몸에 대한 체험이나 감각은 언어를 통해 소통되고, 언어 사용 또한 성별, 계급, 국적, 연령 등에 따라 차이가 생길 수밖에 없다. 이렇게 볼 때 몸에 대한 경험은 객관적이지 않다. 의사들은 몸이 불편해서 의사를 찾는 사람들 가운데 대부분이 의학적으로 아무런 문제가 없다고 말한다. 병원을 찾는 환자의 50%가 의학적 문제가 없는 사람들이라는 연구보고도 있다. 환자들이 느끼는 병과 병원에서 진단하는 병 사이의 불일치에 대해서는 여러 가지 설명이 있다. 심리적인 문제가 신체의 질병으로 드러나는 정신신체증psychosomatic disease이거나 단순히 심리적이고 정서적인 불편함을 신체기관의 문제로 혼동한 결과라는 설명도 있다. 아니면 의학 체계에서 아직 규명되지 않은 병일 수도 있고, 환자가 병의 증상을 잘못 설명해서 의사가 정확하게 진단할 수 없는 경우일 수도 있다. 하지만 여기서 문제는 환자가 느끼는 신체적 고통이 질병인지 아닌지를 환자가 결정하는 것이 아니라 그 사회의 제도화된 치유 체계, 즉 의료기관에서 결정한다는 것이다. 객관성이라는 것은 개인 경험의 의미를 해석하고 타당성을 증명하는 전문가 집단이 결정한다. 몸의 경험이 객관화되고 표준화되는 상황에서 표준화 과정에 포함되지 않는 많은 경험들은 무시된다.

현재 한국 사회에서는 의료 기관이 몸에 대해 가장 권위적이고 독점적인 권력과 지위를 갖고 있다. 오늘날 한국 중산층 여성들의 임신과 분만을 관리하는 사람은 대부분 병원의 의사와 간호사이다. 그러면서 임신한 여성의 몸은 철저하게 의사나 병원 체계에 종속된다. 물론 여성이 수동적으로 병원에 의존하는 것만은 아니다. 한국 중산층의 젊은 여성들은 임신과 출산에 관한 대중적이고 경험적인 지식, 병원 중심의 고급 의료기술과 의학에 관한 많은 지식 및 정보를 갖고 있다. 그러나 의사와 환자의 관계에서 환자인 여성의 몸에 무슨 일이 일어나고 있는지를 아는 사람은 몸을 소유하고 자신의 몸의 변화를 체험하며, 그 변화의 의미를 이해하기 위해 정보를 끊임없이 수집하는 여성이 아니라 '과학적' · '의료적' 인 지식을 소유한 의사다. 여성이 임신을 통해 몸으로 알게 된 지식이나 다른 여성들의 경험에서 나온 지식, 책이나 개별적인 관계를 통해 알게 된 지식, 그리고 한의학의 처방 등은 의사가 갖고 있는 의학적 지식과 만나면서 보조적이고 비공식적인 것이 되고 만다. 여성들이 갖고 있는 과학적 · 의학적 지식은 자신의 몸에 대한 통제력을 강화시키기는커녕 오히려 의사나 병원에 대한 의존성을 높여준다.

몸에 대한 근대적인 인식 체계는 몸을 객관적이고 보편적인 존재로 파악하고 있다. 그래서 개인의 몸의 경험은 일반적인 몸의 경험 속에서 이해되고, 개별적인 몸의 경험은 특이한 것으로 여긴다. 특히 정치경제적인 지배력과 함께 이성 중심의 서구 근대 세계관과 지식 체계가 비서구사회로 이식되면서 서구적인 것을 객관적이고 보편적인 것으로 여기게 된다. 한국 사회에서도 서구화와 근대화의 과정 속에서 과학적이고 객관적인 몸에 대한 언설은 의료 체계나 위생 관념을 통해 제도화되어 왔다.

몸과 차별

한 사회가 갖고 있는 사회적 · 문화적 규범은 그 사회에 살고 있는 사람들의 몸에도 적용된다. 따라서 모든 사회에는 몸에 대한 규칙과 규범이 존재한다. 어떤 형태로 몸을 관리해야 하는지, 어떤 방식으로 몸을 움직여야 하는지, 어떤 방식으로 신체언어body language를 구사해야 하는지, 특정한 사회적 위계 속에서 어떻게 처신해야 하는지에 대한 규칙과 규범을 몸으로 습득하고 실천하면서 한 사회의 구성원으로 살아간다. 그러한 규칙과 규범은 모두에게 동일하게 적용되는 것이 아니라 여성인지 남성인지, 아이인지 어른인지, 피지배집단인지 지배집단인지 등에 따라 다르게 적용된다. 그리고 그것을 위반했을 때는 제재가 따른다. 성별, 계급, 인종, 연령 같은 사회조직화의 기본적인 요소들이 각기 다른 몸의 형태와 이미지를 만들어내고 있다.

한국 사회에서 '정상적인 몸', '바람직한 몸'을 상정할 때 누구의 어떠한 몸이 기준이 되는지를 한번 생각해보자. 여자의 몸인가 남자의 몸인가, 아이의 몸인가 성인의 몸인가 또는 노인의 몸인가, 동성애자의 몸인가 이성애자의 몸인가. 또 장애인의 몸은 어떠한가. 이제까지 한국 사회에서 여성과 남성의 몸이, 아이와 어른의 몸이, 그리고 뚱뚱한 몸과 마른 몸이, 동성애자와 이성애자의 몸이 문화적으로 어떻게 이해되고 있는지, 각각의 몸에 대한 느낌의 근거는 무엇인지에 대해 사회적으로 거론된 적은 거의 없다. 여성의 몸과 남성의 몸이 갖는 차이점 때문에 여성과 남성은 각각 어떤 경험을 하는지, 아이와 어른의 몸에 부여되는 차별적인 의미가 아이에게 어떠한 권력을 행사하고 어떻게 아이의 가능성을 제한하는지, 뚱뚱한 몸에 대한 차별이 여성을 어떻게 억압하고 여성의 사회적 가능성을 어떻게 차단하는 것인지에 대한 사회적 관심이 없었다.

사실 몸이 '정상' 인 사람은 자신을 정상이라고 인식할 필요가 없다. 정상인의 존재가 장애인의 비정상적인 몸에 대해 의식을 하게 만드는 것이다. 이러한 정상과 비정상의 관계를 미국의 인류학자인 로버트 머피의 민족지를 통해 살펴보자(Murphy 1990). 대학교수로 재직하던 중 갑자기 전신이 마비되어 신체장애인이 되어버린 머피는 병원 침대와 휠체어에서 지내는 자신의 경험을 민족지로 써냈다. 먼저 그는 자신이 전신마비가 되기 전 동료 흑인 인류학자와의 사이에 있었던 일화를 소개하면서 정상과 비정상의 사회적 관계를 설명한다. 그의 흑인 동료가 "네가 자신을 백인이라고 생각하는 것과 마찬가지로 나는 항상 나를 흑인이라고 생각한다" 라고 말했을 때, 그는 자신이 백인임을 자각하지 않는다고 반박했다. 그러나 흑인 동료는 머피의 말을 믿을 수 없다고 했다. 머피는 백인으로 태어났고, 또 백인이 정상적 질서의 일부인 사회에서 왜 백인인 그가 자신을 백인으로 생각하겠느냐고 대답했다. 정상인 백인의 존재가 흑인으로 하여금 자신을 흑인으로 생각하게 하는 것이지 백인은 자신을 백인이라고 의식할 필요가 없다는 것이다. 정상인 사람은 자신의 정체성을 인식할 필요가 없다.

바로 이러한 메커니즘에 따라서 비장애인들은 자신의 정상적인 몸에 대해 의식할 필요가 없는 것이다. 머피는 장애인이 된 후 자신의 자아가 어떻게 손상당했는지 이야기하면서, 정상적인 몸이 표준인 미국 사회가 어떻게 불구의 몸에 대한 언어와 경험을 박탈하는지를 기술했다. 전신마비라는 신체 조건으로는 예의 바른 자세를 취할 수가 없다. 일어나야 할 때 일어날 수 없고, 똑바로 앉아야 할 때 앉아 있을 수가 없다. 예의 바른 몸이란 장애가 없는 중산층의 정상적인 몸을 토대로 만들어져 있는 것이다. 혐오스럽다거나 징그럽다는 감정 역시 '정상'이라고 여기는 것과는 다른 존재에 대해 느끼는 감정이다. 머피는 미국에서 장애인이 된다는 것, 몸의 기능을 잃어버린다는 것은 개인적인 것이 아니라 몸을 통해 보여주는 미국적 지배 가치를 더 이상 생산할 수 없다는 사회문화적인 의미가 있음을 밝히고 있다.

한국에서도 최근에야 비로소 장애인을 비롯하여 정상과 다르다는 이유로 차별받는 몸이 겪는 억압의 경험을 조금씩 이야기하기 시작했다. 전신이 마비된 사람, 교통사고와 산업재해로 몸의 기능을 잃은 사람, 정치적 이유로 고문과 공포를 경험한 사람과 그 가족들은 종종 자신의 몸에 기능장애가 있기 때문이 아니라, 사회적 요구를 실천하지 못하는 몸의 무력감 때문에 사회적 성원권을 박탈당했다고 말한다. 그리고 우리 사회가 갖고 있는 '정상적인 몸'이라는 개념이 얼마나 편협한지, 그리고 사회가 어떻게 정상적인 몸을 중심으로 설계되어 있는지를 토로한다. 결국 한 문화에서 '정상적인 몸'에 대한 인식은 사회적 지배 가치를 드러낸다. 따라서 건강도 개별적 몸의 기능적 정상 상태라기보다는 그 사회가 갖는 몸에 대한 가치 체계 및 정서 구조와 깊이 연관되어 있다.

몸과 권력

사회는 사회가 필요로 하는 종류의 몸을 사회화하고 재생산한다. 한국 사회를 비롯한 많은 사회에서 문화적 · 정치적으로 '올바른' 몸은 아름답고, 강하고, 그리고 건강한 몸이다. 물론 여기서 '아름답다', '강하다', '건강하다' 라는 의미는 앞에서 말한 것처럼 사회나 역사적 시점에 따라 다르다. 건강과 날씬한 몸이 중요해진 현대 소비사회에서 남녀 모두에게 요구되는 몸은 날씬하고, 강하고, 중성적이며, 잘 관리된 몸이다. 그것을 통해 현대 사회의 핵심 가치인 자율성, 강함, 경쟁력, 젊음, 자기통제 등이 표현된다고 본다. 이때 건강한 몸은 주어진 것이라기보다는 일종의 성취이며 능력으로 간주된다.

사람들이 지배적인 사회적 가치를 어떻게 몸으로 드러내고 있는지를 미국과 한국의 여성을 통해 알아보자. 미국의 여성 철학자인 수잔 보르도는 더 이상 음식을 몸에 저장해야 할 필요가 없는 풍요한 미국 사회에서 날씬한 몸에 대한 여성의 욕망은 현대사회에서 여성이 갖고 있는 모순을 드러내고 있다고 했다(Bordo 1993). 이제까지 사적 영역에만 존재했던 여성이 남성과 함께 공적 영역으로 진출하게 되면서, 마르고 날씬한 여성의 몸은 약하고 작은 이미지와 잘 관리된 몸의 이미지를 만들어낸다. 보르도는 이러한 마르고 날씬한 여성의 몸은 보호받아야 하는 전통적인 여성성과, 몸에 지방을 누적시키지 않기 위한 끊임없는 자기관리와 자기절제라는 공적 영역의 남성적 가치를 동시에 보여주고 있다고 말한다. 따라서 두 가치를 실천하고자 하는 여성의 몸은 끊임없는 다이어트에 시달린다는 것이다.

김은실은 남성 중심의 한국 사회에서 결혼한 여성이 혼인을 통해 속하게 된 집단에서 자신의 입지를 확보하기 위해 다양한 사회문화적 장치들을 이용해 아들을 낳고자 하는 사례들을 제시했다(김은실 2001). 여성은 가부장적 사회질서 속에서 적합한 성원권을 획득하고, 남성 중심의 사회질서에 유리하게 편입되기 위해 아들 낳기를 원한다. 그래서 태아 성감별을 해서 여아를 낙태하기도 하고, 아들 낳는 약을 먹기도 하며, 아들을 갖게 한다는 다양한 민간요법을 사용한다. 이러한 사례들은 여성의 몸에 남성 중심의 지배 가치가 어떻게 실현되는지를 보여준다. 몸에 적용되는 규칙들을 개인이 적극적으로 실천함으로써 몸은 그 사회의 지배적 가치와 질서 구조를 강화시키는 강력한 수단이 된다.

또한 문화는 사회적 각본과 규범을 제공함으로써 사회적 · 정치적 질서의 필요에 순응하는 개인적인 몸을 만드는 데 권력을 행사한다. 식민지 시대에 저항하는 사람에게 가해졌던 고문들, 근대 국민국가를 형성하는 과정에서 반대자에게 자행되었던 많은 고문들은 체제에 순응하는 몸을 훈육하기 위해 개인의 몸에 가하는 정치적인 권력의 가장 대표적인 예라고 할 수 있다. 그러나 사람들은 몸에 가해지는 정치적인 권력에 맞서 저항하기도 한다.

1890년대의 단발령은 "신체발부身體髮膚는 부모에게서 물려받은 것으로 감히 훼손하지 않는 것이 인간의 도리인 효의 시작"이라는 유교의 전통을 신봉하는 조선인 선비들에게는 자기 정체성에 관련된 문제였다. 그래서 단발령에 대한 반발은 조선의 정체성을 말살하려는 일본의 음모에 대한 정치적인 저항으로 발전했다. 그리고 1970년대 정부의 규제 대상이었던 '장발족'의 긴 머리는 규율과 집단적 정체성을 강조하는 정부 시책에 반대하는 문화적 저항으로 간주되었다. 여기서 남자의 짧은 머

가늘고 긴 다리, 날씬한 몸매를 갖고 싶은 여성 소비자들을 대상으로 한 산업의 규모는 점차 확대되고 있다.

리는 근대 국민국가가 규율화한 집단적 남성 · 국민 정체성이며, 남성 개인의 정체성을 상징하는 하나의 기호였다. 반면 21세기 벽두에 나타난 젊은 남자의 염색한 긴 머리는 국민 또는 남성 정체성과 상관없는 취향과 스타일의 문제로 이해된다.

그러나 여성의 짧은 머리나 삭발한 머리는 하나의 스타일이기는 하지만, 긴 머리로 기호화된 여성 이미지에 대한 정치적인 도전이며 문화적 교란이다. 동시에 여성은 자아 존중감과 여성성을 인정받기 위해 다이어트와 운동으로 몸매를 교정하고 성형수술을 한다. 염색한 머리와 귀고리를 한 남자의 몸, 무장(무대화장)을 하거나 성형수술을 하는 여성의 몸이 전달하려는 메시지는 몸은 자연의 산물이 아니라 변형 가능한 것이며, 자신의 의사를 표현하는 하나의 수단이라는 것이다. 여기서 몸은 개인적이면서 동시에 사회적이며, 또한 새로운 가능성을 드러내는 정치적 매체로 간주되고 있다.

따라서 한 사회의 지배적인 사회적 관계와 구조를 이해하지 않고는 사회 속에 살고 있는 개인이 몸을 통해 행하는 행위들을 이해할 수 없다. 여기저기에 피어싱을 한 젊은이의 몸, 자신의 홈페이지에 가족의 나체사진을 올리는 행위, 나체로 등교하는 미국의 젊은이, 보디페인팅을 한 자신의 몸으로 행하는 여성 예술가의 퍼포먼스 등에서 보이는 이상한 몸 또는 저항하는 몸들이 사람들에게 주는 불편함이나 불쾌함, 저항성 역시 그 몸이 갖는 정치적 의미를 파악하지 않고는 이해할 수 없다. 이러한 상황에서 몸을 치료하는 의사들, 특정한 몸이 정상이라고 규정할 수 있는 지위에 있는 사람들, 아름다운 몸을 보거나 살 수 있는 자원과 지위를 가진 사람들은 특정한 몸에 대한 권력을 갖게 되는 것이다.

읽을 거리

『여성의 몸, 몸의 문화 정치학』, 김은실, 도서출판 또하나의문화, 2001.

한국 사회에서 문화가 개인, 특히 여성의 몸에 어떻게 각인되고, 얼마나 강력한 권력을 여성들에게 행사하는지에 대한 문제 의식으로 여성의 성, 육체 관리, 성 산업에서의 10대 여성, 출산 문화, 아들 선호, 낙태 같은 주제들을 다룬다. 여성의 몸에서 경합하는 사회적 · 문화적 권력들의 정체를 드러내고자 한 책이다.

『다이어트의 성 정치』, 한서설아, 책세상, 2000.

많은 여성들이 외모 관리를 위해 선택하는 다이어트에 대한 사회문화적 · 여성학적 분석서다. 자기의 경험을 바탕으로 연구하게 된 저자는, 이 책에서 개인의 선택이라고 생각하는 다이어트가 어떻게 여성들에게 사회적으로 강제되고 있는지의 과정을 잘 보여준다. 여성들이 행하는 다이어트가 여성들의 자기 정체성의 문제일 뿐만 아니라 취업 같은 사회정치적인 문제들과 맞물려 있다는 것을 구체적이고 일상적인 차원에서 잘 다루고 있다.

『몸과 사회』, 브라이언 터너Bryan S. Turner, 임인숙 옮김, 몸과 마음, 2002.

서구사회에서 정치적 · 사회적 관계들을 표현하는 강력하고 지속적인 은유인 몸의 사회문화적 성격을 탐구한 '몸의 사회학' 이론서다. 이 책은 사회문화적 구성물로서의 몸이 서구의 역사적 맥락 속에서 어떻게 이해될 수 있는지를 잘 보여준다. 종교, 자본주의, 가부장제, 의료 체계 등이 특정한 몸을 어떠한 방식으로 생산하는지, 몸이 사회 질서, 통제 체제, 그리고 계층의 문제와 어떻게 맞물려 있는지에 대한 논의들을 전개하고 있다. 몸에 대해 좀더 본격적이고 깊은 이해를 원하는 사람들이 참고할 만한 책이다.

「장애여성의 등장, 그 정치적 의미」, 『당대비평』 여름호, 박영희 · 홍성희 · 안은자 · 김은정, 삼인, 2001.

장애를 가진 여성의 몸은 어떠한 경험을 하는지, 경험의 차이는 어떻게 이해해야 하는지, 그리고 다양한 몸의 평등이란 무엇을 말하는 것인지를 다루고 있다. 장애 여성이 쓴 구체적 경험을 통해 정상과 표준이란 것이 무엇인지, 그리고 일상적 삶에 '장애'가 어떻게 영향을 미치고 있는지를 보여주는 이 글은 우리가 살고 있는 사회 체계를 낯설게 바라볼 수 있는 기회를 갖게 해준다.

제11장

아름다움에 대하여

●●●김영훈

인간은 매우 호기심 많고 표현력이 풍부한 동물이다. 인간은 자신이 처한 환경에 대응하면서 느끼고 인지하고 표현하는 과정을 통해, 알타미라의 동굴벽화에서 인터넷에 이르기까지 다양한 표현 양식을 만들어 왔다. 또한 생존하는 데 필수적인 의 · 식 · 주에 관련된 기능적 사고 능력뿐 아니라 예술적 · 미적 관심과 능력도 갖고 있다.

그러나 예술이 무엇인지를 명확히 정의하기란 쉽지 않다. 과연 예술이란 무엇인가? 일반적으로 예술은 '보기 좋다', '아름답다' 등과 같은 감각적이고 정서적인 반응과 관계된 영역을 가리킨다. 예술의 정의는 흔히 혼용되기도 하는데 두 가지로 구분해서 보면, 넓은 의미의 예술이란 어떤 일정한 재료와 양식 · 기교 등에 의해 미美 또는 예술적 가치를 창조하고 표현하는 인간의 활동과 그 산물을 의미한다. 좁은 의미의 예술은 전문가인 예술계 구성원들에 의해 감상을 목적으로 제시되는 것들을 의미한다. 예술을 이렇게 이해할 때는 예술적 가치를 실용성이나 기능성과는 구분되는 것으로 생각하는 경우이다. 그러나 실용적 · 기능적 가치와 예술적 가치의 기준을 명확히 구분하기란 쉽지 않은 일이며,

이러한 구분이 오히려 예술에 대한 이해의 폭을 제한하기도 한다.

체온을 보존하기 위한 옷이 어느 순간에 패션예술이 되는가? 소음과 음악의 경계는 어디인가? 몸짓과 춤은 본질적으로 차이가 있는가? 생존을 위한 음식 준비와 섭취도 예술이 될 수 있는가? 예술의 폭과 넓이에 제한은 없는가? 몸에 문신을 새기고 상처를 내는 것도 예술로 인정되는가? 예술 개념의 경계에 있는 이런 문제들은 좁은 의미의 예술 관념으로는 포착되지 않지만, 예술이 무엇인지를 진지하고 흥미롭게 성찰하게 해준다.

인류학적 관점에서 볼 때 각 문화는 독특한 예술전통과 '예술적' 기준들을 가지고 있다. 예술인 것과 예술이 아닌 것, 순수예술과 실용예술, 고급과 저급 등으로 구분짓는 범주는 문화마다 서로 다르며, 때로는 정치적인 이해관계 속에서 갈등과 대립의 양상을 보이기도 한다. 이러한 복합적인 맥락 속에서 문화적 산물들이 갖는 의미를 이해하려면 예술이 무엇인지를 폭넓게 해석해 볼 필요가 있다. 이 장에서는 예술의 개념을 우리의 감각과 연관되어 행복감과 미적 감흥을 불러일으키기 위해 만들어지는 일체의 것이라고 정의해 본다.

예술과 인류학

지금 여러분 주위에 있는 '예술품'들을 살펴보자. 자신에게 미적 감흥, 심리적 만족감을 주는 예술품들은 어떤 의미를 갖는가? 벽에 걸린 어느 화가의 작품은 작가 자신의 미적 감흥을 위한 것일 수도 있지만, 동시에 다른 사람이나 사회를 향한 의사 전달의 방식이기도 하다. 화가는 자신의 느낌을 그림 속에 담아낼 뿐 아니라 보는 사람들에게 어떤 메시지를 전하고 있는 것이다. 이러한 점에서 예술은 의사소통의 방식이며 사회적 기능을 가지고 있다.

하지만 일반적으로 주관성이 강한 예술의 표현 의미를 정확히 이해하는 것은 쉽지 않다. 작가의 의사를 제대로 이해하기 위해서는 작가와 보는 사람 간에 의미 체계를 공유해야 하기 때문이다. 작가가 아름답다는 정서적 메시지를 담기 위해 선택한 이미지들을 이해하려면, 보는 사람 역시 작가가 가지고 있는 아름다움과 관련된 의미 체계를 공유해야 하는 것이다.

미국의 인류학자 프란츠 보아스Franz Boas의 미개 예술에 대한 연구 이래, 인류학에서는 예술에 대한 가치평가, 예를 들어 '아름답다'는 것에 관한 절대적이고 보편적인 기준을 설정할 수 있는가에 대해 논란이 계속되고 있다. 어떤 사람에게는 아름답고 보기 좋은 것이 다른 사람에게는 흉측하고 저속한 것으로도 평가될 수 있기 때문이다. 두말할 나위 없이 미적 기준은 문화마다 다양하게 존재한다. 미적 기준에 관한 한 인류학자의 문화상대주의적 입장은 단순한 윤리적인 선택이 아니라 방법론적 전제가 된다.

예술이나 미적 가치는 문화와 분리해서 이해할 수 없다. 인류에게 아름다움은 보편적, 절대적 기준에 의해 설정될 수 없는, 문화적으로 조건지어지는 미적 성질인 것이다. 인류에게 아름다움이란 매우 보편적인 미적 범주이지만 그것을 채우는 내용과 형식은 다양하며 유동적이다.

아름다움이란 무엇인가? 모나리자의 이상화된 아름다움도 아름다움이지만, 민중예술가들에게는 인간의 주름살과 거친 손이 진정한 아름다움으로 인식되기도 한다. 한국 전통음악 중의 하나인 판소리도 듣는 사람의 문화적 조건에 따라서 매우 미적인 음악일 수도, 견디기 어려운 괴성일 수도 있다. 이탈리아의 벨칸토 창법이 가능한 한 고운 소리를 내려고 하는 창법인 데 비해 한국의 판소리는 걸걸하고 음이 파열하는 듯한 소리를 최상의 소리로 친다. 이렇듯 미적 기준은 지역과 문화마다 다를 뿐 아니라 같은 문화 내에서도 시간의 흐름에 따라 변하기 마련이다. 인류학을 구성하는 여러 분과 중의 하나인 예술인류학은 예술의 기원은 물론 예술에서 드러나는 문화적 보편성과 특수성에 관심을 갖는 학문이다.

현대 산업사회에서 예술은 매우 독자적이며 일상적인 생산활동과는 분리된 영역으로 받아들여진다. 예술과 연관되어 주로 전문적인 예술가와 그들의 작품을 감상하는 소비자, 그리고 박물관 같은 특수한 공간들이 연상되는 것은 이러한 관념 때문이다. 현대사회에서 예술의 하위 범주는 그림, 조각, 음악, 춤, 건축, 문학, 시 등 여러 분야를 포함한다.

여기서 예술이라는 용어에 대해 생각해 보자. '예술藝術, fine art'이라는 용어는 예술의 전체 역사를 놓고 볼 때 약 300년이라는 아주 짧은 역사를 갖고 있으며, 이 용어와는 다른 용어 및 범주를 사용하여 예술적 대상들을 지칭하는 문화권들도 많이 볼 수 있다. 서구 문화를 기반으로 만들어진 이 용어가 현재 우리가 사용하는 것과 같은 어법 및 의미를 갖게 된 것은 아주 최근의 일이다. 그러나 어떤 문화에 '예술'로 번역될 수 있는 용어가 존재하지 않는다고 해서 그 문화에 예술이 존재하지 않는다고 볼 수는 없다.

대개 근대 이전의 사회에서 만들어진 예술 작품은 '예술가'에 의한 작품이라기보다 생활인이 만든 결과물이며, 일상적 삶과 분리될 수 없는 것들이다. 국가에서 특별히 문화재로 지정하여 보호하고 있는 우리나라의 '인간문화재' 들이 만든 전통예술품들도 본래 생활용품이었으며, 과거 그러한 것들을 만들었던 우리의 선조들은 누구도 소위 '예술가' 라고 불린 적은 없으나 그들이 만들었던 작품들은 미적 · 예술적 가치를 지니고 있다.

현대적 개념으로서의 예술이란 '예술을 위한 예술' 이라는 서구의 근대적 예술 개념에 근거한 것이다. 하지만 인류학자의 눈에는 모든 인간이 잠재적으로 예술가이다. 창조적인 미적 표현은 전문적 예술인이 아니더라도 모든 사람의 일상생활 곳곳에서 찾아볼 수 있기 때문이다. 아침에 입고 나갈 옷을 고르는 것, 화장하는 것, 장신구를 고르는 것, 좀 더 특별한 음식을 찾아 먹는 것도 모두 미적 만족과 관련된 행위이며, 자신의 집, 개인 공간을 자신의 개성에 맞게 꾸미는 것도 미적 선택을 거치는 것이다. 이렇듯 우리의 일상생활은 미적 · 예술적 요소로 가득 차 있다. 우리 모두는 예술의 생산자이며 소비자인 것이다.

예술은 어떻게 나누어질 수 있는가? 앞서 밝혔듯이 예술적 요소는 일상생활 전반에 걸쳐 있지만, 여기서는 크게 시각예술과 행위(공연)예술로 나누어 살펴보겠다.

시각예술

말 그대로 '보는 것' seeing에 의한 시각적 형식과 관련된 모든 분야를 시각예술이라 한다면 그 범위는 매우 넓다. 그림은 물론 의복, 장신구, 가면, 조각, 각종 공예 분야에 이르기까지 수많은 하위 분야가 여기에 포함될 수 있다. 시각예술에서 쓰이는 재료도 채색을 위한 물감은 물론,

나무, 돌, 가죽, 조개, 쇠 등 우리 주위에 있는 거의 모든 것들이다.

여러 분야의 시각예술 중에서 가장 일반적인 시각예술 분야는 그림이다. 그림은 가장 오래된 예술행위로서, 우리에게도 익숙한 2만여 년 전에 그려진 것으로 추정되는 유럽 지역의 동굴벽화들이나 그보다 훨씬 전에 그려진 암각화들이 남아 있다. 동굴 벽에서 시작된 그림은 이후 나무, 돌, 진흙, 섬유, 종이, 가죽 등 다양한 표면 위에 그려지게 된다.

예술의 역사를 살펴보면 인류가 만들어온 시각예술의 기법과 스타일은 두말할 필요 없이 매우 다양함을 알 수 있다. 이러한 의미에서 인류의 예술적 창조력은 매우 놀라운 것이다.

현대인에게 익숙한 회화 기법인 원근법(대상간의 거리를 나타내기 위해 화면 속 대상들의 크기, 각도, 배열, 채색의 차이를 이용)도 인류의 오랜 역사 가운데 특정 시대, 특정 집단에 의해 비교적 최근에 고안된 기법 중의 하나로 볼 수 있다. 예를 들어 중국이 중심이 된 동북아시아에서 통용되던 전형적인 화법은 원근법을 채용한 근대 서양의 화법과는 매우 달랐다. 서양의 원근법은 한 시점에서 보았을 때 가깝고 먼 것을 기하학적으로 일관된 체계 안에 구성하는 것인 데 비해, 이것은 다각도로 그리는 화법이다. 이를 삼원법三遠法이라 하는데, 삼원이란 산 아래에서 산 위를 올려다보는 고원高遠, 산 앞쪽에서 산 뒤쪽을 넘겨다보는 심원深遠, 가까운 산에서 먼 산을 바라보는 평원平遠, 이 셋을 말한다. 우리 나라의 민화는 아예 화법을 무시한 자유분방함으로 유명하다. 책거리 그림 등을 보면 역원근법—가까운 것을 작게, 멀리 있는 것을 오히려 크게 그린다—을 사용하고, 하나의 화면 안에 겉과 속, 왼쪽과 오른쪽을 같이 그리는 화법을 보이기도 한다.

인류에게 있어 최초의 시각적 표현과 양식은 자신의 몸에서부터 시작하였는지도 모른다. 모든 인간사회 속에서 자신의 육체를 가꾸고 꾸미는 예술행위를 볼 수 있다. 인간은 화장을 하거나 문신, 성형수술, 피어싱piercing같이 몸에 상처를 내는 방법으로 자신의 모습을 변형하기도 한다.

머리 모양을 보자. 모든 문화에는 다양한 머리 모양이 존재한다. 까까머리, 꼬은머리, 얹은머리까지 수없이 다양하다. 이러한 머리 모양은 자신의 개성을 나타내기 위한 미적 행위일 뿐 아니라 동시에 의미를 전달하는 사회적 의사소통의 한 형식이기도 하다. 우리는 머리 모양을 통해 그 사람의 성, 사회적 신분, 종교적 신념, 종족성ethnicity 등을 알 수도 있다. 승려의 삭발한 머리는 종교적 의미와 함께 사제라는 집단 내 신분과 지위를 나타내는 것이며, 조선시대 여성의 얹은머리는 결혼 여부를 말해준다. 한편 사람들 앞에서 머리카락을 모두 잘라내는 것은 흔히 저항적 행위로 인식되기도 한다.

이 밖에도 육체의 일부분에 변형을 가하는 예는 머리 모양 외에도 여러 가지가 있다. 우리가 잘 아는 중국의 전족纏足 풍습은 '아름다운' 발의 모양과 크기에 관한 당시의 문화적 규범을 보여준다. 전족 같은 풍습은 신체의 일부를 영구히 변형시키는 것인데, 현대인들의 눈, 코, 가슴 성형수술도 본질적으로는 이와 매우 유사한 신체 변형의 예로 볼 수 있다.

화장은 가장 흔한 보디페인팅의 한 예이다. 현대인들의 얼굴화장은 오랜 역사를 지닌 것으로 개인적인 장식과 치장을 위한 것에서부터 종교적인 이유로 하는 것까지 문화마다 다양한 의미를 가지고 있다. 인디언들의 얼굴화장은 전쟁을 위한 화장이며, 이와 유사한 전통을 아프리카 부족사회 등 여러 지역에서 발견할 수 있다. 전쟁 목적 이외에도 종교적 의례를 위해 얼굴은 물론 몸 전체에 페인팅을 하는 경우도 있다. 한국의 축구 응원단 '붉은 악마'의 얼굴화장도 매우 상징적인 보디페인팅의 한 예로 볼 수 있다.

인류의 육체와 관련된 예술 중에서 매우 오랜 역사를 가진 또 다른 예술 형태가 문신tatoo이다. 문신을 새기는 가장 기본적인 방법은 우선 피부에 자국을 내고 색소를 입히는 것인데, 매우 다양한 문양들이 존재한다. 피부가 너무 검어서 색소를 입혀 문신을 남기기가 힘든 경우는 대개 피부에 상처를 내어 상처가 아문 후 생기는 자국으로 문양을 만들어낸다. 인류 역사상 몸에 문신을 새기는 풍습도 매우 광범위하게 나타

마오리족의 문신

난다.

서양에서는 고대 이집트에서 로마시대에 이르기까지 다양한 문신의 전통이 존재하고 있었지만, 기독교가 공식 종교로 확립된 이후 한동안 사라지기도 했다. 18세기에 이르러 태평양과 아시아 지역을 항해한 유럽의 선원 등을 통해 문신은 다시 유럽에 소개된다. 이전의 문신이 의례적이고 종교적인 의미가 강했다면, 현대 유럽문화에서의 문신은 세속적이고 개인적인 예술 행위로서의 성격이 강하다.

현대인에게 폴리네시아인들, 그중에서도 특히 마오리족의 매우 강렬한 문신은 잘 알려져 있을 뿐 아니라 그들의 종족 정체성ethnic identity을 나타내는 대표적 상징이 되어버렸다. 마오리족들 사이에서 문신은 기본적으로 개인적인 치장을 위한 것이라기보다는 소유자의 계급과 지위, 종교적 역할 등을 드러내는 사회적 행위이다.

행위예술

여기서 행위예술이란 음악, 춤, 노래, 연극 등을 가리킨다. 인류는 음성이나 악기를 이용하여 소리를 내고 몸을 움직이는 동작을 통해 춤을 추어왔다. 보통 음악과 춤, 노래는 서로 유기적인 관계를 이루고 있는데 춤은 음악을 동반하고 노래는 여러 악기들을 동반하게 마련이다. 이와 같은 예술적 행위는 즐거움과 미적 만족감에 기반한 것이면서 동시에 말로 표현하기 어려운 것을 나타내기 위한 도구로 사용되기도 한다. 행위예술의 특징 중 하나는 우리 스스로가 직접 행동하며 즐기기도 하지만, 보여주기 위한 공연이라는 나름대로의 용도가 있음을 알 수 있다. 더불어 행위예술은 교육적 기능을 수행한다. 문자가 쓰여지기 이전의 시대에 행위예술은 보는 사람들로 하여금 한 사회 내의 집단적 지식을 습득하도록 하는 기회였다. 즉, 행위예술은 노래 속에 구전되는 역사와 집단 구성원으로서의 규범을 익히는 기회가 되었다. 공연예술 행위를 통해 문화가 기억되고 전승되어 왔던 것이다. 한국의 굿에서 펼쳐지는 춤과 노래는 단순히 행위예술 이상의 것으로서, 문서로 정리되기 이전에 오랜 세월 동안 구전되어 온 한국 전통문화의 보고寶庫이기도 하다.

인류 문화에서 춤과 노래, 음악을 포함한 행위예술은 병을 치료하는 수단으로 이용되기도 한다. 매우 반복적이고 강렬한 쿵!Kung족의 춤과 노래는 샤먼과 환자를 트랜스trance 상태로 인도하고 결국 환자를 치료해준다고 믿어진다. 때로 밤을 새워가며 며칠 동안 치러지는 춤 의례를 통해 치유자는 병의 원인을 찾아내고 다시 춤을 추고 노래를 하면서 환자를 치유하게 된다. 이들에게 춤과 노래는 공연예술을 넘어서는 치료행위인 것이다.

현대사회와 예술

예술은 단지 인간의 미적 관심과 충족을 위해서만 존재하는가? 인류학자들에게 예술이란 앞서 논의한 '예술을 위한 예술' 만을 의미하지 않는다. 예술은 인간의 사회적, 문화적 삶과 연관된 역할과 기능을 가지고 있다. 예술은 특정 집단의 구성원들 간에 연대의식을 강화시키는 도구로 쓰일 뿐 아니라 대외적으로 그들의 정체성을 드러내는 도구로도 이용된다.

인간은 또한 특정한 형식의 옷차림과 치장을 통해 자신이 속한 집단, 종족의 정체성을 드러내기도 한다. 1960년대 히피의 긴 머리, 청바지, 통기타는 개인적인 미적 치장이면서 동시에 집단적 정체성을 보여주는 예술의 사회적 측면이기도 하다. 특히 특정한 예술적 표현은 종족 간의 경계를 드러내는 사회적 표시가 되기도 한다. 카우보이 모자를 쓴 서부 미국인과 모자와 지팡이를 들고 있는 영국 신사의 모습은 패션을 통한 정체성의 표현들이다. 모든 인간은 예외 없이 특정 집단의 성원이며 그에 따른 예술 형식을 취하게 된다. 결국 신체적, 시각적, 행위적 예술을 포함한 모든 예술 형식들은 기본적으로 종족성을 띠는 것이며 종족예술, 종족음악, 종족무용, 종족문학, 종족음식 등으로 이해될 수 있다.

이 점에서 주목할 만한 것이 현대 산업사회에서 등장한 종족예술 시장이다. 아프리카인들의 장신구와 조각품, 북미 인디언의 토속예술품 등은 현대인들에게 사용가치 이상의 것을 의미한다. 자연스럽게 종족성이 배어 있는 생활용품으로서가 아니라 상업적 가치로 전도된 종족성이 새로운 '예술품'으로 태어난다. 결국 종족예술 시장에서 인기를 끄는 토속예술품 등은 그 수요를 감당하기 위해 새로운 생산 체제를 통하여 제작·공급되고 상품화된다. 토속예술품을 만들어왔던 사람들은 생산자로 변신하게 되고, 수요자의 입맛에 맞는 변형된 토속예술품을 만들어내게 된다. 그 결과 역설적으로 국제시장에서 자신의 종족성이 새로운 모습으로 규정되는 결과를 낳기도 한다. 우리들에게 익숙한 아프리카의 토속예술품 등은 실제로는 상품화 과정을 거쳐 구매자의 기대와 입맛에 맞게 '변형된' 것들이 대부분이다. 우리 나라의 경우에도 올림픽과 월드컵 등 국제적인 행사를 위해 제작되는 각종 관광상품을 살펴보면 이와 유사한 현상을 이해할 수 있다. 한국을 알리는 관광명소 중의 하나인 인사동 거리에 진열된 우리의 전통예술품들은 과연 얼마나 전통적인가?

예술적 표현의 다양성과 차이는 단순히 문화적 다양성뿐 아니라 집단 내의 차별적인 사회적 신분을 드러내거나 강화하는 기제로 사용되기도 한다. 계층화된 사회에서는 특정 예술 형식의 사용에 대해 엄격하게 규정해 왔다. 소수의 개인이나 계층만이 특정한 색과 스타일 등을 사용할 수 있다는 규정이 존재해 온 것이다. 예를 들어 중국의 전제왕권시대에는 오직 황제만이 황색의 옷을 입을 수 있었다. 현대사회에서도 클래식 음악, 발레 등은 여전히 높은 사회적 신분과 연관된 예술 체계로 인식되고 있다.

현대사회의 예술은 하나의 산업으로서 시장을 형성하고 있다. 수천만 달러를 호가하는 반 고흐의 그림 〈해바라기〉의 가격은 작품의 물질적 가치나 미학적 완성도로만은 설명될 수 없다. 그것은 그 그림의 값어치를 결정하는 예술산업, 권력의 기호가 있기 때문이다. 이제 예술은 보는 사람의 사적인 미적 평가와는 상관없이 전문감정사, 박물관의 큐레이터, 예술 투자자들이 만들어내는 하나의 산업, 시장으로서의 복합적 원리에 의해 규정되고 평가된다.

이러한 예술의 시장화는 예술을 바라보는 특정한 시선을 만들어낸다. 대중에게 예술 작품은 그 작품의 완성도보다도 그 작품이 얼마나 비싼 것인가라는 가치로 평가, 환원된다. 같은 그림을 바라본다고 할 때, 엄청난 고가의 가격표가 그림 밑에 붙어 있을 때와 그렇지 않을 때 당신이 어떤 차이를 느끼는가를 생각해 보면 잘 알 수 있다. 이러한 예술에 대한 인위적, 통제적 가치는 금전적 가격뿐 아니라 예술품으로서의 상징적 가치마저 특정 집단에 의해 독점되는 것이 아닌가 하는 의구심을 갖게 만든다.

이번에는 가장 한국적인 예술 작품을 연상해 보자. 과연 어떤 것들이 가장 한국적인 예술품인가? 여러분이 떠올린 그 이미지들은 무엇이며 어떻게 생성된 것들인가? 많은 예술 작품 중에서 국보와 국보 아닌 것의 기준은 무엇인가? 그 기준은 과연 누구에 의해 만들어지는가를 생각해 보자. 많은 경우 예술 작품에 대한 자신의 평가와 해석 자체도 소위 전문가들에 의해 구성된 내용을 단순히 교육받아 온 것일 수 있다. 뿐만 아니라 예술 작품을 감상하는 데도 관습화된 경험에 의존하는 경우가 많다.

토요일 오전이면 국립중앙박물관은 북새통을 이룬다. 현장학습을 위해 박물관을 찾은 유치원생들과 초등학생들은 인솔교사를 따라 견학見學(보는 것을 통한 공부)을 시작한다. 소란을 떨며 박물관 전시실을 돌아보는 아이들은 무엇을 어떻게 보고 있는 것일까? 아이들은 박물관과 전시물을 보다 쉽게 이해하기 위해 우선 시청각실에 들러 안내영화를 관람하고 순서에 맞춰 전시실을 돌아보기 시작한다. 떠드는 아이, 박물관에 오기 전 배운 대로 열심히 메모를 하는 아이, 길을 잃어 헤매는 아이, 정숙과 규율에 익숙해 전시물보다는 선생님의 지시에 더 충실히 따르는 아이 등 가지각색의 모습을 보인다.

역시 박물관 견학의 절정은 말로만 듣고 책에서만 보았던 국보급 전시물들이다. 아이들은 신라시대의 금관, 금동미륵보살반가사유상, 추사秋史의 세한도歲寒圖, 고려청자들을 본다. 방금 전 시청각실에서 보았던 영상 속의 이미지들이 실제 전시물과 어울려 아이들의 머릿속을 새

로운 느낌으로 채운다. 아이들 각자에게 박물관 견학의 감동과 배움은 다르겠지만 곧 아이들에게서 주목할 만한 모습을 발견할 수 있다.

한국 미술의 역사상 최대 걸작 중 하나로 꼽히는 국보 제78호 금동미륵보살반가사유상(이하 반가상) 앞에서 발걸음을 멈춘다. 뜻깊은 작품 앞에서 인솔교사는 힘을 주어 설명한다. 교사의 말을 경청하며 열심히 메모하는 아이들 속에서 놓칠 수 없는 표정의 변화를 읽을 수 있다. 아이들에게 반가상은 방금 전 화면으로 보았던 감동적인 조각품이 아니라 한마디로 '별것 아닌', 작고 평면적인 하나의 전시물로만 보이는 것이다. 극적인 조명에 의해 강조되었던 반가상의 선과 질감, 비례와 균형에 대해 느꼈던 감동이 실망감으로 바뀌게 된다. 화면 전체를 차지했던 장엄한 반가상과는 달리, 그리 크지도 않고 감동적인 해설과 음향도 사라진 반가상에 불과한 것이다.이러한 반응을 보이는 아이들의 모습을 보

아이들에게 반가상은 방금 전 화면으로 보았던 감동적인 조각품이 아니라 한마디로 '별것 아닌', 작고 평면적인 하나의 전시물로만 보이는 것이다.

면서 시각 경험이 얼마나 관습화되어 있는지를 실감하게 된다. 아이들의 경우만이 아니다. 우리는 실제의 세계를 바라보면서 감동을 받는 것이 아니라 영상이 만들어놓은 세계를 보고 감동을 받는다. 눈으로 보는 시각 경험뿐 아니라 청각 경험도 마찬가지다. 권투 경기를 실제 경기장에서 관람해도 전혀 감동을 받지 않을 정도로 우리는 영화 〈록키〉의 이미지와 주먹 소리에 익숙해져 있는지도 모른다.

모든 문화에는 예술적 요소가 깃들여 있다. 인류에게 미학적 관심은 매우 보편적인 것이지만, 앞서 살펴본 대로 그것을 표현하는 양식과 문화적 의미는 매우 다양하다. 예술은 일종의 상징적 행위로서 의미를 담고 전달하는 의사소통의 한 형식인 것이다.

이 과정에서 우리가 주목해야 할 것은 이러한 예술적 활동이 생산자의 '미'에 관한 절대적이며 순수하고 감각적인 행위만은 아니라는 것이다. '순수한' 미적 활동은 사회적 · 문화적 맥락 속에서 평가되고 유지된다. 예술행위는 곧 문화적 행위가 되는 것이다. 생산자의 나이, 성, 계급, 직업, 신념, 민족성 등의 수많은 변수가 영향을 끼쳐 사물과 현상이 지각, 표현되는 것이다. 우리 주위를 둘러싼 인위적 이미지, 상징, 구조물, 행위들은 특정한 문화적 규범과 체계에 의해 만들어진 것이다. 그림을 대하는 순간 갖게 되는 '개인적이고 본능적인 느낌'도 사실은 이미 알고 있는 지식과 경험, 문화적 규범에 의해 발생하는 것이다. 아는 만큼 보이며, 아는 만큼 보여주는 것이다.

종족음악학 사람들은 흔히 음악은 인류 모두에게 통용되는 보편언어라고 말한다. 그러나 좀더 정확히 말하면 음악은 여러 방언을 포함한 언어 같은 것이다. 어떤 경우에는 서로 알아듣지 못하는 경우도 있기 때문이다. 실제로 전세계의 음악을 살펴보면 서로 다른 음악적 전통을 가진 지역들로 나누어진다. 이런 다양한 음악적 스타일과 악기 등을 연구하는 분야를 종족음악학ethnomusicology이라 한다. 인류학자에게 음악이란 사회적으로 용인되는 패턴들로 조직된 소리이다. 들리는 것에 대한 문화적 동의가 적어도 몇몇 사람들 사이에 성립되지 않는다면 음악을 통한 의사소통이란 있을 수 없기 때문이다.

문화와 음악의 관계를 연구한 존 블래킹John Blacking의 말을 들어보자.

"잘 짜여진 소리의 진행과 리듬, 화성이나 선율의 긴장과 이완 등은 모두 우리를 흥분하게 만든다…… 그러나 특정한 음악 부호와 기호를 사용하는 문화권의 사람들이 겪는 경험을 모르고서는 그 음악에 대한 사람들의 반응을 충분히 설명할 수 없다. 만약 어떤 음악이 여러 부류의 청중들을 감동시켰다면, 그 이유는 아마도 그 음악의 외적 형식 때문이 아니라 그 형식이 듣는 개개인에게 서로 다른 경험을 의미하기 때문일 것이다. 만일 당신이 그레고리오 성가를 즐겨 듣는다면 그 이유는 당신이 천주교도이기 때문일 수도 있고, 아니면 단지 그 음악이 좋아서일 수도 있다…… 음악은 인간의 감정적 경험을 묘사하는 데 쓰이는 언어이다…… 음악은 오직 개인적 경험과 문화적 경험의 관계로 인해 유효한 것이다"(『인간은 얼마나 음악적인가*How Musical Is Man?*』, 존 블래킹, 채현경 역, 1998: 72~73).

읽을 거리

『문학과 예술의 사회사』 1 · 2, 아르놀트 하우저Arnold Hauser, 백낙청 · 반성완 옮김, 창작과비평사, 1999.

책의 제목에 나타난 대로 인류 예술의 역사를 사회 발전 과정과 연계시켜 논의한 책이다. 선사시대로부터 현대에 이르기까지 예술사 전체를 엮어내는 방대한 노력의 결실이며, 예술사 분야의 주요 대작 중 하나로 평가된다.

『문화와 영상 : 영상인류학의 이해』, 김영훈, 일조각, 2002.

이 책은 시각예술뿐 아니라 인간의 '보는 것'을 통한 소통 과정과 의미를 인류학적 입장에서 접근한다. 영상인류학 분야의 개론서로서 이론적 논의와 함께 인류학적 영상작업에 대한 설명도 포함되어 있다.

『인간은 얼마나 음악적인가』, 존 블래킹John Blacking, 채현경 옮김, 민음사, 1998.

저자에 의하면 듣는다는 것은 단순한 감각행위가 아니라 문화적 행위이다. 듣기 아름다운 소리는 문화적 경험에 의해 조직되는 것이며, 모든 문화는 나름의 음악적 체계를 가지고 있다는 점을 강조한다. 아프리카 민속음악을 구체적으로 분석한 내용이 포함되어 있어 이해에 도움이 된다.

『한국인은 왜 틀을 거부하는가—난장과 파격의 미학을 찾아서』, 최준식, 소나무, 2002.

한국인의 미의식에 관한 종합적 고찰을 담고 있다. 한국인의 미의식에서 나타나는 샤머니즘의 영향에 주목하고 있으며, 동시에 여러 전통 예술 장르에 대한 풍부한 내용을 담고 있다. 참고문헌에서 한국인의 미의식에 관한 주요 연구들을 분야별로 정리해 놓아 초보자들에게 도움이 된다.

제12장

문화현상으로서의 종교

●●●김형준

화창한 봄날 벤치에 앉아 친구와 이야기를 나누고 있는데 날아가던 새의 배설물이 머리에 떨어졌다고 가정해보자. 일생에 한 번 일어날까 말까한 일에 대해 우리는 운이나 재수와 같은 말을 떠올리게 될 것이다. 새가 조금만 빨리 날았어도, 바람의 방향이 조금만 달랐어도, 조금만 옆에 앉아 있었어도 새똥은 내가 아닌 친구에게 떨어질 수 있었을 것이라 생각하며 가볍게 넘겨버릴 것이다. 하지만 보다 심각한 문제에 대해서도 같은 태도를 취할 수 있을까?

신문의 사회면 기사를 보면 소설에서나 일어날 만한 상황을 어렵지 않게 발견할 수 있다. 돼지꿈을 꾸고 나서 산 복권이 일등에 당첨된 사람, 간발의 차이로 타지 못한 버스가 사고가 나거나 늦게 간 약속 장소에 화재가 나서 생명을 건진 사람, 비행기 추락사고 때 나란히 앉아 있던 두 사람의 운명이 달라진 경우 등이 그런 예이다. 그런 경우들에 대해서도 우연이나 재수로 치부해 버리는 사람들도 있을 것이다. 하지만 새똥의 경우와는 다르게 훨씬 많은 수의 사람들이 또 다른 원인이 있지 않았을까라는 생각을 해볼 것임은 분명하다.

우리는 표면적으로 나타나는 사건들의 관계에 초점을 맞춰 우리의 경험을 설명하려는 경향이 있다. 날아가는 새가 새똥을 싼 것과 내가 벤치에 앉아 있던 것은 아무런 내적 관련이 없으며, 두 사건이 우연히 연결되어 내가 새똥에 맞는 일이 발생했다는 식이다. 하지만 어떤 사람에게는, 그리고 사건의 경중에 따라 이러한 설명은 만족스럽지 못할 수도 있다. 약속 시간에 늦어서 화재의 위험에서 벗어나게 되었다면, 늦을 수밖에 없었던 상황에 어떤 필연적인 의미를 부여할 수 있는 것이다.

우연적인 현상의 저변에 존재할 수 있는 필연성을 설명하기 위해 가장 많이 거론되는 대상은 신이나 영혼, 조상, 귀신 등의 초자연적인 존재나 힘이다. 사람들은 이러한 초자연적 존재나 힘이 우리의 삶에 개입해 일정한 영향을 미칠 수 있다고 믿는데, 사고가 날 버스를 타지 못한 것은 신의 은총 때문일 수도, 조상의 도움 때문일 수도 있다. 이러한 초자연적 존재나 힘의 존재를 인정하고 이들과 인간과의 유기적인 관계를 상정하는 믿음 체계를 보통 종교라고 일컫는다.

각 사회에서 서로 다르게 나타나는 종교적 현상 모두를 포괄할 수 있는 정의를 찾아내기는 쉽지 않다. 기독교나 이슬람교에서는 유일신, 선지자, 경전, 교회, 사제 등의 유무를 통해 종교를 정의하려 했지만, 이러한 정의는 지나치게 협소하며 자기중심적인 것이다. 문화인류학자들은 보다 포괄적인 방식으로 종교를 정의하려 했고, 이를 위해 성스러움, 초자연적 존재, 초경험적 세계, 궁극적인 것과 관련된 상징과 의미 체계 등이 거론되었다. 종교에 대한 하나의 정의를 찾아내기는 불가능하지만, 일반적으로 종교적 현상이 초자연적인 존재나 힘, 그리고 초월적이고 초경험적인 세계에 대한 믿음에 기초하고 있다는 점은 인정된다.

모든 인간 사회에 공통적으로 존재해 왔으며, 현대사회에서도 중요한 위치에 있는 종교에 접근하기 위해, 여기서는 종교의 사회문화적 의미와 역할을 인식, 감정, 행동의 세 가지 차원에서 검토해 볼 것이다.

인식의 틀

대다수의 '원시 사회' 또는 소규모 단순 사회에서는 초자연적인 존재나 힘이 자연 현상과 인간사에 관여할 수 있다고 믿어왔다. 하지만 이러한 믿음 때문에 경험적인 사실이 무시되고, 모든 현상이 신비적인 것으로만 설명되지는 않았다. 이들 사회의 구성원 역시 자연적인 인과관계를 중시했으며, 어떤 측면에서 자연 현상에 대한 이들의 이해 정도는 현대사회의 사람들보다도 높았다고 할 수 있다. 예를 들어 필리핀의 하누노오Hanunoo 사람들은 천 가지 이상의 식물을 구분할 수 있었다고 하는데, 이에 관한 그들의 지식 수준은 현대사회를 살아가고 있는 우리보다 훨씬 높은 것이다. 소규모 단순 사회에서 초자연적 힘에 기초한 종교적 인식틀이 어떻게 작용했는지를 알아볼 수 있는 좋은 예는 에반스-프리차드Edward E. Evans-Pritchard가 연구한 중앙아프리카 아잔데Azande족의 '마력'witchcraft에 관한 믿음 체계다.

아잔데인들은 사람이 타인에게 해를 끼칠 수 있는 초자연적인 능력을 갖고 태어난다고 믿는다. 마력은 개인의 의도와 관계없이 보이지 않는 방식으로, 일상생활 전 분야에 걸쳐 작용한다. 곡물의 잎이 말라붙거나 숲에 사냥감이 없을 때, 그리고 부인이 남편의 말을 듣지 않거나 이웃간에 좋은 관계가 유지되지 못할 때, 아잔데인들은 평소 자신에게 좋지 않은 감정을 갖고 있던 누군가의 마력 때문에 이런 일이 일어났다고 생각한다. 누가 마력을 걸었는지를 알아내거나 자신의 결백을 증명해 보이기 위해 아잔데인들은 전문가에게 조언을 구한다. 가시적인 증거가 없는 상황에서 전문가는 세 가지 방식을 통해 마력의 행사 여부를 판별한다. 첫 번째는 조그만 나무 탁자 위에 놓인 점액질의 수액을 나무 막대로 계속 문지르는 방식으로, 막대가 탁자에 달라붙는지의 여부로 판단하게 된다. 이것보다 더 믿을 만한 방식은 개미집 속에 두 개의 나뭇가지를 넣고, 개미가 그것을 갉아먹은 모양을 보고 판단하는 것이다. 세 번째 방식은 독毒을 이용하는 것인데, 두 번째 방식보다 더 신뢰도가 높으며 중요한 문제를 진단하기 위해 사용된다. 병아리에게 독이 든 물을 먹인 후 초월적 존재에게 질문을 하는데, 병아리의 생사 여부를 통해 일정한 판단을 하게 된다. 이 과정은 반드시 두 번 행해지며, 동일한 결과가 나오면 아잔데인은 그 결과에 승복한다.

실증적이고 경험적인 설명 방식에 길들여져 있는 사람에게 아잔데인의 믿음 체계는 터무니없고 비합리적인 것으로 보이기 쉽다. 경험적으로 증명할 수 없는 마력을 통해 주변의 일을 설명하려 하고, 마력의 행사 여부를 우연적인 방식으로 판단하는 것은 비과학적이라고 평가될 수 있다. 하지만 이러한 믿음 체계를 갖고 있는 아잔데인을 무조건 무지몽매하다거나 비합리적이라고 취급할 수는 없다. 이는 마력에 대한 믿음의 전제가 과학적 인식틀의 전제와 다르기 때문이며, 이것을 인정하면 아잔데인의 믿음 체계 역시 내적 일관성과 합리성이 있기 때문이다.

아잔데인의 믿음 체계는 특정한 사건이 우연이 아닌 필연에 의해 발생한다고 전제하고 있다. 개미가 갉아먹은 곡물 창고가 무너져 내려 그 옆에서 쉬고 있던 사람을 덮쳤다고 가정해 보자. 누구나 이 사건이 개미 때문에 발생했다는 것을 알고 있다. 하지만 아잔데인에게 창고가 무너진 것과 특정한 사람이 그곳에 앉아 있었다는 두 사건을 필연적으로 연결시키지 못하는 설명은 불완전한 것이므로, 마력의 개입이라는 요소를 통해 인과관계를 설명해낸다. 이런 측면에서 보았을 때, 마력에 대한 믿음은 경험적 관찰을 통해 얻어지는 내용과 모순되는 것이 아니며, 경험적인 인과관계를 보충해 주는 추가적인 인과관계로서 기능한다(Evans-Pritchard 1976).

이러한 아잔데인의 믿음 체계는 국가와 민족을 초월해 퍼져 있는 '세계 종교'를 믿는 사람에게는 일종의 미신으로 보일 수 있다. 하지만 내적 논리 구조라는 측면에서 보면, 마력을 토대로 한 믿음 체계는 세계 종교와 동일하다. 예를 들어 유교에서 거론되는 조상, 불교의 업보, 기독교와 이슬람교의 죄와 벌 등의 개념은 개인에게 발생하는 사건이 우연이 아닌 필연에 기초하고 있음을 전제로 하고 있다. 다만 차이점은, 마력에 대한 믿음을 지닌 아잔데인에 비해 세계 종교를 믿는 사람에게 필연성을 바탕으로 한 설명이 적용되는 영역이 훨씬 제한적이라는 점이다. 즉 일상적이지 않은 특별한 일에 대해서만 필연성에 기초해 설명하는 경향을 보인다.

가시적으로 나타나는 사건의 연결을 통해 인과관계를 설명하는 실증적 인식틀의 확산 때문에 현대사회에서 종교가 적용되는 영역은 점차 축소되어 왔다. 하지만 이러한 경향이 지속됨에 따라 인식틀로서 종교의 역할이 사라질 것이라고 속단할 수는 없다. 아잔데의 믿음 체계에서 보여지는 것처럼 종교적 설명 양식은 경험적 설명과 대치되기보다는 보완적이며, 두 종류의 설명 양식을 선택적으로 이용하는 데 사람들은 큰 어려움을 느끼지 않는다. 또한 행복과 불행, 고통이 불평등하게 배분되어 있는 현실을 경험하는 사람들 가운데 일부는 우연이 아닌 필연을 바탕으로 그것을 해석하고 의미를 부여하려는 경향을 보인다.

종교가 갖는 영향력을 이해하기 위해 검토해야 할 또 다른 측면은 신비적 경험이다. 과학적으로 쉽게 설명될 수 없음에도 불구하고 신비적 경험은 모든 종교에 공통적으로 존재하고 있으며, 종교적 믿음과 관행에 보다 실제적인 느낌을 부여함으로써 그것을 강화하는 역할을 수행한다.

신비적 경험

굿을 생각하면 떠오르는 모습은 신들린 상태에 빠진 무당일 것이다. 온몸을 흔들며 격한 몸짓으로 알아듣기 힘든 말을 내뱉거나 작두에 올라가 맨발로 춤을 추는 무당의 모습은 경외감과 신비감을 준다. 하지만 초자연적 힘을 믿지 않는 사람에게 신들림은 위장된 사기 행각이나 정신병적 증세로, 또는 자기 최면의 결과로 보일 수 있다. 굿이 전통 예술의 한 장르로서 무대에서 공연되고, 무당이 예술가나 인간문화재로 인정되는 현대의 상황에서는 신들림이 더욱 작위적인 행동으로 비칠 가능성이 높아진다.

신들림 현상을 과학적으로 설명하는 것은 불가능하다. 하지만 그렇다고 해서 신들림을 조작된 행동으로, 그에 대한 믿음을 우매한 것으로 간주할 수는 없다. 거의 모든 종교에서 신들림이 인정되고 있으며, 수많은 사람들이 그것의 사실성을 믿고 있기 때문이다. 신들림을 환상이나 사기 같은 말로 설명할 때 종교 현상의 중요한 차원을 간과하게 되며,

그것을 내부자의 입장에서 바라보지 못하게 된다.

신들림은 신비적 경험의 가장 대표적이고 극적인 양식이다. 하지만 신들림 외에도 초자연적 존재나 힘과의 접촉은 계시나 기적, 예언, 금욕주의자들의 깨달음 등과 같은 신비적 경험의 형태들을 만들어낸다. 신비적 경험은 제한된 종교 전문가에게만 일어나기도 하며 신도들에 의해 집단적으로 경험되기도 하는데, 종교 조직이 커지고 체계화될수록 직접 경험의 가능성은 축소되는 경향을 보인다.

신비적 경험의 양상과 그것이 종교적 믿음에 미치는 영향을 잘 보여주는 한 사례가 기어츠Clifford Geertz가 연구한 인도네시아 발리섬의 의례이다. 바롱Barong과 랑다Rangda라는 초자연적 존재간의 대결을 탈춤으로 형상화한 이 의례는 귀신이 많이 나타난다는 곳에서 행해지며, 의례 참가자와 관중은 모두 마을사람이다.

전통 타악기의 연주와 함께 인간에게 유익한 초월적 힘을 상징하는 바롱이 무대에 등장한다. 호랑이나 사자, 수퇘지의 외양을 본떠 만든 탈과 몸통에 두 명의 남자가 앞뒤로 들어가 바롱의 역할을 한다. 이어서 나타나는 마녀 랑다는 무시무시한 모습의 탈을 쓴 남자가 연기하며, 관중을 오싹하게 만든다. 양자 대결의 배경이 되는 여러 신화가 공연된 후, 바롱과 랑다의 전투가 시작된다. 처음에는 바롱이 랑다를 몰아붙이지만 완전히 제압하지 못하고 오히려 수세에 몰리게 된다. 이런 바롱을 돕기 위해 주위에 있던 단검을 든 남자들이 랑다를 공격하는데, 이 순간 이들은 신들림 상태에 빠지게 된다. 랑다의 주술 때문에 이들의 공격은 실패하게 되고, 오히려 자신들의 몸을 단검으로 찌르지만 아무런 피해도 입지 않는다. 곧이어 랑다는 무대에서 사라지며, 남아 있는 참가자와

발리의 의례에서 신들림 상태에 빠진 남성이 자신의 몸을 단검으로 찌르고 있다. 그 뒤쪽에 있는 인물이 바롱이다. ⓒ 김형준

일부 관중들이 광란의 행동을 벌이는 혼돈 상황이 지속된다. 얼마 후 사제들이 성수를 뿌려 사람들의 의식을 되찾게 함으로써 의례는 끝을 맺는다.

이 의례에는 수십 명의 주민이 직접 참가하며, 관중의 일부 역시 단검을 든 남자를 진정시키거나 보호하는 역할을 하면서 의례에 개입하게 된다. 이러한 과정에서 주민들은 초자연적인 힘과 접촉하게 된다고 한다. 바롱과 랑다의 탈을 쓴 사람들은 연기하듯 '공연' 을 시작하지만, 곧 이어 신들림 상태에 빠지게 된다고 한다. 단검을 든 남자들 역시 신들림 상태에 빠지는데, 신들림의 상태에서는 자기 몸을 찔러도 아무런 상처도 입지 않는다고 한다. 이후 이들은 발작적으로 구르거나 소리를 지르며 길길이 날뛰고, 서로 뒤엉켜 싸우기도 하며, 배설물이나 살아 있는

병아리를 먹으며 유리를 씹고 코코넛 껍질을 이빨로 뜯는 등 비정상적인 행동을 한다. 신들림 상태는 의례 참가자에게만 제한되지 않으며, 적게는 서너 명에서 많게는 수십 명의 관중이 차례로 신들림 상태에 빠지게 된다.

외부인은 발리인의 신들림을 의도적인 행동으로, 즉 사회적으로 용인된 무질서 속에 잠재되어 있거나 억압되어 있던 욕구를 표출하는 행동으로 이해할 수 있을 것이다. 실신하는 관객이 있을 정도로 격앙된 분위기의 공연장에서 느낄 수 있는 감정을 통해 발리인의 신들림을 이해할 수도 있으며, 집단적 정신병이나 무의식의 집단적 표출로 이를 설명할 수도 있다. 하지만 이 의례를 이해하기 위해 주목해야 할 것은 발리인은 신들림을 위조된 것이나 연기로 이해하지 않는다는 점이다. 물론 신들림의 사실성에 대해 회의하는 발리인들이 없는 것은 아니다. 하지만 신들림을 직접 체험하고, 그것이 사실이라고 확신하는 사람이 그들의 친구이고 가족이며 이웃인 이들 회의론자들의 태도는 우리 사회의 무신론자들과는 다를 수밖에 없다.

신들림은 발리인들로 하여금 일상의 세계에서 벗어나 바롱과 랑다가 존재하는 또 다른 세계를 보다 사실적으로 경험하게 한다. 하지만 신들림의 결과는 경험 그 자체에 국한되지 않으며, 보다 광범위한 효과를 가져온다. 초자연적 세계에 대한 확신은 이를 바탕으로 형성된 다른 종교적 믿음과 행동에도 사실성을 부여할 수 있다. 세계가 인간에게 유익한 힘과 해로운 힘의 평형에 의해 유지되고 있다는 믿음을 바탕으로 한 발리 종교에는 수많은 믿음과 행동 체계가 존재한다. 따라서 신비적 경험은 종교적 의무, 종교적 명령, 종교 활동, 종교 지도자의 권위 등을 포

중요 무형문화재 제90호 황해도 평산 소놀음굿 보유자인 이선비가 격렬한 춤 동작과 함께 신들림의 상태에 빠지고 있다. ⓒ 김영훈

함하는 보다 현실적인 문제에도 같은 수준의 사실성과 권위를 부여할 수 있게 하며, 궁극적으로 발리 종교 체계 전체에 대한 믿음을 유지하고 강화시켜 줄 수 있다.

상당수의 종교에서 일반 신도가 신들림을 경험하기는 쉽지 않으며, 세계 종교에서는 이러한 경험이 오히려 미신으로 배척되기도 한다. 하지만 이런 종교에서도 신비적 경험이 중시되고 있음을 부인할 수는 없다. 신이 몸에 들어오는 직접적인 경험은 아닐지라도 이들 종교의 선지자들은 계시라는 신과의 교감을 통해 깨달음을 얻게 되었다. 이 같은 신비적 경험은 신도들에게 지속적으로 전수되어 왔으며, 각 종교의 신비주의적 교파에서는 신과의 접촉을 위한 노력이 계속되어 왔다.

일반 신도가 신비적 경험을 하게 될 개연성 역시 존재한다. 이는 기독교의 방언처럼 외적으로 드러나는 방식으로 나타날 수도 있지만, 그보다는 지극히 개인적인 방식으로 경험된다. 즉 일상생활에서 초자연적 존재의 위대함이나 자신이 그 힘과 연결되어 있음을 느끼게 되는 계기를 접하게 되면, 이는 신비적 경험의 한 양식으로 간주될 수 있다. 개인적 수준에서 신비적 경험의 중요성은 이슬람교의 교리에 잘 나타나 있는데, 알라가 인간에게 내린 첫 명령은 '읽어라' 였다고 한다. 즉 주변을 주의 깊게 바라봄으로써 일상적이고 당연하게 여기던 모습에 녹아 있는 알라의 존재를 느낄 수 있도록 노력해야 한다는 것이다. 이러한 명령을 따르고자 노력하는 사람은 극단적인 경우 기도하면서도, 태양의 뜨고 짐을 보면서도, 일상적인 일을 하면서도 신의 존재를 경험할 수 있게 된다.

행동의 기준

처음 만난 사람이 종교를 갖고 있는지 또는 어떤 종교를 믿고 있는지를 알게 되는 경우는 우리 주변에서 흔치 않다. 종교에 많은 관심을 가진 일부의 사람을 제외할 때, 종교는 직업이나 학력, 고향이나 거주지 같은 문제보다 중요하지 않으며, 종교가 무엇인지 직접 질문하는 경우는 흔하지 않다. 다른 사람의 종교적 정체성을 알지 못하는 또 다른 이유는 그것이 사람들의 외양이나 행동, 말과 같은 일상의 모습을 통해 쉽게 드러나지 않기 때문이다. 십자가나 염주를 지니고 있는 소수의 사람들을 제외하고, 종교 정체성을 자연스럽게 알 수 있는 특징을 접하기란 그리 쉽지 않다.

신문이나 방송에서 종교적 믿음이 행동으로 표출되는 경우를 가끔

예배중의 무슬림들 ⓒ 김형준

접하게 된다. 장승이나 단군상이 파괴된 경우, 수혈이나 징집을 거부한 경우, 종말을 기다리며 집단 생활을 하는 경우, 전 재산을 종교 단체에 헌납하고 선교활동을 하는 경우 등의 사례는 종교가 행동에 큰 영향을 미칠 수 있음을 보여준다. 하지만 이러한 사례는 우리의 종교적 전통에서 보통 일탈 행동으로 간주되며, '광신적' · '이단적' 또는 '극단적' 이라는 표현으로 그 예외적 성격이 규정되곤 한다.

지금까지 살펴본 종교적 믿음과 행동의 관계에 대한 우리의 태도는 특수한 역사적 과정을 통해 확립된 것이며, 서구적 전통의 연장선상에 놓여 있다. 하지만 이 때문에 믿음이 행동의 영역에 직접적으로 반영되지 않는 상황을 일반적인 것으로 취급할 수는 없다. 상당수의 종교에서 외적으로 드러나는 차원은 내적인 차원만큼 중시되며, 두 차원을 관통하는 일관성이 가장 이상적인 모습으로 간주된다. 이러한 종교 전통이 확립된 지역에서 종교는 행동의 기준이 되며 종교를 통한 현실 변화의 가능성은 항상 존재하고 있다.

헌팅턴Samuel Huntington은 『문명의 충돌』이라는 책에서 서로 다른 문명을 갖는 집단간의 갈등이 공산권 몰락 이후의 세계 정치에서 가장 핵심적인 변수로 떠오를 것이라고 주장한다. 문명권을 구분짓는 기준 가운데 하나는 종교인데, 특히 기독교권과 이슬람권의 대립이 주목되고 있다. 미국에 대한 이슬람 과격단체의 공격, 자살 폭탄 테러와 무력 대응이 악순환되는 팔레스타인과 이스라엘 간의 관계, 러시아와 체첸 사이, 그리고 구舊유고 연방에서 발생했던 전쟁 등은 두 종교 전통간의 충돌이 최근의 국제분쟁에서 가장 두드러지게 나타나는 현상임을 보여준다(헌팅턴 1997).

헌팅턴의 주장처럼 이러한 국제적 분쟁을 종교간 갈등, 나아가 종교 전쟁이라고 규정할 수만은 없는데, 이는 분쟁의 저변에 오랫동안 축적된 정치경제적 · 사회문화적 요인이 존재하기 때문이다. 하지만 직접적인 원인은 아닐지라도 종교가 이러한 분쟁에서 차지하는 역할을 가볍게 볼 수는 없다. 종교는 축적된 불만과 갈등을 응집시켜 표출시키는 구심점으로 작용했으며, 사람들이 자신의 행동에 의미를 부여하는 원천으로 기능했다.

행동의 지침이나 준거틀framework로서의 종교의 역할은 이슬람교에서 보다 명확하게 나타난다. 근대사회에 접어들면서 율법이라는 행동영역보다는 믿음에 더 많은 강조점을 두게 된 기독교와 달리 이슬람교에서는 종교적 실천이 지속적으로 강조되었으며, 현대 이슬람 국가에서는 이러한 경향이 보다 강화되는 모습으로 나타나기도 한다. 종교적 믿음을 일상의 삶에 적용하고 실천하려는 움직임이 어떤 식으로 전개될 수 있는지 인도네시아 자바에서 필자가 관찰한 이슬람교도의 행동을 통해 살펴보자.

땡볕이 내리쬐던 오후, 한 이슬람교도 청년이 자기 집 앞마당에서 시멘트와 물을 섞는 작업을 하고 있었다. 그때 주위를 배회하던 개가 물이 담겨 있는 큰 용기로 다가와 냄새를 맡듯 킁킁거렸다. 그 개를 쫓은 젊은이는 물을 모두 쏟아버리더니, 땀을 뻘뻘 흘리면서 30여 미터나 떨어져 있는 우물을 다섯 번이나 오가며 물을 길어다가 용기를 다시 채워 놓았다. 왜 그렇게 힘든 일을 했느냐는 질문에 청년은 자기 자신을 지키기 위해 그랬다고 대답했다.

개는 이슬람교에서 더러운 동물로 취급되기 때문에, 이 청년은 사소한 일에 목숨 건다는 표현이 적합할 정도로 우직하게 종교적으로 요구되는 행동을 실천한 것이다. 청년이 살던 마을의 주민 모두가 그와 같은 수준으로 실천하는 것은 아니었지만, 상당수의 주민들은 종교적 명령을 따라야 한다는 주장에 동의했으며, 그 가운데 일부는 온 힘을 다해 이를 충족시키려고 노력했다.

이슬람교도에게 요구되는 종교적 명령은 하루 다섯 차례의 예배, 한 달 동안의 금식 같은 보다 순수한 종교적인 문제와 술 · 돼지고기 · 개고기의 금기 같은 먹는 문제, 밥을 먹는 방식 · 오줌 누는 방식 · 목욕하는 방식 · 옷 입는 방식 같은 일상적인 행위와 관련된 문제, 결혼 · 이혼 · 상속 · 상거래 같은 법적인 문제 등 삶의 전 영역에 걸쳐 있다. 이러한 명령 모두가 현실에서 지켜질 수 없다는 것은 분명하며, 특정한 역사적 · 사회문화적 상황에 따라 선택된 일부만을 실천한다. 하지만 이러한 현실적인 제약에도 불구하고, 종교적 명령을 실천해야 한다는 생각을 받아들인 사람들은 종교적 틀 내에서 행동하려고 노력한다.

종교적 믿음과 행동에 대한 이슬람교의 태도는 다른 종교와 비교해 볼 때 극단적이라는 평가를 종종 받지만, 양자간의 차이는 질적인 것이기보다는 양적인 것이다. 대다수의 종교에는 금기시되거나 권장되는 행동이 존재하며, 종교의 진실성을 의심하지 않는 사람에게 중요한 행동의 지침으로 작용한다. 때때로 사회가 급격한 변동이나 위기에 처했을 때, 실천으로서의 종교가 부각되어 사회 변혁의 힘으로 작용하는 경우도 있다. 기존의 질서를 파괴하고 새로운 이상향의 건설을 꿈꾸며 일어난 종교 운동의 예로는 우리 나라의 동학이나 신앙촌 건설, 멜라네시아의 하물의식荷物儀式, cargo cult, 북미인디언의 유령춤ghost dance, 기독교 전통에서의 천년왕국운동 등을 들 수 있다.

일상에서든 혼돈의 상황에서든 종교는 그것을 믿는 사람에게 행동의 기준을 제공해 줄 수 있다. 종교적 믿음이 행동으로 표출되어야만 의미가 있다고 생각하는 신도에게 종교적 명령은 절대적인 가치를 갖는다. 이러한 측면에서 볼 때 종교는 사고나 감정의 영역에서만 존재하는 것이 아니며, 구체적인 현실 속에서 행동으로 표현된다.

지금까지 인식과 감정, 행동의 차원에서 종교와 문화가 어떻게 연관되는지 검토해 보았다. 다음에는 종교 현상을 문화인류학적으로 이해하려 할 때 생겨나는 방법론적 문제에 대해 알아보기로 한다.

종교 현상을 어떻게 해석할 것인가

사람들은 종교 현상의 핵심을 이루는 믿음과 상징, 의례에 다양한 의미를 부여한다. 불상을 예로 들어보자. 어떤 사람에게는 불상이 인간의 모습을 빌려 형상화한 부처로서, 깨달음을 표현하는 하나의 상징물에 지나지 않는다. 하지만 다른 사람에게는 불상 자체가 초자연적 힘을 갖고 있는 성스러운 대상일 수도 있으며, 종교적 믿음이 예술적으로 표현된 조각상일 수도 있다. 이렇게 불상 자체가 지니는 의미가 다양한 만큼, 사람들이 불상을 향해 절을 하는 행동에도 서로 다른 의미들이 담겨질 수 있다.

종교 현상에 대한 문화인류학적 이해의 출발점은 하나의 종교적 사물이 지니는 의미가 사람에 따라 매우 다양하다는 점을 인식하는 것이다. 그러나 그러한 다양성을 인정하는 것이 곧 종교 현상을 순전히 개인적이고 특수한 성격을 지닌 현상으로 파악해야 함을 뜻하지는 않는다. 왜냐하면 종교적 믿음과 행동은 공적인 의사소통 과정을 통해 형성, 유지, 재해석되어 왔으며, 유사한 역사적 · 사회문화적 · 정치경제적 배경을 갖는 사람들 사이에서 일정 부분 공유되는 모습을 보이기 때문이다. 이러한 시각에서 보았을 때, 종교에 대한 연구는 상황과 맥락을 고려해야 한다. 즉, 어떤 상황에서 어떤 종교적 현상에 어떤 의미나 해석이 누구에 의해 부여되는지 검토해야 하며, 이를 위해서는 종교를 둘러싸고 있는 환경에 대한 이해가 필수적이다.

대다수의 문화인류학자들은 행위자가 부여하는 의미와 해석, 그리고 상황적 측면에 종교 연구의 초점을 맞추어야 한다는 점에 동의한다. 그러나 행위자가 인식하지 못하고 있지만 연구자가 발견할 수 있는 설명이나 해석을 어떻게 다룰지에 대해서는 문화인류학자들 사이에도 서로 다른 견해를 갖고 있다. 연구자의 해석이 자의적인 성격을 띠게 될 가능성이 크기 때문에 행위자가 의식하는 부분만으로 연구를 제한해야 한다는 주장이 있는 반면, 행위자가 알지 못하는 부분에 대한 연구자의 해석 역시 필요하다는 주장도 있다. 이러한 일련의 문제들을 보다 구체적으로 고찰하기 위해 터너Victor Turner가 연구한 아프리카 은뎀부Ndembu 족의 여성 성인식인 은캉아Nkang'a 의례를 살펴보자.

이 의례는 여자아이의 가슴이 발달하기 시작할 무렵 행해지는데, 소녀는 담요에 싸인 채 어린 무디mudyi나무 아래에 놓인다. 무디나무는 껍질을 벗기면 흰 수액이 나온다. 의례가 행해지는 동안 소녀는 움직이거나 말하거나 음식을 먹어서는 안 된다. 소녀의 마을과 이웃 마을에서 온 성인 여성들은 무디나무를 돌며 춤을 춘다. 의례 도중 소녀와 그녀의 어머니는 옷의 일부를 바꿔 입는다. 소녀의 어머니는 음식을 준비해 참가자에게 제공한다. 음식을 먹으라는 소리가 들리면, 무디나무를 돌던 여성 모두가 먼저 먹으려고 달려드는데, 이는 처음 음식을 먹는 여성의 마을로 소녀가 시집가게 되리라는 믿음 때문이다.

성인식과 무디나무의 의미를 설명하는 수준이나 해석의 풍부함과 내적 일관성이라는 면에서 마을사람들 사이에는 개인적인 편차가 나타나기는 하지만, 이들이 제시한 설명을 정리하면 다음과 같다. 먼저 흰 수액이 나오는 무디나무는 여성의 젖과 유방을 상징하며, 여성의 젖과 유방은 어머니와 자식 간의 양육의 끈을 의미한다. 양육 관계에 세대간 반복성이 첨가되면, 무디나무는 모계제라는 확장된 의미를 부여받게 된다. 또한 모계제가 은뎀부 사회를 구성하는 기본 원칙이기 때문에, 무디나무는 은뎀부 부족의 전통과 관습을 상징하는 것이다. 이러한 의미의 확장 과정을 통해 성인식은 궁극적으로 은뎀부 사회의 통일성과 연속성을 보여주는 것으로 해석된다.

그러나 터너는 은뎀부 사람들이 제시하는 이러한 설명만으로는 성인식의 의미를 충분히 파악할 수 없으며, 의례 과정에서 나타나는 행동과 사회문화적 구조에 대한 이해를 통해 다른 의미를 찾아낼 수 있다고 주장한다. 성인식 참가자가 여성에 국한되는 것은 여성이 남성과 대비되는 범주임을 표현하고 있으며, 소녀가 움직여서는 안 된다는 금기는 그녀와 그녀가 진입하는 성인 여성사회 사이의 갈등을 보여주고 있다고 한다. 그리고 장례식에서 추모객이 죽은 친척 옷의 일부를 입는 관행과 어머니와 소녀가 옷을 바꾸어 입는 행동이 기본적으로 동질적이라고 지적하면서, 터너는 이 행동이 어머니와 딸의 기존 관계가 단절된다는 무의식적 욕구를 표현하고 있다고 해석한다. 그는 맨 먼저 음식을 먹는 사람이 같은 마을에 사는 여성이기를 기대하는 어머니의 바람에는 여성중심적 가족과 성인 여성사회 사이의 갈등이 내재되어 있으며, 또한 모계제와 결혼 후 신부가 남편 거주지로 이사가는 관행 사이의 갈등이 표현되어 있다고 주장한다.

이처럼 행위자인 은뎀부 사람들 자신의 해석과 의례의 과정 및 사회구조에 대한 관찰을 바탕으로 도출된 터너의 해석 사이에는 차이가 있다. 은뎀부인들은 무디나무가 어머니와 딸 사이의 양육관계를 상징한다고 해석하지만, 터너의 해석에 따르면 오히려 무디나무는 어머니와 딸 양자의 분리를 표현하는 것이다. 성인식은 은뎀부 사회의 통일성을 보여준다고 말하지만, 터너가 보기에는 남성과 여성, 딸과 어머니, 한 범주의 여성(어머니)과 다른 범주의 여성과의 갈등과 분리를 표현하는 것이다(Turner 1977).

터너처럼 많은 문화인류학자들은 종교 현상의 의미를 올바르게 해석하기 위해서는 행위자들 스스로가 부여하고 있는 의미에 국한하지 않고, 행위자들이 의식하지 못하는 사람들의 실제 행동과 사회문화적 구조까지도 고려해 해석해야 한다는 견해에 동의한다. 그러나 다른 문화인류학자들은 행위자 자신이 인식하지 못하는 의미에 대한 해석은 본질적으로 추측일 뿐이라며 그런 식의 해석에 반대한다. 예컨대 은뎀부 사람들이 여자아이가 움직여서는 안 된다는 금기를 그녀와 성인 여성사회 사이의 갈등의 표현으로 해석하지 않는다면, 연구자는 이런 식으로 설명해서는 안 된다는 것이다.

한편, 행위자가 인식하는 것 이상의 설명을 추구하면서도 터너의 분석 방식과는 크게 다른 방식으로 종교 현상의 의미를 해석하는 방법도 있다. 예를 들어 해리스Marvin Harris는 인도에서 나타나는 암소 숭배는 인도 농민들이 처해 있는 기술적 · 경제적 여건에서 농민들이 주어진 환경에 최적으로 적응할 수 있게 해주는 효과를 지니고 있기 때문에 인도 사회에서 오랜 세월 동안 전해 내려오는 종교적 현상이라고 설명한다. 암소를 숭배의 대상으로 삼는 인도인의 관점에서 보면 이것은 상상도 못한 해석이겠지만, 해리스의 이러한 문화유물론적 접근에서는 행위자들의 주관적 인식 내용이 어떠한 것인가는 전혀 중요하지 않다.

현대사회와 종교

서양의 중세사회에서 기독교는 삶 자체라 할 정도로 막강한 영향력을 행사했다. 기독교는 자연 현상과 인간사를 해석하는 유일한 세계관이었으며, 개인의 삶은 기독교적 윤리에 따라 영위되어야 했다. 그 후 과학의 등장은 종교의 위상에 큰 영향을 미치게 되었고, 많은 사람들은 과학적 합리성과 융화될 수 없는 종교가 점차 영향력을 잃고 사라질 것이라고 예측했다.

이러한 세속화는 현대사회에서 나타나는 다른 여러 양상들과 합치하는 것처럼 보인다. 한 예로, 종교를 통해 주변 세계를 이해하려는 경향이나 종교적 가르침을 사회 생활에 적용하려는 경우는 찾아보기 힘들지만, 종교를 부정하는 무신론자나 전통적 종교 관행을 미신으로 치부하는 사람은 쉽게 발견할 수 있다. 실증 과학적 세계관이 확산된 결과, 과거 초자연적 현상으로 이해되던 것 가운데 대부분을 자연적인 방식으로 해석하게 되었으며, 이는 인식틀로서 종교가 갖고 있던 기능을 축소시켰다. 그런가 하면 과거에 종교가 담당했던 의료나 교육, 정치 등의 기능이 현대사회에서는 다른 제도들(즉, 병원, 학교, 정당 등)에 의해 수행되고 있다. 또 과거에는 인간의 윤리적 행동규범 가운데 대부분은 종교의 교리에서 그 정당성의 근거가 주어졌던 반면, 현대사회에서는 윤리 규범의 많은 부분이 시민 윤리라는 틀을 통해 정당화되는 경향이 있다. 가령 중세의 유럽 사회에서는 이웃 사람과 다투지 말고 살아야 할 이유가 '네 이웃을 사랑하라'는 기독교의 교리 때문이었다면, 현대사회에서는 기독교를 믿는 사람이든 아니든 그렇게 사는 것이 시민적 윤리에 합치하기 때문이라고 설명한다. 이렇게 인식의 틀로서, 사회적 제도로서, 그리고 행동에 대한 정당성의 원천으로서 종교가 전통사회에서 지녔던 기능들이 축소되는 추세는 많은 나라에서 발견되고 있다.

그러나 현대사회에는 이러한 '세속화론'의 예측과는 어긋나는 수많은 양상들 또한 존재하고 있다. 우선 인식틀로서 과학적 세계관의 확산이 과연 종교를 믿는 사람들의 수를 감소시켰는지 생각해 보자. 20세기 초 서구의 일부 국가들에서는 기독교 신자의 감소 추세가 나타나기도 했지만, 20세기를 전체적으로 살펴보면 서구사회에서 기독교 신자가 지속적으로 감소했다는 뚜렷한 증거는 보이지 않고 있다. 한국을 포함한 비서구사회로 시야를 확대할 경우, 종교 신자 수의 감소 추세를 보여주는 증거를 찾는 것은 더욱 어렵다. 한국의 경우 교회나 사찰의 수는 꾸준히 증가하고 있고, 점쟁이는 계속 호황을 누리고 있으며, 길일을 택해 이사하거나 결혼하는 관행이 이어지고 있다. 한 기독교 단체의 조사에 따르면, 20세기 종교 신자의 증가율이 무신론자 증가율을 능가했으

손님을 찾아 나선 길거리의 사주집 현대 도시 환경과 소비자들의 새로운 욕구에 재빠르게 적응하고 있다. ⓒ 김영훈

며, 2000년 세계 인구 가운데 9억 2천만 명이 종교가 없거나 무신론자인 반면 51억 3천만 명이 종교를 갖고 있다고 한다(Barrett & Johnson 2001). 거시적 수준의 통계가 갖는 문제점을 인정하더라도, 이러한 자료는 종교를 믿는 사람들의 수가 감소하는 것이 현대사회의 뚜렷한 추세라고 말하기는 어렵다는 것을 보여준다. 나아가 기존의 종교나 종파의 신도 수 감소 여부와는 별개로 끊임없이 신흥종교 집단이 생겨나고 있는 현상이라든가, 현대 한국에서 과학적 세계관과의 친화성이 가장 높을 것이라고 생각하는 대학가에서 점집들이 가장 성업하고 있다는 현상은, 현대사회에서의 종교의 위상이라는 문제를 신자 수 통계의 문제로 단순화시켜 파악하는 것이 얼마나 무리한 시도인지를 잘 말해준다.

따라서 현대사회의 종교를 이해하기 위해서는 종교와 과학을 대비시키고, 과학의 확산을 종교의 소멸로 파악하려는 이분법적 사고를 넘어서야 한다. 과학적 세계관이 수용되었을지라도 종교를 믿는 사람이 반드시 비과학적이고 비합리적인 존재인 것은 아니며, 종교의 역할 축소가 개인에 대한 종교의 흡인력을 약화시킨다는 것을 의미하지는 않기 때문이다.

마력과 주술 우리 나라의 전통 종교에서 아잔데의 마력witchcraft과 비교할 수 있는 관행을 찾아보기는 힘들며, '마력' 은 편의상 붙여진 용어이다. 초자연적 존재나 힘을 동원해 특정한 목적을 달성할 수 있다는 믿음과 연결된 행위와 관습은 일반적으로 주술magic이라 불린다. 마력이 타인에게 해를 끼치려는 마음이나 생각만으로 또는 이러한 생각 없이도 작용할 수 있는 것이라면, 주술은 보통 개인의 의도적인 노력이라는 측면이 포함되며, 원하는 결과를 얻기 위해 특정한 물건을 이용하거나 특정한 행동을 취한다. 주술은 남을 해치기 위한 부정적인 목적으로 이용되는 흑주술black magic과 원하는 결과를 성공적으로 얻기 위한 백주술white magic로 구분되지만, 이 구분이 절대적인 것은 아니다.

읽을 거리

『문화의 해석』, 클리퍼드 기어츠Clifford Geertz, 문옥표 역, 까치, 1998.

이 책은 인도네시아 자바섬과 발리섬의 문화적 현상을 분석한 글, 그리고 문화적 현상을 해석하기 위한 일반적인 접근법을 제시하는 글들을 모은 논문집 형태를 취하고 있다. 종교의 정의, 종교적 현상에 대한 접근법, 종교적 현상과 다른 사회문화적 구조와의 관련에 대한 유용한 자료를 제공해 주고 있다.

『문화의 수수께끼』, 마빈 해리스Marvin Harris, 박종렬 역, 한길사, 1997.

이 책은 힌두교의 암소숭배, 중동 지역의 돼지고기 금기, 남태평양의 하물의식, 중세 유럽의 마녀 사냥과 같은 종교적 현상을 생태적 적응의 측면에서 분석하고 있다. 종교에 대한 기존의 접근과는 완전히 차별적인 문화생태학적 접근을 통해 저자는 종교적 현상이 인간의 의식이나 인식 여부와는 관계없이 환경적 적응의 수준에서 해석될 수 있음을 주장하고 있다.

『순수와 위험』, 메리 더글라스Mary Douglas, 유제분 · 이훈상 공역, 현대미학사, 1997.

이 책은 모든 종교에 공통적으로 존재한다고 할 수 있는 금기, 오염, 순수의 개념을 대상으로 그것이 갖는 상징적 의미를 분석하고 있으며, 종교 현상의 저변에 내포된 사회문화적 의미, 종교와 사회구조와의 관련성을 이해하기 위한 자료를 제공해 주고 있다. 저자는 종교적 오염과 순수에 대한 분석이 인식론적 질서뿐만 아니라 도덕적 질서를 이해하기 위한 기초를 제공해 줄 수 있다고 주장한다.

제13장

타문화로서의 과거

●●● 함한희

1991년도 오스카상을 수상한 영화 〈늑대와 함께 춤을Dances with Wolves〉은 과거의 서부영화와는 조금 다른 데가 있다. 처음 이 영화를 기획하는 단계에서 몇몇 관계자들은 걱정이 많았다고 한다. 이제는 진부한 것으로 여겨지고 있는 서부영화를 만들어서 과연 다시 관객을 끌어 모을 수 있을지 의심스러웠기 때문이다. 이러한 우려 속에서도 감독을 맡은 케빈 코스트너의 열정에 힘입어 영화는 성공적으로 제작되었다. 감독은 서부개척시대의 왜곡된 역사를 영화를 통해 바로잡고 싶어했다. 이처럼 새로운 역사 의식을 가지고 만든 영화가 다행히도 많은 관객의 시선을 끌 수가 있었고, 마침내 오스카상 석권이라는 영광까지 누렸다. 이 영화는 북아메리카 원주민(속칭 인디언)과 미국 기병대 사이에 일어난 사건들을 다루고 있다는 점에서는 과거의 서부영화와 크게 다를 것이 없다. 그러나 중요한 것은 이 영화가 지금까지 알려진 인디언과 기병대의 이미지를 뒤바꾸어 놓았다는 점이다.

할리우드에서 제작된 서부극에서는 카우보이와 인디언 사이의 싸움이 이야기의 중심을 이룬다. 그리고 거기에는 분명한 선과 악의 대결

새로운 역사 의식을 가지고 만든 영화가 다행히도 많은 관객의 시선을 끌 수가 있었고, 마침내 오스카상 석권이라는 영광까지 누렸다.

구도가 있으며, 선량하고 용감한 카우보이들과 야만적이고 악한 인디언들이 등장하는 것이 서부극의 전형이었다. 존 포드 감독의 유명한 서부극 〈아파치 요새Fort Apache〉나 〈리오 그란데Rio Grande〉는 호전적인 아파치 인디언을 정복하는 용감한 기병대의 이야기를 다룬 영화이다. 그의 서부극은 1940~1950년대에 관객을 매료시키면서 서부극의 전성기를 구가하였다. 그러나 1990년대에는 상황이 크게 바뀌었다. 새롭게 제작되는 서부극에서는 과거 천하무적의 용감한 기병대가 냉혈 집단으로 묘사되거나 유약한 모습을 보이기도 한다. 1990년대의 서부극의 주인공 캐빈 코스트너의 이미지는 1950년대 〈리오 그란데〉에서 열연했던 존 웨인의 이미지와는 크게 다르다. 또 야만적이고 통제 불가능한 인디언들의 모습은 사라지고 그 자리에 선량한 희생자라는 새로운 이미지가 들어서게 되었다. 수Sioux족의 추장 시팅 불Sitting Bull도 그 가운데 하나다. 과거 그는 백인을 잔인하게 죽인 악당으로 여겨져 왔으나 이제는 부족의 권리를 지키기 위해서 용감하게 투쟁한 영웅적 인물로 거듭나게 되었다.

종래 서부개척사에서 거의 정형화되었던 잔혹하고 야만적인 인디언의 이미지는 서구 중심의 역사가 지어낸 허구에 지나지 않는다. 교과서에서조차도 종종 인디언들은 파렴치하며 선량한 개척자들을 괴롭히는 존재로 그려져 왔다. 이러한 서구 중심의 역사 인식이나 서술은 제국주의 열강의 식민 지배 아래에서 매우 고조되었는데, 영국의 식민지였던 인도도 예외가 아니다. 카스트제도는 그 위계질서의 엄격함으로 잘 알려져 있다. 이는 카스트적 위계질서가 인도의 전통이라고 믿었던 학자들의 열띤 노력의 결과이다. 이들은 인도가 원래 왕권이 약하며 카스트적 위계질서가 더 중시되는 사회라는 점을 강조하였다(Dumont 1980). 다시 말해서 전통적인 인도의 사회와 문화에서는 카스트적 질서가 중시되었다는 것이 이들의 주장이었다.

그러나 최근에는 인도의 엄격한 카스트적 질서가 오히려 식민 지배의 결과라는 주장도 등장하고 있다. 이러한 반론에 따르면 종교와 정치의 분리는 영국이 인도를 지배하면서 시작되었다. 즉, 인도는 원래 왕권이 강한 사회였고 왕은 무사계급으로서 실제적인 통치자였다. 그러나 영국은 왕의 권위를 대폭 축소시키는 대신에 종교적인 지도자들이었던 브라만을 전면에 내세웠다. 영국의 지배자들은 브라만의 지위를 공고히 하였으며, 행정 체계 안으로 이들을 끌어들여 새로운 통치질서를 수립하였다. 그 결과 인도의 카스트적 위계질서는 더욱 강화되기에 이르렀다(Dirks 1986). 서구 중심의 역사 서술에서 인도는 이색적 종교와 그러한 종교적 질서가 지배하는 문화적 보고로 간주되었으며, 인도에는 마치 고대의 문화적 형태가 고스란히 남아 있다고 생각되었다. 그러나 이것은 제국주의 열강의 식민지 지배가 만들어낸 인도의 이미지에 불과한 것이다.

서구 중심의 역사 이해가 잘못되었다는 인식에서 이를 바로잡기 위한 이른바 수정주의적 관점이 나타나게 되었다. 그러나 수정주의 관점에서 이루어지고 있는 연구가 과거 서구 중심의 역사를 바로잡는 데 완전히 성공했다고 보기는 어렵다. 그래서 〈늑대와 함께 춤을〉도 과거의 선과 악의 역할을 뒤바꾸어 놓는 등 시계추가 반대 방향으로 쏠린 수준의 작품으로 보는 사람들이 많다.

이렇게 되면 서구 중심의 역사를 벗어난 것만은 분명하지만, 또 다른 지역 중심의 역사가 그 자리를 메우게 된다. 이것 또한 문제이다. 그래서 양자를 공정히 다룰 수 있는 조망대를 만들어내는 것이 중요해 보인다. 바로 그렇기 때문에 다양한 집단의 상호관계를 공평하게 반영하는 새로운 관점을 모색하고, 그러한 관점에서 새로운 역사 쓰기를 시도하기 위해 역사인류학의 방법에 주목하게 된다.

역사가 없는 사람들의 역사

서구 중심의 역사 서술에서 비서구 사람들, 특히 오지의 원주민들은 세계사와는 관계가 없는 삶을 살아온 것으로 묘사되었다. 이러한 학문적 편협함을 벗어나 지금까지 역사에서 배제되었던 사람들을 역사의 지평 위로 끌어올리고자 하는 노력이 시작되었다. 이들에게도 역사를 움직여가는 주체로서의 지위를 되돌려주고자 하는 연구가 학계의 주목을 받게 되었던 것이다. 에릭 울프Eric Wolf의 『유럽과 역사가 없는 사람들*Europe and the People without History*』은 이러한 연구 경향을 대표하는 저술이다. 이 책은 유럽이 세계의 각 지역과 자원 및 노동의 교역을 통해 상호 관련을 맺으면서 세계의 중심으로 부상하는 과정을 그리고 있다. 유럽인들은 아프리카, 중동, 인도, 중국, 남북아메리카 등지로 세력을 팽창하였고, 그 결과 세계의 자본과 권력의 중심 축을 이루게 되었다. 유럽의 자본주의가 성장하는 과정에서 세계 각 지역은 커다란 변화를 겪게 되었다. 그 변화는 각 지역이 가지고 있는 각각의 독특한 생산양식에 기인하였다. 울프는 세계가 서로 밀접하게 연결된 고리 안에서 복잡한 상호작용을 거치면서 전체사가 만들어져 왔다는 사실을 강조하였다. 이와 관련하여 그가 주목한 것 가운데 하나가 모피교역의 역사이다. 그는 세계가 모피라는 소비재의 교류를 통해서 어떻게 밀접하게 연결되고 있었으며, 그 연결로 인해 각 사회가 어떻게 변화하기에 이르렀는가를 설명하였다.

모피교역의 역사는 상당히 오래되었다. 스칸디나비아는 고대 로마의 모피 공급원이었으며, 10세기경에는 바이킹족이 불가리아까지 진출하여 모피를 팔았다. 러시아 왕국도 조공으로 받은 모피를 모아서 수출하여 국가 재정의 주요 수입원으로 삼았다. 이처럼 모피교역은 오래 전부터 세계적인 공급과 수요의 망을 통하여 이루어졌다. 16세기경 유럽 내의 모피 공급 동물들의 수가 줄어들면서 북아메리카가 새로운 모피 공급지로 부상하였다. 그 당시 신대륙과 구대륙을 연결시키며 모피교역을 주도한 것은 네덜란드의 서인도회사였다. 북아메리카에서 가져온 모피는 암스테르담에 일단 모였다가 다시 러시아로 보내져 가공되었으며 일부는 발틱 지역으로 재수출되었다. 중국과 아시아도 수달피와 바다표범 가죽을 유럽으로부터 수입하는 등 모피교역에서 제외된 지역이 아니었다. 17세기가 되면서 네덜란드, 영국, 프랑스 상인들이 북아메리카 해안에 거주지를 형성하면서 활동을 개시하였다. 퀘벡과 뉴암스테르담은 백인 거주지로 유명하였고, 그곳이 모피교역의 중심지가 되었다. 유럽의 상인들은 각 지역에 흩어져 사는 원주민들과 접촉하면서 모피를 사들였다. 이러한 과정에서 원주민 사회에도 커다란 변화가 일어났다. 가장 눈에 띄는 변화는 원주민 인구의 급격한 감소였다. 구대륙에서 건너온 병원균에 저항력이 없었던 원주민들은 유럽인들과 접촉하기 시작하면서 무수히 죽어 갔다. 북미 대륙에서 최초로 유럽 상인들과 접촉한 원주민은 현재의 메인Maine 주의 해안가에 살고 있었던 동아베나키족이었다. 이들은 1600년 초에만 해도 인구 수가 약 만 명을 넘었다. 그러나 1611년의 조사에 따르면 겨우 삼천 명이 남아 있었다. 이들은 원래 옥수수 농사를 지으면서 생활하던 사람들이었다. 그러나 점차 옥수수의 소출이 적어지고 농사짓기가 힘들어지자 이들은 비버사냥에 전념하였다. 이들은 비버를 잡아 유럽 상인들에게 팔아서 생계를 유지하였다. 그러기 위해서 이들은 해안가를 버리고 내륙으로 들어가 트래퍼trapper라고 불리는 사냥꾼 생활을 하게 되었다. 이러한 변화는 동아베나키족의 사회조직에도 커다란 영향을 미쳤다. 마을 단위로 정착생활을 하던 이들은 가족을 중심으로 하는 작은 규모의 집단을 단위로 이동하면서 수렵채집의 새로운 생활양식을 영위해 나갔다(Wolf 1982).

유럽 상인들과 원주민들 사이에 이루어진 모피교역은 두 집단 모두의 생활에 변화를 가져왔다. 유럽 각국에서는 국제무역의 발달로 각종 산업이 성장 발달하게 되었고, 마침내 유럽은 세계 산업의 중심이 되기에 이르렀다. 한편 북미 원주민들은 과거의 생산양식을 버리고 새로운 것을 택하게 되었고, 그 결과 점차 자신들의 생활 기반마저 잃게 되었다. 울프의 연구는 역사가 유럽과 기타의 지역이 주로 자원, 노동력과 상품을 매개로 서로 밀접하게 연결되어 복잡한 상호작용이 이루어지는 연계망 속에서 변화되어 왔다는 사실을 잘 보여준다.

울프는 주로 각 사회와 집단의 경제적 활동에 초점을 맞추면서 세계사의 변화를 고찰했지만, 한편으로 문화의 역할도 중요하다고 강조하였다. 예를 들면, 동일한 생산양식 안에서도 때로는 서로 상치되는 다양한 관념 체계가 발생하는 것에 주목하였다. 그리고 그것들은 선택의 과정을 거치거나 때로는 치열한 자리다툼의 과정을 거치게 되는데, 이때 관념의 체계(문화)와 생산양식 사이에 상호작용이 일어난다고 보았다(Wolf 1982).

한편, 세계사적인 역사 전개 과정에서 지역의 독특한 문화가 중요한 역할을 했다는 사실을 강조하는 인류학자들의 연구에도 주목할 필요가 있다(Otner 1990, Sahlins 1985, Taussig 1980). 이들의 주장에 따르면 유럽의 자본주의가 다른 지역에 들어왔다고 해도 해당 지역에서 이를 무조건 받아들이는 것은 아니며, 또한 그러한 수용이 일방적인 것만도 아니다. 이들 지역의 주민들은 주체적으로, 그리고 선별적으로 유럽의 자본주의를 받아들여 이들 나름의 독자적 역사를 만들어 갔다. 이 과정에서 이들이 가지고 있는 문화적 논리나 특성이 일정한 역할을 하였다. 지역민과 유럽인이 가지고 있었던 문화적 논리가 마주치면서 상호작용이 일어났다는 점에 주목하며 하와이의 역사를 이해한 살린즈의 연구는 많은 것을 시사한다. 이를 간단히 살펴보기로 한다.

하와이인들과 쿡 선장

남태평양의 탐험에 나선 쿡 선장 일행은 1779년 1월 다시 하와이 군도의 케알라케쿠아 만에 도달했다. 1778년 영국인으로서 최초로 하와이 섬을 탐험한 지 1년 만이었다. 육지 쪽을 바라본 일행은 크게 놀라지 않을 수 없었다. 1만 명이 넘는 사람들이 해안가로 몰려나와 줄지어 늘어서서 환영하고 있었기 때문이다. 그런가 하면, 일부는 그들이 타고 간 '레졸루션' Resolution호와 '디스커버리' Discovery호로 헤엄쳐 몰려들었다. 마치 물고기 떼가 몰려오는 형상과 같았다고 한다. 뿐만 아니라 그들이 탄 카누에는 돼지, 고구마, 사탕수수 등이 가득 실려 있었다. "헤아릴 수 없이 많은 사람들이 카누를 타고 즐겁게 노래 부르며 기뻐하고" 있었던 것이다. 쿡 선장이 이끄는 탐험대가 다른 지역에 도착했을 때는 원주민들이 해안에 근접하지 못하도록 그들을 공격했는데 하와이에서는 상황이 전혀 달랐다. 이러한 하와이 사람들의 환대는 예기치 못했던 것이었다. 더 나아가서 배로 올라온 하와이 여성들은 "눈에 띄게 우리 선원들과 교제하기를 원하는 듯 보였다." 사제 한 사람도 배에 올라왔다. 그는 쿡 선장의 몸을 사원의 이미지가 그려진 붉은색의 타파tapa 천으로 감싸고, 그 앞에 돼지를 제물로 바쳤다. 그리고 그는 쿡 선장을 히키아우 사원으로 인도하였다. 그가 "오, 로노시여"라고 외치니까, 길가에 늘어섰던 군중들은 흩어져 얼굴을 땅에 대고 무릎을 꿇었다.

첫 번째 탐험을 끝내고 돌아간 쿡 선장 일행이 다시 하와이를 찾은 것은 바로 신神 로노가 매년 하와이 섬으로 돌아온다고 믿는 시기와 일치하였다. 하와이인들은 다시 돌아온 쿡 선장을 로노라고 믿고 있었다. 전설 속의 새인 카우푸는 10월과 11월에 알을 부화하기 위해서 로노를 태우고 하와이 섬 수평선 너머 서쪽으로부터 날아오는데, 바로 이 시점에 하와이인들의 신년 축제인 마카히키 축제가 시작된다. 로노는 풍요의 신으로서 해마다 가을이면 하와이로 돌아와 비를 내리고 땅을 비옥하게 만들어준다. 뿐만 아니라 로노는 자신의 신부를 데리러 온다. 쿡 선장과 그 일행이 타고 온 배를 하와이인들은 로노와 카우푸로 믿고 성대히 환영했던 것이다. 1779년 1월 신년을 축하하는 마카히키 축제가 열리던 날 히키아우 사원에서 쿡 선장은 신 로노로서 거듭나게 되었던 것이다.

그리고 약 한 달 뒤에 쿡 선장은 하와이인들에 의해서 살해되었다. 쿡 선장을 신으로 받들면서 그 일행을 환대해 온 원주민들이 갑자기 쿡 선장을 살해한 것이다. 유럽인들로서는 도저히 이해할 수 없는 이상한 일이었다. 그러나 원주민들에게는 당연한 결말이었다. 이들은 신화 속의 이야기를 실천했던 것이며, 이는 신화가 역사가 되는 중요한 과정이었다. 하와이인들의 창조 신화에 따르면, 신과 인간은 형제로 태어났으나 자신들의 누이를 사이에 두고 경쟁해야 했다. 마침내 인간이 먼저 누이를 차지하여 아이들을 낳았다. 결국 신과 인간 사이의 경쟁에서 인간이 승리했던 것이다. 이 승리로 말미암아 인간은 그 후에도 신의 딸들과 결혼할 수 있는 권리를 얻을 수 있었다. 이 신화는 결국 인간이 신에게 승리를 거둠으로써 자신들의 안전이나 권력을 유지할 수 있다는 믿음에 정당성을 확보해 주었다. 쿡 선장의 죽음은 신 로노와 왕의 싸움에서 인간인 왕의 승리로 끝나는 신화적 플롯의 실천이었다. 그가 죽은 날 일어난 사건은 다음과 같다.

그 해 2월 14일 일요일 이른 아침, 쿡 선장은 육지에 상륙하였다. 그는 일부 하와이인들이 디스커버리 호를 차지하고 돌려주지 않는 것에 항의하고자 하와이 왕 칼란이오푸우를 인질로 잡으려고 나선 것이다. 마침내 쿡 선장은 왕을 찾았고, 둘은 바닷가 절벽 위에서 마주섰다. 둘의 만남은 결정적인 순간이었으며 또한 중요한 국면을 만드는 계기가 되었다. 신 로노라고 믿어지던 쿡 선장이 하와이 왕을 위협하는 적으로 그 이미지가 바뀌는 순간이었다. 예기치 못한 순간 쿡 선장은 왕의 손에 살해되어 바다 속으로 거꾸로 떨어졌다. 그의 죽음을 목격한 군중들은 기뻐 날뛰며 자신들도 이 성스러운 싸움에 한몫 하고자 각자 단도를 빼들고 바다로 뛰어들었다. 이러한 급격한 변화는 하와이인들에게 전혀 이상하거나 뜻하지 않은 사건이 아니었다. 하와이인들은 이를 인간인 왕과 신의 싸움에서 왕의 승리가 예정되어 있는 신화적 투쟁으로 이해하였던 것이다(Sahlins 1985).

살린즈는 하와이의 역사를 서술하면서, 문화가 다른 두 집단이 서로 마주쳤을 때 어떠한 일이 일어나는가를 인류학적인 감수성을 가지고 흥미롭게 살피고 있다. 결국 이 두 집단은 각기 자신들의 문화적 구조와 특성에 맞게 행동하였다. 두 집단이 마주친 사건에서 이들은 각자의 입장에서 역사적 사건을 바라보고 생각하며 행동하였다. 특히 살린즈는 하와이인들이 가지고 있었던 신화가 하와이의 역사의 방향을 결정지었다는 점을 강조하였다. 하와이인들은 배를 타고 먼바다로부터 다가오는 쿡 선장 일행을 바라보며 이들이 매년 풍요를 약속해 주러 하와이 섬으로 돌아오는 신 로노라고 생각하였다. 이들이 섬에 도착한 때는 마침 로노가 카우푸를 타고 섬으로 돌아온다고 믿었던 마카히키 축제 기간이었다. 그리하여 쿡 선장은 로노로서 환대를 받았다. 쿡 선장의 죽음 또한 하와이 신화에 나타나는 신과 인간의 대결에서 인간이 승리하는 시나리오를 그대로 현실로 재현하기 위해 발생한 사건이었다. 그리하여 살린즈는 이들 일련의 사건을 '신화의 역사화'라고 부르고 있다.

이 사건은 하와이인들이 유럽인들과 충돌하는 과정에서 유럽에 의해 일방적으로, 그리고 수동적으로 점령당한 것은 아니었다는 사실을 보여주고 있다. 유럽인들과 원주민이 서로 마주치는 과정에서 대부분의 다른 지역 원주민들이 수동적 · 방어적 반응을 보인 데 반해 하와이인들의 경우는 오히려 적극적 · 능동적이었다. 이들은 자신들의 신화 속의 이야기와 문화적 시나리오를 기초로 유럽인들의 방문을 해석했던 것이다. 그러나 그 역사적 사건 이후 하와이인들의 문화도 변화할 수밖에 없었다. 문화의 구조는 결코 불변적인 것이 아니다. 하와이의 문화적 구조는 이들의 역사를 만들어 가는 원동력이기는 했지만, 이러한 구조도 유럽과의 교역으로 새로운 문물이 들어오면서 변화를 겪게 되었다(Sahlins 1985).

살린즈는 특정한 사건과 행동, 그에 따라 이어지는 변화를 문화 구조의 지속과 재창출, 그리고 변형으로 설명하였다. 서구의 역사학자들이 원주민의 역사를 서술할 때 흔히 간과하기 쉬운 것이 바로 이러한 원주민의 문화적 구조와 역사와의 관계이다. 살린즈는 역사학자들이 스쳐지나갔던 이 특이한 사건을 역사적 사건으로 되살려냈다. 그리고는 이 사건으로 말미암아 하와이인의 문화 구조가 어떻게 재창출되고 변형되었는가를 설명하였다. 살린즈는 원주민의 역사가 세계사 속으로 포함되는 과정에서 원주민 문화의 역할과 중요성을 드러냄으로써 인류학적 역사 연구의 특징을 잘 보여주고 있다.

전통의 창출

위에서 살펴보았듯이, 특정한 역사적 사건이 일어났을 때 그 지역 주민들의 독특한 문화가 역사의 방향을 결정했다고 보는 것은 새롭고도 흥미로운 관점이다. 이러한 설명은 일정한 문화적 틀이나 문화 구조가 역사적 시간을 뛰어넘어서 지속된다는 것을 전제로 한다. 어떤 사회에서건 잘 변화하지 않는 사람들의 의식 패턴이나 가치관이 있는 것은 사실이다. 그럼에도 불구하고 옛것이 그대로 지속된다고 보는 데에는 무리가 따른다. 전통적 사고란 현실적으로는 그대로 지속되기 어렵기 때문이다. 오늘날 전통이라는 이름으로 불리는 것들은 현재를 포함하여 각 시대마다 서로 다른 의미를 가지고 새로 만들어지는 경우가 대부분이다.

그런데도 우리는 문화적 전통이나 관습 따위가 당연히 오래 전부터 전해 내려오는 것이라고 믿고 싶어한다. 다시 말해, 현재 남아 있는 전통이란 그 지역이나 민족의 고유하고도 본질적인 문화적 특성이라고 믿으려는 경향이 있다. 그러나 전통을 역사적으로 연구한 홉스봄과 레인저는 우리가 오래된 것이라 믿고 있는 전통의 대부분이 실은 그리 오래되지 않은 과거에 만들어졌다는 사실을 발견하였다(Hobsbawm & Ranger 1983). 그리하여 홉스봄 등은 전통이란 창출invention 또는 발명되는 것임을 강조하였다. 실제로 우리의 주변에서도 전통이라고 불리는 것이 그리 멀지 않은 과거에 만들어졌다는 사실을 발견하는 일은 어렵지 않다.

한국에서 아들, 특히 장자를 우대하는 가족제도의 전통이 확립된 것은 불과 300~400년 전의 일이다. 고려시대와 조선시대 초·중엽까지만 해도 딸들에게도 재산을 물려주고 제사를 받들도록 하는 풍습이 있었다. 조선왕조가 유교를 통치의 이념으로 삼으면서 법과 제도를 새롭게 정비했지만, 민간에서 지속되는 관습을 한꺼번에 바꾸는 것은 쉬운 일이 아니었다. 그리하여 조선 중기까지도 고려시대부터 지속된 관행에 따라 아들과 딸 모두에게 재산을 분배했으며, 제사도 아들과 딸들이 윤번제로 돌려가며 지냈다. 그러나 조선 중기 이후부터 국가는 유교적 이념을 강화하면서 장자를 우대하는 부계혈통 집단의 위계질서 확립에 힘을 쏟았다. 그 결과, 장자에게 절대적 권위를 부여하고 여성 차별이 심화되는 방향으로 한국 가족제도의 전통이 만들어지게 된 것이다.

전라북도 부안의 우반동에서 살고 있었던 한 사대부가의 이야기는 이러한 사실을 잘 보여주고 있다. 부안 김씨 집안에서도 17세기 전까지는 부모의 제사를 아들과 딸 구별 없이 출생 순서에 따라서 번갈아 돌려가며 지냈다. 이러한 제사의 윤행은 지역과 가문에 따라서 다소 차이가 있었지만 당시로서는 하나의 관행이었다. 딸들은 시집을 가서도 친정의 신주를 모셔다가 제사를 지냈던 것이다. 그리고 현재 남아 있는 부안 김씨 집안의 분재기分財記에도 부모의 유산이 아들과 딸들에게 균등하게 분배되었다는 기록이 있다. 그러나 17세기부터 제사의 윤행봉사와 재산의 균등분재가 서서히 무너지기 시작하였다(전경목 2000).

스코틀랜드의 전통의상이라고 알려진 킬트kilt의 경우도 흥미롭다. 킬트는 체크무늬의 모직 옷으로 스코틀랜드인들이 아주 오래 전부터 입었던 것으로 여겨지고 있으나 사실은 18세기인 근대의 산물이다. 현재 스코틀랜드인들은 전통을 찬양하거나 기릴 일이 있으면 반드시 이 킬트를 입고 의식을 치른다. 킬트가 자신들의 전통을 대변하는 것으로 생각하고 있기 때문이다. 그러나 킬트는 1707년 스코틀랜드가 잉글랜드와 하나가 된 이후에 스코틀랜드로 건너온 랭카셔 출신의 어느 잉글랜드 사업가가 전통의상이 벌목장이나 제철소 등에서 작업하는 데 불편하다는 점에 착안하여 만들어낸 의상에 불과하다. 킬트는 전통의상에 비해 편리했기 때문에 널리 유행하게 되었다. 킬트가 만들어진 목적은 스코틀랜드인들의 전통적 생활양식을 보존하려는 의도가 아니라 오히려 그것을 변형하는 것이었다고 보아야 한다.

중세에 스코틀랜드 고지대는 아일랜드와의 문화적 교류가 많았기 때문에 영국의 지배를 받기 전까지 문화적으로 아일랜드와 더 가까웠으며, 스코틀랜드 고지인들Highlanders은 아일랜드풍의 긴 셔츠를 입었다. 반면에 저지대인들은 꼭 끼는 창살무늬의 트루즈trews라는 바지를 입었다. 이러한 가운데 킬트가 등장하여 하층민들 사이에서 각광을 받기 시작했던 것이지만, 1745년 대규모 반란이 일어날 때까지도 킬트는 전통의상이라고 여겨지지 않았다. 그런데 스코틀랜드인들의 거듭되는 반란에 골머리를 앓던 영국 정부가 1745년에 고지대의 모든 의상을 금지하면서 킬트도 금지되었고, 전통의상은 잊혀졌다. 시간이 흐르면서 하층민들은 바지에 만족했지만, 일부 상류층 인사들은 몰래 집에서 킬트를 입으며 스코틀랜드의 전통을 기리기 시작하였다. 이러한 가운데 킬트는 점차 스코틀랜드의 의상이라 믿어지게 되었다.

킬트의 독창적인 체크무늬가 각 씨족clan의 상징으로 자리잡은 것은 더 후대의 일이다. 1822년 영국왕 조지 4세가 에딘버러를 방문했을 때 환영행사를 마련하는 자리에서 행사 주관자였던 월터 스코트 경과 켈트문화 보호운동에 앞장서고 있던 스튜어트 대령이 각 씨족 장들에게 각기 다른 무늬의 킬트를 입도록 종용하였다. 그리고 성대한 환영행사를 열어 영국왕에게 무한한 충성을 맹세하도록 하는 자리를 마련하였다. 이때 채택된 독특한 체크무늬 킬트가 마침내 각 씨족을 대표하는 의상으로 자리잡게 되었던 것이다.

그런데 킬트가 18세기 중반에 만들어진 근대 의상임에도 불구하고 스코틀랜드인들은 킬트를 먼 옛날부터 입어 왔다고 믿는다. 이러한 고대성의 신화는 당대의 정치적 · 사회적인 목적을 이루기 위해서 만들어지는 경우가 많았다. 특히 근대국가의 출현 이후 각 지역의 전통을 새롭게 만듦으로써 지배 계층은 국가 체제를 완성시키는 데 많은 도움을 받았다.

홉스봄과 레인저의 연구 이후 원주민들의 전통적 제도나 의례가 많은 경우 식민 지배의 산물이라는 점을 밝혀내는 인류학적 연구들이 쏟아져 나왔다. 지금까지 알려진 전통과 관습의 실체를 밝히는 연구가 크게 증가한 것이다. 이렇게 전통은 만들어진 것이라는 '정체 폭로성' 비판이 신선한 충격으로 다가서기 시작하였다.

그런데 이러한 연구들은 전통의 정체를 폭로하는 일에 심취한 나머지, 현지인들이 자신들의 과거를 이해하는 방식에는 관심을 별로 갖지 않는 경향이 있다. 즉 전통이 '정통성' 을 갖는지의 여부를 가리는 일에만 매달리는 경향이 있는 것이다. 그렇다면 이러한 시각 역시 서구의 방식에 따라 원주민들에게 '과거를 인식하는 방법' 을 부여하고 있는 것이 아닌가라는 우려를 낳기도 한다. 결국 전통이 만들어지는 과정에서의 원주민들의 생각이나 인식을 소홀히 다룬다면 그러한 역사는 진정으로 현지민의 입장에서 본 역사라고 하기가 어려워진다. 인류학은 무엇보다도 현지민의 관점을 중시한다. 아래에서 살펴볼 내용과 같이 역사학에서도 과거 속 사람들의 인식과 의식 체계를 알아보는 '인류학적 역사'에 대한 관심이 점차 고조되고 있다.

고양이 대학살

인류학과 역사학은 최근 서로의 연구 방법에 대해 관심을 가지고 본격적으로 다가서기 시작하였다. 이 두 학문 영역은 각기 소홀히 다루어 온 부분을 반성하면서 각 분야의 장점을 취하여 상호보완을 시도하였다. 인류학에서는 인간 사회의 과거에 대한 탐구가 필요하였고, 역사학에서는 과거를 바라보는 새로운 시각을 인류학에서 구하기 시작하였다. 그리하여 '역사인류학'이라고 불리는 새로운 연구 경향이 등장하게 되었다. 그렇다면 인류학적 방법으로 역사를 연구한다는 것은 무슨 뜻일까? 인류학적 역사 서술이란 다른 역사 서술과는 어떻게 다르며 어떤 특징이 있는 것일까? 로버트 단턴의 『고양이 대학살』을 살펴보면서 그 답을 생각해 보자.

1730년대 프랑스 파리의 생세브랭 가에 위치한 어느 인쇄소에서 흥미로운 사건이 일어났다. 견습공들이 고양이를 마구 잡아서 죽이고 축하 파티를 벌인 것이다. 기존의 역사학자들이라면 이러한 사건에 관심을 기울일 리가 없다. 그러나 최근의 역사 연구의 경향은 이러한 사건을 통해서 당시의 사회적 상황을 알아본다거나, 나아가 이러한 사건을 당시 사람들의 사고를 알아보는 창구로 삼고 있다. 단턴은 당시 인쇄공이었던 니콜라 콩타가 남긴 기록을 바탕으로 하여 고양이 대학살을 역사로 기술할 수 있었다. 콩타는 이를 재미있는 사건이라고 여겨서 기록해 두었다.

어둡고 칙칙한 인쇄소에서 기숙하면서 일하고 있던 견습공들은 여주인이 극진히 아끼며 키우던 고양이를 없애기 위해서 사전모의를 하였다. 당시 인쇄소의 주인들은 견습공들의 생활이나 복지에는 관심이 없고 자신들의 사치를 위해서는 돈을 아끼지 않았다. 그 당시 인쇄업자들 사이에는 고양이를 키우는 것이 유행이었다. 어떤 이는 25마리의 고양이를 자식처럼 끔찍이 아끼면서 키웠으며, 심지어 고양이 초상화를 그리게 하기도 하였다. 견습공들은 찌꺼기나 다름없는 음식으로 끼니를 때우고 있었지만, 고양이에게는 고기를 구워 먹이곤 하였다. 이 같은 생활은 노동자들에게 위화감을 주기에 충분하였다. 당시 열악한 작업 및 생활환경에서 일하던 견습공들은 마침내 '음모'를 꾸몄다. 그 당시에는 도둑고양이들이 밤마다 울어대서 사람들의 수면을 방해하고 있었는데, 이 사실을 이용해서 견습공들은 여주인의 고양이를 살해하기 위한 모의를 하였다. 견습공 가운데 한 명이 도둑고양이 울음소리 흉내를 내면서 밤마다 여주인의 잠을 방해하였다. 이를 참다 못한 여주인은 도둑고양이를 잡으라는 명령을 내렸다. 자신의 사랑하는 고양이, 그리올을 놀라지 않게 하라는 당부와 함께. 명령이 떨어지자마자 견습공들은 그리올을 잡아다가 다른 도둑고양이들과 함께 죽도록 두들겨 팼다. 그리고 그날 저녁 고양이들에 대한 모의재판을 열고 반쯤 죽은 고양이들을 다시 교수대에 매달았다. 그 광경을 목격한 여주인은 혼비백산했다. 혹시 그리올이 그 속에 있을까 의심하는 여주인을 견습공들은 거짓말을 둘러대어 안심시킨 후 돌려보냈다. 그리고 그들은 환희와 광란의 도가니 속으로 빠져들었다. 그 뒤 그들은 모여서 즐길 때면 고양이 대학살 소동을 무언극으로 재연하면서 즐거워했다(단턴 1996).

그러나 현대의 우리들은 이 소동에 다소 의아스러운 대목이 많다고 느낀다. 이들이 즐거워하며 웃는 이유는 무엇일까? 현대인으로서는 이들의 유머, 농담, 속담, 오락의 정신을 정확하게 이해하기 어렵다. 이것을 해독하기 위해서는 이들의 낯선 의미 체계를 먼저 알아보아야 한다. 바로 이 점은 인류학자들이 낯선 문화 속으로 들어갔을 때 경험하는 것과 같다. 역사 속에서 낯선 것을 해독할 때 인류학자가 의지하는 방법을 사용하여 당시 사람들의 정신세계를 알아보는 것이 바로 인류학적 역사의 특징이다.

당시 노동자들의 생활은 매우 열악하였다. 배만 채울 수 있다면 무엇이든지 먹어야 했고, 주인인 인쇄업자로부터 모욕적인 대우를 받아도 참아야 하는 생활의 연속이었다. 견습공들의 비참한 생활과는 대조적으로 부르주아 계급인 인쇄업자들은 호화로운 생활을 누렸다. 이 사건은 노동자와 부르주아 사이의 위화감이 우회적으로 드러난 것이었다. 견습공들은 부르주아가 아끼면서 키우는 고양이를 살해함으로써 그들에 대한 증오를 표현하였다. 이 소동은 근대 초의 노동관계를 고찰하는 데 좋은 자료가 된다. 또한 당시 대중들의 의례생활을 들여다볼 수 있으며, 그들이 사용하는 상징의 의미를 알아볼 수도 있다. 즉 노동자들은 왜 고양이를 살해의 대상으로 삼았는가. 왜 그들은 고양이 죽이는 것을 그리도 재미있어 했는가 하는 점이다. 당시 유럽에서 고양이는 마법을 의미하였다. 마녀들은 때로 고양이로 변신하였다. 고양이의 마법으로부터 자신을 보호하기 위해 고양이에게 상처를 내는 것이 당시의 민속이었다. 견습공들은 여주인이 아끼던 고양이를 살해하고, 그 소동을 무언극으로 만들어 재연함으로써 여주인이 마녀임을 은근히 드러내었다. 이러한 소동과 오락의 의미는 당시의 전통적인 민속, 의례, 유머, 속담 따위를 이해할 수 있는 사람에게만 명확하게 전달된다. 당시 노동자들은 자신들의 저항을 상징적으로 축적하는 단계에 올라 있었다. 무언극과 같은 오락은 그들의 울분을 조롱, 농담, 웃음, 환희로 승화해서 발산하는데 도움을 주었다. 그리고 갑갑하고 어둠침침한 인쇄소에서 일하던 그들에게 활력소가 되었다(단턴 1996).

단턴은 인류학자가 바로 눈앞에서 이야기를 하는 면담자를 대하듯 과거의 인물을 대해야 한다고 하였다. 즉 그는 인류학자들처럼 과거에 대한 민족지ethnography를 쓰고자 하였다. 그를 비롯한 신 문화사New Cultural History 연구자들이 추구하는 인류학적 역사Anthropological History의 첫 번째 특징은 고양이 학살에 가담한 노동자들과 같은 평범한 사람들을 대상으로 그들이 의미를 만들어내는 방식을 연구하는 것이다. 보통 사람들의 우주론을 캐내어 그들이 마음속에서 실재를 어떻게 구성하고, 어떻게 행동으로 표현하는가를 보인다. 그렇게 함으로써 지식인들 위주의 역사 연구를 극복하려고 한다. 인류학적 역사의 두 번째 특징은 지금까지의 역사학 연구가 주로 정치사나 경제 및 사회 제도사 중심으로 진행된 것에 대한 반성으로 새로운 문화사 서술 방법을 제시하는 것이다. 새로운 문화사는 특정한 사건의 진행 과정이나 인과관계에 주목하기보다는 과거 사람들의 일상 문화를 탐구한다. 이처럼 인류학적 역사 쓰기에서는 마치 인류학자들이 낯선 문화를 탐구하듯 역사가들이 과거 속의 낯선 문화를 찾아 나선다. 과거에 살았던 사람들의 낯선 세계관을 탐색하고 그들의 낯선 정신세계를 탐구한다. 그러면서 그들 사고의 사회적 차원을 발견하게 된다. 그것은 기록된 문서의 시대적 맥락을 명확하게 인식해야만 가능한 작업이다. 이처럼 텍스트와 컨텍스트를 오가면서 나타나는 의미에 대한 해석을 중시하는 것이 새로운 인류학적 역사 연구 방법인 것이다. 인류학과 역사학이 친밀한 관계를 유지하면서 이루어낸 새로운 시도는 과거의 사실을 밝히는 데 재미있는 관점과 연구 방법을 제공하고 있다.

역사와 인류학

초기의 인류학은 진화론에 힘입어서 인류 문화와 사회의 발달 과정을 밝히는 일에 힘을 쏟았다. 진화론이 쇠퇴하게 되면서 인류학은 과거 연구보다는 현재의 사회 구조를 밝히는 일에 더 관심을 갖게 되었다. 과거를 연구하는 일에 대해서는 오히려 부정적인 시각을 가지기 시작하게 된 것이다. 과거의 사실은 현재의 시점에서 관찰될 수 없으므로 유추나 추론에 의지할 수밖에 없다는 것이 그 이유였다. 그러나 문화와 사회구조의 변화를 설명할 필요성을 강하게 느끼면서부터는 인류학에서도 다시 역사적인 연구 방법에 관심을 돌리게 되었다. 특히 인류학자들이 연구하는 원주민들 사회가 식민 지배 아래서 엄청난 변화를 경험했다는 사실을 중시하게 되면서 역사적 탐구의 필요성을 깨닫게 되었다. 자본주의가 서구의 식민지였던 아프리카, 동남아시아, 남아메리카 등지로 확산되면서 일어나는 여러 가지의 변화를 살피는 데는 인류학적 접근 방법이 특히 유용하였다. 즉 식민주의의 올바른 탐구를 위해서는 인류학과 역사학의 관점을 동시에 가지고 각 지역의 문화의 특성과 그 특성으로 인하여 유발되는 변화를 사실에 가깝게 서술하는 것이 중요하다. 세계체제이론이나 종속이론 같은 거대이론으로 접근하게 되면, 서구의 식민 지배에 대한 피식민지의 변화는 거의 획일적으로 그려질 수밖에 없다. 그러한 획일성은 사실과는 다르다. 서구의 자본주의가 막강한 힘을 가지고 비서구사회로 유입되는 역사적 과정에서 주목해야 할 것은 각 지역에서 나타나는 서로 다른 사회적 · 문화적 현상이다.

실제로 세계적인 진행 과정과 지역민의 실제 경험을 연결할 때, 지역민들은 자신들의 현재와 과거에 대한 이야기의 주체로 등장하며, 이들이 가지고 있는 문화적 논리가 변화의 중요한 변수로 작용하는 것을 볼 수 있다. 위에서 설명한 하와이 원주민의 경우가 이를 잘 설명해 주고 있다. 비서구사회에서뿐만 아니라 스코틀랜드에서도 영국과의 마찰로 인해 새로운 전통을 만들어 지역문화의 정체성을 확인하고자 하는 일이 일어났다. 프랑스의 노동자들도 자본주의가 형성되어 갈 즈음 자본가들과의 갈등 속에서 자신들의 문화를 통해 그 갈등을 표출하고 마침내 대항세력을 결집하였다.

지금까지 역사인류학에서는 주로 소외되었던 집단의 역사를 복원하기 위해서 노력하였다. '역사가 없는 사람들'을 역사 속으로 끌어들이고, 역사의 주변에 머물고 있던 계층, 민족, 사회를 새롭게 조명하여 이들의 입장에서 본 역사를 서술하기도 하였다. 이렇게 함으로써 서구 · 남성 · 엘리트 중심으로 씌어진 획일적인 역사로부터 탈피하여 역사의 다양한 모습을 담아내는 데 크게 공헌하였다. 그러나 역사인류학의 연구 대상이 단지 소외 계층이나 민족, 그리고 지역에 머물 필요는 없다. 과거를 새롭게 조명하기 위해서는 연구의 대상이나 주제가 특정한 곳에 치우쳐 있어서는 안 될 것이다. 그러다 보면 자칫 또 다른 도그마에 빠진 역사 연구가 될 위험도 있기 때문이다. 역사 속의 다양한 목소리를 공평하게 반영하기 위해서라도 새로운 관점을 모색해 가면서 역사 쓰기를 시도해야 할 것이다.

읽을 거리

『고양이 대학살 : 프랑스 문화사 속의 다른 이야기들』, 로버트 단턴Robert Darnton, 조한욱 역, 문학과지성사, 1996.

이 책에는 18세기 프랑스에서 일어난 사건들을 다룬 여섯 편의 논문이 들어 있다. 저자는 당시 농민들의 민담, 인쇄공들의 놀이, 그리고 부르주아 계층의 인식 등을 통해서 18세기 프랑스 사회 내에 존재했던 다양한 관념들을 소개하고 있다.

『문화로 본 새로운 역사』, 린 헌트Lynn Hunt, 조한욱 역, 소나무, 1996.

이 책은 기존 역사서들과는 달리 문화를 통해 역사를 새롭게 볼 것을 제안하고 있다. 이론적 배경으로 푸코와 기어츠 같은 인접 학문의 이론과 헤이든 화이트나 톰슨 같은 역사이론가들을 소개하고 있으며, 문화를 통한 새로운 역사 연구의 사례를 제시한다. 또한 사회학적 관점이 역사학에서 퇴조하는 것과 맞물려 인류학과 문화비평에서 다듬어 온 문화적 관점을 강조한다.

『오리엔탈리즘』, 에드워드 사이드Edward W. Said, 박홍규 역, 교보문고, 1991.

이 책은 오리엔탈리즘으로 규정된 서양 중심의 인식 체계에 대한 통렬한 비판을 담고 있다. 서양 사회가 동양, 주로 중동을 이해하는 방법에 있어서 철저하게 서양 중심적인 시각을 가지고 있었다는 점을 지적하고 있다. 서유럽 국가들에 의한 제국주의적 식민지 지배로부터 시작된 오리엔탈리즘의 특성과 기능을 비판적인 시각으로 다루고 있다.

『치즈와 구더기 : 16세기 한 방앗간 주인의 우주관』, 카를로 진즈부르그Carlo Ginzburg, 김정하 · 유제분 역, 문학과지성사, 2001.

중세 이탈리아 농촌의 방앗간 주인이었던 메노키아가 종교 재판을 받는 과정에서 당대의 기독교 중심의 종교관과 우주관에 정면으로 도전한다는 것이 책의 중심 내용이다. 그는 우주가 치즈 덩어리로부터 생성되었고, 그 안에서 구더기가 천사가 되면서 인간 세계도 창조되었다고 생각한다. 그의 우주관을 통해서 중세 농촌 사회에 존재했던 다양한 사고의 가능성을 추론해 볼 수 있다.

제14장

변화하는 세계와 인류학

●●● 유철인

코카콜라와 맥도날드는 미국을 상징할 뿐만 아니라 소비의 세계화 또는 문화의 세계화를 나타내는 상징이 되었다. 전세계적으로 200여 개국 사람들이 마시고 있는 코카콜라는 자사의 인터넷 홈페이지에서 "당신이 코카콜라를 즐기는 미국의 학생이든, 홍차를 마시는 이탈리아 여성이든, 주스를 원하는 페루의 아이든, 함께 조깅한 후 생수를 사는 한국의 연인들이든, 우리는 당신의 곁에 있다"고 선전하고 있다. 그러면서 생각, 행동, 종족적 배경 등이 다양한 소비자들을 코카콜라를 마시는 하나의 범세계적인 사람으로 만들겠다고 선언하고 있다. 맥도날드 역시 120여 개국 소비자들에게 제품과 서비스가 언제 어디서나 동일할 것이라는 확신을 심어주기 위해 노력하고 있다. 어느 맥도날드 매장의 햄버거를 먹든 다른 매장의 햄버거와 같을 것이며, 다음 주 또는 내년에 먹을 햄버거도 오늘 먹은 햄버거와 같을 것이라고 말이다.

세계는 점점 같아지는가

우리는 초국가적 상품인 코카콜라를 마시고, 맥도날드 햄버거를 먹고 있다. 또한 세계화의 물결 속에서 우리 나라에 들어온 대형 할인매장이나 편의점을 이용하기도 한다. 프라이스클럽이나 이마트 같은 현대식 대형 할인매장을 찾으면서, 세련된 최신식 유통업체를 이용한다는 자부심을 느끼기도 한다. 반대로 재래시장이나 소형점포를 이용하는 것은 은근히 구식이거나 후진적이라는 생각을 하기에 이르렀다. 이러한 경향 때문에 기존의 소형 점포들이 아예 편의점으로 이름만 바꾸기도 한다.

동네 입구의 구멍가게 주인은 손님들과 잘 알고, 그들의 걱정을 들어주며, 돈이 없으면 외상을 주면서 손님과 지속적인 거래 관계를 유지하고 있다. 이에 반해 대형 할인매장을 운영하는 대기업 유통업체들은 전국적 또는 세계적인 유통망을 통해 물품을 대량으로 공급해 소형 점포들보다 싼 가격으로 판매하고 있다. 대형 할인매장이 늘어나고 이에 따라 대형 할인매장을 이용하는 소비자가 늘어난다는 것은 손님과 상인 사이의 단골 관계가 점차 사라지고, 아울러 우리의 일상생활이 세계의 변화에 더 쉽게 노출되고 영향을 받게 되었다는 것을 의미한다(이정덕 1997).

이처럼 지구촌 사람들의 소비 패턴이 동질화되어 가는 측면이 많아지고 있다. 소비의 세계화와 함께 지구촌의 문화적 차이도 겉으로는 매우 좁아지고 있는 것처럼 보인다. 교통과 통신이 발달하고 자본주의가 지구 전체로 확산되면서, 세계는 점점 더 상호의존적인 세계로 좁혀지고 있기 때문이다. 그러나 문화의 다양성을 중시하는 인류학자들은 세계화의 영향 때문에 전세계가 주도적인 서구 모델로 동질화되어 간다는 일반적인 인식을 잘 받아들이지 않는다.

심지어 맥도날드 햄버거나 감자튀김을 먹는 방식만 보더라도 지역에 따라 차이가 나타난다. 미국 사람들은 햄버거를 먹을 때, 포장지를 벗긴 후 맨손으로 햄버거를 먹는다. 이에 반해 우리 나라에서는 포장지에 그냥 싼 채 먹는 사람들이 많다. 그러나 감자튀김을 먹을 때는 미국 사람처럼 손으로 집어먹는다. 손에 기름이나 음식이 묻는 것을 싫어하는 독일 사람들은 맥도날드 매장에 비치된 나무로 만든 일회용 포크로 감자튀김을 찍어 먹는다. 또 우리는 여러 사람이 같이 먹을 때 보통 각자의 감자튀김을 한곳에 모두 모아놓고 먹는다. 마치 밥상의 반찬을 여럿이 나누어 먹듯이, 각자 주문한 감자튀김을 다시 한꺼번에 모아놓고 먹는 것이다.

소비자들이 자신들의 음식 문화에 맞게 맥도날드 햄버거를 먹을 뿐만 아니라, 맥도날드 매장도 메뉴의 다양화 또는 현지화를 시도하고 있

전통 기와로 벽면을 꾸미고 영문 대신 한글로 간판을 달아 현지화를 시도하고 있다. ⓒ 김영훈

다. 프랑스의 맥도날드 매장에는 다른 나라에 비해 샐러드류의 메뉴가 많고, 포도주도 팔고 있다. 전세계적으로 표준화되고 제한된 메뉴를 고집하지 않고 프랑스 사람들의 기호에 맞춘 것이다. 영국의 맥도날드 매장에는 아침 메뉴의 종류가 미국이나 프랑스보다 훨씬 많다. 이것 역시 영국의 음식문화를 반영하는 것이다. 영국 사람들은 아침 식사로 유럽식 조찬Continental Breakfast이나 미국식 조찬American Breakfast보다 훨씬 다양한 따뜻한 음식을 먹기 때문이다. 이에 비해 우리 나라의 맥도날드 매장에는 아침 식사 메뉴가 아예 없는 경우가 많다. 대신 우리 나라의 맥도날드 매장에서만 파는 제품으로 김치버거가 있다. 한민족을 상징하는 김치와 미국 문화를 상징하는 햄버거가 결합된 새로운 제품인 것이다.

범세계적인 제품을 지역에 따라 다르게 받아들이는 일은 단지 맥도날드에 국한된 것이 아니다. 코카콜라의 경우를 보자. 남미의 페루에는 안데스 산맥에서 나는 여러 가지 과일을 혼합한 노란색 콜라인 잉카콜라Inca Kola가 생산되고 있다. 코카콜라만을 파는 맥도날드도 페루에서는 현지 소비자들의 요구에 따라 잉카콜라를 팔고 있다. 우리 나라에서도 1998년 4월 '콜라독립 815' 라는 이름의 콜라 제품이 탄생했다. 코카콜라 회사가 국내 직판 체제를 선언하자, 이에 대응해 코카콜라의 원액을 수입해서 판매하던 한 식품회사가 자체 상품을 개발한 것이다. 민족주의에 호소한 콜라의 이름 덕에 그해 한국능률협회가 선정하는 '히트상품' 에 선정되기도 했다. 게다가 우리 나라에서는 코카콜라를 대체하는 음료만 생산되는 것이 아니라, 전통 음료인 식혜를 제품화한 음료나 차로 마시던 대추나 매실을 이용한 음료도 생산되고 있다.

ⓒ 김영훈

우리의 음료 시장이 보여주듯 세계화는 범세계적인 문화에 저항하거나 타협하면서 전통을 새롭게 만들어가는 지역화도 강화될 것이다. 또한 맥도날드 매장의 메뉴가 보여주듯 외래적 요소와 토착적 요소가 혼합하는 문화의 혼성화 현상도 지역화가 이루어지는 하나의 방식으로 나타나고 있다.

문화 넘나들기

현대는 세계화라는 이름으로 자본주의가 전지구적으로 확산되면서, 민족이나 국가의 경계를 넘어 자본과 상품, 그리고 사람들이 이동하고 있다. 또한 테크놀러지가 놀라울 정도로 빠르게 발달하고 있다. 세계화와 테크놀러지의 발달로 시간과 공간을 넘나들거나 문화간의 경계를 넘나드는cultural border-crossing 현상이 일어나고 있다.

정보기술IT 같은 최첨단의 테크놀러지는 시간과 공간에 대한 우리의 인식을 바꿔 놓고 있다. 사람들 사이에 놀라울 정도로 빠르게 보급된

휴대폰으로 인해 공간의 제약을 뛰어넘을 뿐만 아니라 시간에 구애받지 않는 커뮤니케이션이 이루어지고 있다. 약속 시간에 늦게 도착할 것 같으면 약속 장소로 가는 도중에 미리 연락해서 도착할 시간을 알려줄 수 있다. 만날 장소를 정확하게 모르는 경우에도 서로 휴대폰으로 통화해서 만날 수 있게 되었다.

중국의 조선족은 위성방송의 등장으로 한국의 텔레비전 드라마를 자신의 안방에서 보게 되었다. 그전에도 한국에 일을 하러 갔다가 돌아온 조선족이 사온 비디오와 가요 카세트테이프를 통해 그들은 '서울말'과 한국 문화를 접했다. 그러나 이제는 위성방송을 통해 실시간으로 한국을 접하게 되면서, 그들은 자신의 정체성에 혼란을 느끼기도 한다. 한국의 인류학자를 만난 한 조선족은 그를 보고 자기가 처음으로 만난 '외국인'이라고 이야기했다(유철인 1997). 또 다른 조선족은 그를 직접 만나기 전에는 한국 사람과 말이 통하지 않으면 어떻게 하나 걱정했는데, 막상 만나보니 말이 통해서 신기하다고 말했다. 국적상으로는 중국인이고, 중국의 민족 분류상으로는 조선족인 그들에게 위성방송은 중국의 땅에서 한국인의 생활 방식을 은연중에 받아들일 수 있는 계기를 마련해준 것이다.

2002 한일 월드컵 때 폭발적으로 나타난 우리의 거리응원도 대형 전광판이 있었기에 가능한 일이었다. 한국의 도시에는 광장이 별로 없기 때문에 사람들이 자연스럽게 모일 수 있는 공간이 없다. 그러나 대형 전광판이 있는 곳이면 어디든 사람들이 모였고, 거리응원에 몰려든 사람들, 특히 많은 젊은이들은 민족적 정체성을 뜨겁게 확인했다. 이렇듯 새로운 테크놀러지로 인해 사람들은 세상을 새롭게 경험하고 있다.

중국의 조선족은 위성방송의 등장으로 한국의 텔레비전 드라마를 자신의 안방에서 보게 되었다. 새로운 경로를 통해 문화가 전파되고 기존 문화에 영향을 끼친다. ⓒ 유철인

테크놀러지는 보편적이며 범세계적인 것으로 받아들이기 쉽다. 그러나 인류 역사에서 기술은 항상 사회 문화적 가치를 드러내는 방식으로 발명되고 사용되어 왔다. 우리가 최첨단의 기술이면서 보편적으로 갖고 있는 컴퓨터를 사용한다는 것은 어떤 사회문화적인 가치를 드러내는 것일까. 컴퓨터를 통해 들어가는 테크놀러지의 공간인 사이버 공간cyberspace은 현실 세계의 물질문화를 구성하는 한 부분이다. 인터넷Internet도 단순한 가상 공간이 아니라, 현실 세계의 다양한 장소에서 수많은 사람들이 사용하는 새로운 테크놀러지이다. 따라서 인류학자는 민족지적 접근을 통해 인터넷이 특정 장소에서 어떻게 이해되고 특정 장소의 문화와 어떻게 상호 작용하는지를 살펴볼 수 있다.

카리브 해안의 트리니다드Trinidad에서 인터넷이 어떻게 사용되는

지를 다룬 한 민족지는 트리니다드 사람들이 인터넷이라는 전세계적이며 범문화적인 영역에 어떻게 들어가 한 부분을 이루는지, 그리고 그렇게 해서 역설적으로 '트리니다드 사람다움'을 어떻게 나타내는지를 보여주고 있다(Miller & Slater 2000). 트리니다드 사람들은 일상생활에서 잡담을 나누거나 어슬렁거리기를 좋아한다. 이들이 사이버 공간에서 여러 가지의 인터넷 사이트를 돌아다니는 것도 트리니다드 사람들의 이러한 전통적인 사회성을 보여주고 있다. 특히 이메일e-mail은 트리니다드 사람들에게 흔히 있는 지속적이고 당연한 일상의 잦은 접촉이 가능하게 해주고 있다.

트리니다드 가족의 구조는 점차 핵가족이라는 서구 모델로 바뀌고 있다. 동시에 외국의 대도시로 이주하는 사람이 많아져 국제적으로 이산가족의 형태로 사는 사람들이 많아졌다. 그러나 이렇게 공간적으로 떨어진 가족 구성원들은 이메일을 통해, 트리니다드 사람들이 자연스럽게 생각하는 가족생활의 모습인 적극적으로 돌봐주고 서로 지원해주는 전통적인 가족생활을 지속하고 있다. 현실 공간에서는 핵가족 구조를 보이지만, 사이버 공간을 이용해 전통적인 대가족 생활을 유지해 가는 것이다.

사람들이 사이버 공간에서 가상공간과 현실공간을 넘나드는 것처럼, 제3세계의 다국적 기업에서는 사람들이 문화간의 경계를 넘나들고 있다. 다국적 기업에는 경제적 보편원리로 대표되는 서구 자본주의 체제의 문화와 그 기업이 운영되는 지역적 수준에서의 문화가 만나 상호작용이 일어난다. 다국적 기업을 살펴보면, 어떤 상황에서는 본국의 문화와 현지의 문화가 구분되고, 또 다른 상황에서는 두 문화간의 차이가 무시되고 있다. 이렇게 문화간의 경계를 만들어내고 허무는 것은 초국가적 자본의 흐름을 원활하게 하기 위한 전략이라 할 수 있다(김현미 1996).

한국에 있는 일부 다국적 기업은 현지 고용인들이 본국의 경영 방식을 따르도록 요구한다. 경영자들은 이를 위해 본국과 현지인 사이의 문화적 차이와 민족성의 차이를 강조한다. 예를 들어, 한국 사람은 직장에서 윗사람이 자리를 비우면 금방 해이해지지만 미국 사람들은 그렇지 않다는 점을 들어, 한국 사람은 자율성이 없다는 식의 지적을 하는 것이다.

이에 대해 현지 고용인들은 자신들의 경제적 이익과 생존권을 위해 다국적 기업의 토착화를 비롯해 자신들의 문화적 특수성을 존중해 주기를 요구한다. 고용주와 고용인 간의 권력 관계 속에서 힘이 없는 현지 고용인에게는 자신의 문화를 내세우는 것이 유일한 무기이기 때문이다. 이들은 특정한 방식으로 한국적인 것을 새롭게 개념화해서 자신들의 요구를 관철하는 데 이용한다. 그러나 이는 오히려 본국과 현지인 간의 문화적 차이를 '문명'과 '야만'이라는 절대적인 차별로 만들어 버리기도 한다. 즉, 현지 고용인들이 주장하는 '문화적'이라는 의미를 외국인 고용주는 일종의 보편적 자아가 되기에 '부족하고 불완전한' 상태로 이해하는 것이다.

외국인 노동자를 고용한 한국의 공장은 한국에 있는 다국적 기업과 정반대의 모습을 보여준다(함한희 1995, 유명기 1995). 다국적 기업에서는 한국 사람들이 '야만인'이 되지만, 외국인 노동자 고용업체에서는 외국 사람들이 '야만인'이 된다. 한국 사람들은 외국인 노동자들이 어느 나라에서 왔든, 이들이 어떠한 문화적 배경을 갖고 있든 상관하지 않고 자신들보다 열등한 하나의 인종으로 취급하려는 경향이 있다. 한국 사람들은 외국인 노동자들과 이야기할 때 '잘사는 우리'와 '못사는 너희'를 자주 대비시킨다. 고용주들은 외국인 노동자들이 체구가 작아 일을 잘 못한다거나, 체력이 약해서 제대로 일을 시킬 수 없다거나, 일에 대한 책임감이 없다거나 하는 등의 결함을 지속적으로, 적어도 대외적으로 강조하고 있다. 이러한 사고방식 때문에 고용주들은 이들에게 싼 임금을 지불하고, 노동 조건을 지키지 않아도 무방하다는 생각을 하게 된다.

외국인 노동자들은 이러한 현실 상황에 대해 한국 문화를 비판하는 것으로 대응한다. 예를 들어, 손으로 밥을 먹는 것이 야만적이라는 생각에 대해 한 스리랑카 노동자는 이렇게 말한다. 한국 사람들은 자기들만 깨끗한 문명인인 것처럼 말하지만, 자신의 집 화장실은 잘 건사하면서도 공중화장실은 더럽게 사용하는 것을 보면 사실 자기네들보다 더 지저분한 사람들이라고 말이다. 또한 한국 사람들은 높은 사람이 있을 때만 열심히 일하는 척할 뿐이지 실제로는 열심히 일하지 않는다고 꼬집어 말한다. 한국 사람들의 이중적인 처신을 비판하면서 자기네 문화의 순수성에 대한 자부심을 지키는 것이다. 이렇듯 외국인 노동자들은 한국 문화를 나름대로 비판하면서 자존심을 충족시키며, 자기 민족과 문화에 대한 정체성을 확립하는 것이다.

트리니다드 사람들이 인터넷을 사용하는 것에서 볼 수 있는 것처럼, 범세계적인 최첨단 기술도 실제로는 지역적으로 다르게, 문화적으로 해석되어 받아들이고 있다. 또한 한국의 다국적 기업이나 외국인 노동자를 고용하는 한국 기업의 경우에서 볼 수 있는 것처럼 문화간의 경계를 넘나드는 현상이 일어나고 있는 곳에서도 자신들의 문화를 새롭게 만들어내고 있다. 따라서 점점 전지구적으로 통합되는 세계는 각 지역마다 같은 것들을 공유하면서 한편으로는 미묘한 차이를 나타냄으로써 여전히 나름대로 다양한 모습을 보여줄 것이다.

왜 인류학인가

지금까지 이 책에서 살펴본 것처럼 사람들은 같은 것들을 공유하면서도 지역마다 다양하게 살아가고 있다. 따라서 사람들의 삶을 이해하고 분석하고 보존하는 방식인 인류학적 민족지는 현재 사람들이 처한 조건을 이해하고 미래의 문화를 만들어가는 데 큰 도움을 준다. 인류학은 모든 종류의 문화를 연구하기 때문에 여러 가지 가능성을 검토하면서 실제로 현재 이 시대에 어떤 것이 선택되어 일어나는지를 찾는다. 나아가 인류학은 가능한 미래를 바라볼 수 있는 용기와 방법을 우리에게 제공하고 있다.

어떻게 인류학자가 현재 삶의 문제에 깊숙이 관여하고, 미래를 내다볼 수 있을까. 인류학적 감수성을 바탕으로, 문화중개자cultural broker의 역할을 하거나 자기 문화에 대한 비평을 할 수 있기 때문에 그렇다. 인류학적 현지조사의 가장 중요한 조사 도구는 인류학자 자신이기 때문에, 인류학자는 현장에서 자신의 체험을 신뢰하고 다른 사람과 자신의 경험 세계를 차이점에 주목해 들여다보게 된다. 이때 미묘한 문화적 차이를 알아내는 능력이 곧 인류학적 감수성이다. 인류학적 감수성은 경험에 대한 자기 성찰의 노력으로 얻어진다. 따라서 인류학을 공부했다는 것은 어떤 문화에 대해 잘 알고 있다는 것뿐만 아니라, 관찰하고 귀담아 듣는 능력과 경험에 대해 스스로 성찰하는 방법을 배웠다는 것을 의미한다.

문화적 차이에 민감한 인류학자들은 여러 현장에서 문화중개자의 역할을 수행할 수 있다. 앞에서 소개했듯이, 다국적 기업이나 외국인 노동자를 고용한 사업장 같은 현장에서 두 개의 서로 다른 문화가 만났을 때, 문제가 발생하면 두 문화를 다 이해하는 문화중개자가 필요하다. 문화중개자로서의 인류학자는 의사와 환자를 중재하기도 하고, 사회봉사기관과 수혜자 사이를 중개하기도 한다. 통일을 대비해 남한과 북한이 서로의 문화를 이해하려는 노력에도 역시 문화중개자인 인류학자의 도움이 필요하다. 또한 문화적 차이는 권력의 차원을 갖는다는 것에 인류학자는 늘 주목한다. 실제로 인류학적 연구는 기존의 권력 관계를 유지시켜 주는 데 기여하는 다양한 문화적 이데올로기를 분석해 왔다. 따라서 환경과 개발 문제를 다룰 때, 권력이나 자본을 가진 자와 못 가진 주민 사이에 인류학자가 개입하기도 한다.

다른 문화에 대한 민족지는 낯선 것과 익숙한 것을 대비시키고 우리의 일상생활에서 당연하게 여기는 것들에 대해 거리를 두고 바라보게 함으로써, 우리 자신의 문화에 대해서도 이야기하고 있다. 다시 말해 인류학은 다른 문화 형태를 들여다봄으로써 상식을 깨고, 우리 자신의 문화에 관한 너무나 당연한 믿음에 대해 재검토할 수 있게 해준다. 그러므로 다른 문화를 거울로 삼아 우리 문화를 보는 일은 여전히 중요하다. 또한 한 사회 안에서도 마약중독자, 동성연애자, 신체장애인과 같은 소수 집단이나 소외 계층의 눈으로 보면 그 사회의 문화를 더 잘 볼 수 있다. 권력을 갖지 못한 소수집단에서 나타나는 여러 관념이나 의미는 그들이 속한 사회가 각인시킨 것이기 때문이다. 이렇듯 문화는 정치적인 의미도 갖고 있다.

인류학은 우리를 낯설게 보면서 우리 스스로가 만든 의미가 혹시 억압으로 작용하고 있는 것은 아닌지, 우리의 선택이 최선인지 아닌지를 알게 해준다. 이러한 의미에서 인류학은 자기 문화에 대한 비평인 것이다(Marcus & Fischer 1986). 우리의 일상생활은 생각과 행동이 다르지도 같지도 않은 다양한 다른 사람들과 더불어 살아가는 것이다. 다양성을 받아들이면서 다른 사람과 자신의 경험 세계의 차이를 꼼꼼하게 되짚어 보는 훈련은 인류학자뿐만 아니라 이 시대를 사는 우리 모두에게 필요한 것이다.

읽을 거리

『문화를 알면 경영 전략이 선다』, 김중순, 일조각, 2001.

이 책은 기업 또는 산업인류학을 소개하면서, 미국 남부에 진출한 일본 기업에 대한 생생한 민족지를 제시하고 있다. 또한 한국 기업이 성공적으로 해외에 진출하려면 무엇이 필요한지를 여러 사례를 통해 말해주고 있다. 이 책이 보여주듯이 오늘날의 인류학자들은 기업의 경비 절감과 기업의 경쟁력 강화를 돕기 위해 기업체의 사무실이나 공장에 가기도 한다.

『문화에 발목 잡힌 한국경제 : 경제 위기에 대한 문화적 분석』, 김은희 · 함한희 · 윤택림, 현민시스템, 1999.

이 책은 외환 위기로 시작된 1997년 12월 한국의 IMF 구제금융 사태가 경제적 문제만이 아닌 문화적인 문제라는 점을 보여주고 있다. 시장경제 자체는 인간 행위에 대한 특정한 전제에 바탕을 둔 하나의 문화 체계로서 존재한다는 시각에서 당시 한국 사회에서 쟁점이 되었던 노동시장의 유연성과 경영의 투명성, 구조 조정 같은 문제들을 부의 축적이나 소유, 일, 그 밖의 다른 경제 행위에 대해 한국 사회가 갖고 있는 문화적 인식의 측면에서 살펴보았다.

『시화호 사람들은 어떻게 되었을까』, 한경구 · 박순영 · 주종택 · 홍성흡, 솔출판사, 1998.

이 책은 전 지구적인 환경 문제도 사실은 기술의 문제가 아니라 문화의 문제라는 시각에서 권력이나 자본을 가진 자가 못 가진 자의 삶의 터전을 어떻게 바꿔놓았는지를 보여주고 있다. 구체적으로 1987년 6월에 시작해 1994년 1월에 완료된 경기만 간척사업의 결과로 조성된 시화호가 지역주민들에게 어떤 영향을 주었는지를 생생하게 보고하고 있다.

『탈식민지 시대 지식인의 글 읽기와 삶 읽기』 1~3권, 조혜정, 또하나의문화, 1992~1994.

세 권으로 펴낸 이 책은 '바로 여기 교실에서', '각자 선 자리에서', '하노이에서 신촌까지' 등의 부제가 말해주듯이, 인류학자인 저자가 우리 문화와 다른 문화를 넘나들며 자신의 일상생활을 들여다보고 있다. 저자의 삶과 사고의 궤적을 따라가다 보면, 저절로 우리 자신을 되돌아보게 된다.

참고문헌

김광억 1991 "저항문화와 무속의례", 『한국문화인류학』 23 : 131-172, 한국문화인류학회.

김영훈 2002 『문화와 영상 : 영상인류학의 이해』, 서울 : 일조각.

김은실 2001 『여성의 몸, 몸의 문화정치학』, 서울 : 또하나의 문화.

김현미 1996 "새로운 문화 지평으로서의 다국적 기업 연구", 제3차 한국문화인류학회 워크샵 (12월 6-7일, 충주) 발표 논문.

박순영 1998a "인류진화사에서 父의 양육 투자가 증대한 맥락에 대한 일 추론", 『한국 인류학의 성과와 전망』, pp. 631-660, 서울 : 집문당/1998b "인류진화사 모델에 나타나는 여성의 모습 : 변한 것과 변하지 않은 것", 『한국문화인류학』 31(2) : 519-557, 한국문화인류학회.

송준호 1987 『조선사회사 연구』, 서울 : 일조각.

유명기 1995 "재한 외국인 노동자의 문화적 적응에 관한 연구", 『한국문화인류학』 27 : 145-181, 한국문화인류학회.

유철인 1997 "이주 역사와 정착 배경", 『중국 요녕성 한인동포의 생활문화』, pp. 49-60, 서울 : 국립민속박물관.

윤택림 1995 "지방 · 여성 · 역사 : 여성주의적 시각에서 본 지방사 연구", 『한국여성학』 11 : 27-46, 한국여성학회.

이광규 1977 『한국 가족의 사적 연구』, 서울 : 일지사.

이정덕 1997 "세계화에 따른 유통 부분의 변화 : 각 부분의 대응과 지방 사회의 변화", 『한국문화인류학』 30(2) : 53-85, 한국문화인류학회.

전경목 2000 『고문서를 통해서 본 우반동과 우반동 김씨의 역사』, 전주 : 신아출판사.

정노팔 · 신영오 · 이명희 2000 『생물과 인간, 그리고 문화』, 서울 : 연세대학교 출판부.

조혜정 1988 "한국의 가부장제에 관한 해석적 분석 : 생활 세계를 중심으로", "남성다움의 구성과 재구성 : 사회적 기능과 존속 기제를 중심으로", 『한국의 여성과 남성』, 서울 : 문학과 지성사.

최준식 2000 『한국미, 그 자유분방함의 미학』, 서울 : 효형출판.

한경구 1995 "어떤 음식은 생각하기에 좋다 : 김치와 한국 민족성의 정수", 『한국문화인류학』 26 : 51-68, 한국문화인류학회.

함한희 1995 "한국의 외국인 노동자 유입에 따른 인종과 계급 문제", 『한국문화인류학』 28 : 199-222, 한국문화인류학회.

황익주 1995 “아일랜드에서의 일상적 사교 활동과 사회집단 문화 : 인류학적 사례 연구”, 『지역연구』 3(4) : 169-200, 서울대 지역종합연구소.

곰브리치, 에른스트Gombrich, Ernst Hans Josef 1989 『예술과 환영』, 차미례 역, 서울 : 열화당.

기든스, 앤서니Giddens, Anthony 1996 『현대사회의 성, 사랑, 에로티시즘 : 친밀성의 구조변동』, 배은경 · 황정미 공역, 서울 : 새물결.

기어츠, 클리퍼드Geertz, Clifford 1998 『문화의 해석』, 문옥표 역, 서울 : 까치.

단턴, 로버트Darnton, Robert 1996 『고양이 대학살 : 프랑스 문화사 속의 다른 이야기들』, 조한욱 역, 서울 : 문학과지성사.

류웰린, 테드Lewellen, Ted C. 1998 『정치인류학』 제2판, 한경구 · 임봉길 공역, 서울 : 일조각.

모리스, 데스먼드Morris, Desmond 1996 『머리 기른 원숭이 : 인간에 관한 개인적 시각』, 황현숙 역, 서울 : 까치 / 2001 『털 없는 원숭이』, 김석희 역, 서울 : 영언문화사.

미드, 마가렛Mead, Margaret 1988 『세 부족 사회에서의 성과 기질』, 조혜정 역, 서울 : 이화여자대학교 출판부.

블래킹, 존Blacking, John 1998 『인간은 얼마나 음악적인가』, 채현경 역, 서울 : 민음사.

슈스키 · 컬버트Schusky, Ernest L. & Culbert, T. Patrick 1982 『인류학개론』, 이문웅 역, 서울 : 일지사.

앤더슨, 베네딕트Anderson, Benedict 2002 『상상의 공동체 : 민족주의의 기원과 전파에 대한 성찰』, 윤형숙 역, 서울 : 나남.

요한슨, 도널드 · 에디, 메이틀랜드Johanson, D. C. & Edey, M. A. 1996 『최초의 인간 루시』, 이충호 역, 서울 : 푸른숲.

크레인 · 앙그로시노Crane, Julia G. & Angrosino, Michael V. 1996 『문화인류학 현지조사방법 : 인간과 문화에 대한 현장조사는 어떻게 하나?』 제3판, 한경구 · 김성례 공역, 서울 : 일조각.

프리들Friedl, E. 1996 『동남부 중국의 종족 조직』, 김광억 역, 서울 : 일조각.

하트 · 필링Hart, C. W. M. & Pilling, Arnold R. 1990 『티위사람들 : 북호주 원주민의 문화』 증보판, 왕한석 역, 서울 : 교문사.

헌팅턴, 새뮤얼Huntington, Samuel 1997 『문명의 충돌』, 이희재 역, 서울 : 김영사.

히로코, 하라原ひろ子 1990 『어린이의 문화인류학』, 최정순 역, 서울 : 삼동자.

Balsamo, Anne 1997 *Technologies of the Gendered Body*, Durham and London : Duke University Press.

Barrett, D. & Johnson, T. (eds.) 2001 *World Christian Trends*, William Carey Library.

Barth, Fredrik 1959 *Political Leadership among Swat Pathans*, London : Athlone.

Bordo, Susan 1993 *Unbearable Weight*, Berkeley and Los Angeles : University of California Press.

Cohen, Abner 1969 *Custom and Politics in Urban Africa : A Study of Hausa Migrants in Yoruba Towns*, Berkeley : University of California Press.

Cohen, Anthony P. 1985 *The Symbolic Construction of Community*, London and New York : Tavistock.

Cohen, Mark Nathan 1997 "Culture, Rank, and IQ : The Bell Curve Phenomenon", In Spradley, James, (ed.), *Conformity and Conflict : Readings in Cultural Anthropology*, pp. 252-258, New York : Longman.

Dirks, Nicholas B. 1986 *The Hollow Crown : Ethnohistory of an Indian Kingdom*, Cambridge : Cambridge University Press.

Dumont, Louis 1980 *Homo Hierarchicus*, Chicago : University of Chicago Press.

Eriksen, Thomas Hylland 1993 *Ethnicity and Nationalism : Anthropological Perspectives*, London : Pluto Press / 1995 *Small Places, Large Issues : An Introduction to Social and Cultural Anthropology*, London : Pluto Press.

Evans-Pritchard, E. E. 1976 *Witchcraft, Oracles, and Magic Among the Azande*, Oxford : Clarendon Press.

Fiddes, Nick 1991 *Meat*, London : Routledge.

Freedman, Maurice 1965 *Lineage Organization in Southeastern China*, London : University of London, Athlone Press.

Friedl, E. 1975 *Women and Men : An Anthropologist's View*, New York : Holt, Rinehart & Winston.

Frykman, Jonas & Löfgren, Orvar 1990(1979) *Culture Builders : A Historical Anthropology of Middle-Class Life*, Translated by Alan Crozier, New Brunswick : Rutgers University Press.

Hammonds, Evelynn M. 1997 "New Technologies of Race", In Terry, Jennifer & Calvert, Melodie, eds., *Processed Lives : Gender and Technology in Everyday Life*, pp.

107-122, London & New York : Routledge.

Herrnstein, Richard & Murray, Charles 1994 *The Bell Curve : Intelligence and Class Structure in American Life*, New York : Free Press.

Herskovits, Melville J. 1959 "Art and Value", In Redfield, R., Herskovits, M. J. and Ekholm, G. F., *Aspects of Primitive Art*, New York : The Museum of Primitive Art.

High, Kathy 1997 "23 Questions", In J. Terry & M. Calvert, eds. *Processed Lives : Gender and Technology in Everyday Life*, pp. 155-164, London & New York: Routledge.

Hobsbawm, Eric & Ranger, Terence (eds.) 1983 *The Invention of Tradition*, Cambridge : Cambridge University Press.

Holy, Ladislav 1996 *Anthropological Perspectives on Kinship*, Chicago : Pluto Press.

Howells, William W. 1983 "Homo Sapiens : Twenty Million Years in the Making", In Morris Freilich, ed., *The Pleasures of Anthropology*, New York and Scarborough, Ontario : New American Library.

Kaufman, M. (ed.) 1987 *Beyond Patriarchy*, Oxford : Oxford University Press.

Kim, Seongnae 1995 "Iconic Power of Modernity : Reading a Cheju Shaman's Life History and Initiation Dream", in Kenneth M. Wells, (ed.), *South Korea's Minjung Movement*, Honolulu : University of Hawaii Press.

Lewis, Oscar 1966 "The Culture of Poverty", *Scientific American*, 215(4) : 19-25.

Malinowski, Bronislaw 1961(1922) *Argonauts of the Western Pacific*, New York : E. P. Dutton.

Maquet, Jacques 1979 *Introduction to Aesthetic Anthropology*, Malibu : Undena Publications. / 1986 *The Aesthetic Experience : An Anthropologist Looks at the Visual Arts*, New Haven and London : Yale University.

Marcus, George E. and Fischer, Michael M. J. 1986 *Anthropology as Cultural Critique : An Experimental Moment in the Human Sciences*, Chicago : The University of Chicago Press.

Miller, Daniel & Slater, Don 2000 *The Internet : An Ethnographic Approach*, Oxford and New York : Berg.

Murdock, George. P. 1949 *Social Structure*, New York : Macmillan.

Murphy, Robert 1990 *The Body Silent*, New York & London : W. W. Norton.

Otner, Sherry B. 1990 "Patterns of History : Cultural Schemas in the Foundings of

Sherpa Religious Institutions", in E. Ohnuki-Tierney (ed.) *Culture Through Time : Anthropological Approaches*, pp. 57-93, Stanford : Stanford University Press.

Peacock, James L. 1986 *The Anthropological Lens*, Cambridge : Cambridge University Press.

Rosaldo, Renato 1980 *Ilongot Headhunting, 1883-1974 : A Study in Society and History*, Stanford : Stanford University Press.

Sahlins, Marshall 1985 *Islands of History*, Chicago and London : The University of Chicago Press.

Stone, Lawrence 1979 *The Family, Sex and Marriage in England 1500-1800*, London : Harper & Row, Publishers.

Taussig 1980 *The Devil and Commodity Fetishism in South America*, Chapel Hill : Univ. of North Carolina Press.

Terry, Jennifer & Calvert, Melodie 1997 "Introduction : Machine / Lives", In J. Terry & M. Calvert, eds., *Processed Lives : Gender and Technology in Everyday Life*, pp. 1-20, London & New York : Routledge.

Turner, Victor 1977 *The Forest of Symbols : Aspects of Ndembu Ritual*, Ithaca: Cornell University Press.

van den Berghe, Pierre 1995 "Does Race Matter?", Nations and Nationalism, 1(3) : 359-368.

Whyte, William Foote 1981(1943) *Street Corner Society : The Social Structure of an Italian Slum*, Third Edition, Chicago : The University of Chicago Press.

Wolf, Eric R. 1982 *Europe and the People Without History*, Berkeley : University of California Press.

이 책을 기획하고 쓴 사람들

한경구(서울대 자유전공학부 교수) 미국 하버드대학에서 인류학 박사학위를 받음. 일본 도쿄 및 가와사키 등에서 현지조사를 수행. 저서로 『공동체로서의 회사 : 일본 기업의 인류학적 연구』, 『일본 · 일본학』(공저), 『세계의 한민족 : 아시아 · 태평양』, 『숲과 물과 문화의 마을, 유스하라』(공저), 역서로 『문화인류학의 역사』(공역), 『문화인류학 현지조사 방법』(공역), 『정치인류학』(공역), 『낯선 곳에서 나를 만나다』(공편역), 『왜 일본은 몰락하는가!』(공역) 등이 있다.

홍석준(목포대 고고문화인류학과 교수) 서울대에서 인류학 박사학위를 받음. 국립 말라야대학 사회인류학과 연구원 역임. 말레이시아에서 장기간 현지조사를 수행. 한국동남아연구소 소장 역임. 저서로 『동남아의 이슬람화』(공편저), 『동남아의 사회와 문화』(공저), 『동남아의 종교와 사회』(공저), 논문으로 "Some Features of Islamic Fundamen-talism in Malaysia", "현대 말레이시아의 이슬람 부흥운동의 문화적 의미", "말레이 민족주의의 형성과 전개 과정(1896-1941)", 역서로 『현대 동남아의 이해』(공역), 『낯선 곳에서 나를 만나다』(공편역) 등이 있다.

김현미(연세대 문화인류학과 교수) 미국 워싱턴대학에서 인류학 박사학위를 받음. 미국계 다국적 기업에 고용된 한국 여성 노동자들의 노동운동에 관해 현지조사를 수행. 저서로 『우리는 모두 집을 떠난다』, 『글로벌 시대의 문화번역』, 논문으로 "노동통제의 기제로서의 성", "새로운 문화연구의 현장으로서의 다국적 기업", "페미니즘과 문화연구는 행복하게 만나는가", 역서로 『낯선 곳에서 나를 만나다』(공편역), 『이미지와 현실 사이의 여성들』(공역) 등이 있다.

조한혜정(연세대 문화인류학과 명예교수) 미국 캘리포니아대학에서 인류학 박사학위를 받음. 여성 문화와 청소년 문화 등에 관해 연구. 저서로 『한국의 여성과 남성』, 『탈식민지 시대 지식인의 글 읽기와 삶 읽기』 1-3권, 『학교를 거부하는 아이, 아이를 거부하는 사회』, 『성찰적 근대성과 페미니즘』, 『학교를 찾는 아이, 아이를 찾는 사회』, 역서로 『탈분단의 시대를 열며 : 남과 북, 문화 공존을 위한 모색』 등이 있다.

김은희(전 군의문사진상규명위원회 조사관) 미국 시카고대학에서 문화인류학 박사학위를 받음. 가족, 친족, 여성, 문화와 경제, 유아교육과 문화 등의 주제에 관해 연구. 저서로 『여성 무속인의 생애사』, 『문화에 발목 잡힌 한국 경제』(공저), 논문으로 "Home is a Place to Rest", "문화적 관념체로서의 가족", "도시 중산층 기혼여성의 취업과 부부 역할 : '자기 일'의 정치학" 등이 있다.

한건수(강원대 문화인류학과 교수) 미국 버클리대학에서 인류학 박사학위를 받음. 사회적 기억과 정체성에 관심을 두고 에스니시티와 역사인류학, 아프리카 지역학에 대한 연구를 수행하고 있음. 저서로 『이민정책론』(공저), 『종족과 민족』(공저), 논문으로 "나이지리아에서의 언어 사용과 종족 정체성", "사회적 기억과 종족 정체성", "나이지리아에서의 종교 분쟁과 민족 갈등", "친족 체계의 실천적 이해 : 요루바 친족 출계율을 중심으로" 등이 있다.

오명석(서울대 인류학과 교수) 호주 모내시대학에서 인류학 박사학위를 받음. 선물교환과 시장교환, 소비문화, 동남아 이슬람을 주요 연구주제로 삼고 있음. 저서로 『동남아의 지역주의와 종족갈등』(공저), 『동남아의 화인사회』(공저), 『Religion, Ethnicity and Modernity in Southeast Asia』(공저), 논문으로 "이슬람 경제의 시각에서 본 말레이시아 경제 위기의 원인과 대안적 해결 방안" 등이 있다.

김광억(서울대 인류학과 명예교수) 영국 옥스퍼드대학에서 사회인류학 박사학위를 받음. 대만과 중국에서 현지조사를 수행했으며, 미국 하버드대학, 중국 북경대학 및 산동대학 초빙교수 역임. 저서로 『중국인의 일상세계』, 『문화의 정치와 지역사회의 권력구조』, 『문화인류학 개론』(공저), 『문화의 다학문적 접근』(편저), 『혁명과 개혁 속의 중국 농민』, 역서로 『오리진』 등이 있다.

황익주(서울대 인류학과 교수) 영국 옥스퍼드대학에서 인류학 박사학위를 받음. 아일랜드의 니나라는 소도시에서 현지조사를 수행. 저서로 『한국의 도시 지역공동체는 어떻게 형성되는가』(공저), 『한국인의 소비와 여가생활』(공저), 『인류학 민족지 연구 어떻게 할 것인가』(공저), 논문으로 "향토음식 소비의 사회문화적 의미 : 춘천 닭갈비의 사례", "아일랜드에서의 일상적 사교활동과 사회집단 분화", "공장 노동자들의 여가생활", "세계화와 노동부문의 변화 : 경기도 성남 지방 공장 노동자들의 사례 연구" 등이 있다.

김은실(이화여대 여성학과 교수) 미국 캘리포니아대학에서 의료인류학 박사학위를 받음. 〈또 하나의 문화〉, 〈여성과 인권연구회〉, 〈서울여성영화제〉, 〈당대비평〉, 〈흔적들〉에서 활동하고 있다. 저서로 『여성의 몸, 몸의 문화정치학』, 『우리 안의 파시즘』(공저), 『동아시아의 근대성과 성의 정치학』(공저), 『발견으로서의 동아시아』(공저), 역서로 『낯선 곳에서 나를 만나다』(공편역), 논문으로 "민족담론과 여성", "공사 영역에 대한 여성인류학의 문제 제기", "인권, 문화, 여성" 등이 있다.

김영훈(이화여대 한국학과 교수) 미국 남가주대학(USC)에서 문화인류학 박사학위를 받음. 미국 라스베이거스의 혼인 산업에 대한 현지조사를 수행했고, 문화인류학 이외에 영상인류학 과정을 마치고 인류의 시각문화, 한국 전통문화 예술과 재현 등을 주제로 글쓰기와 영상 작업을 병행하고 있다. 영상 작품으로 〈Vegas Bliss〉, 〈탈북자 한용수〉, 저서로 『문화와 영상 : 영상인류학의 이해』 등이 있다.

김형준(강원대 문화인류학과 교수)　호주 국립대학에서 인류학 박사학위를 받음. 인도네시아 자바섬의 족자카르타 지역에서 현지조사를 수행. 저서로 『동남아의 종교와 사회』(공저), 『동남아의 선거와 정치사회적 변화』(공저), 『동남아의 선거와 정치과정』(공저), 논문으로 "종교 자유에 대한 변화하는 해석 : 인도네시아의 사례", "자바 이슬람과 클리포드 기어츠, 그리고 그 후 40년", "인도네시아의 무슬림-기독교도 관계의 변화", "근대적 변화와 인도네시아의 이슬람" 등이 있다.

함한희(전북대 고고문화인류학과 명예교수)　미국 컬럼비아대학에서 인류학 박사학위를 받음. 저서로 『미완의 기록, 새만금사업과 어민들』(편저), 『인류학과 지방의 역사』(공저), 『부엌의 문화사』, 『문화에 발목 잡힌 한국 경제』(공저), 논문으로 "구술사연구의 새로운 패러다임 모색", "한국전쟁과 여성: 경계에 선 여성들", "한국문화연구의 성과와 쟁점" 등이 있다.

유철인(제주대 철학과 교수)　미국 일리노이대학에서 인류학 박사학위를 받음. 제주대 박물관장을 역임. 미군과 국제 결혼한 한국 여성, 재일동포, 중국 조선족, 일본 오키나와의 사회 구조, 제주 4 · 3 사건, 제주 해녀와 일본 해녀에 대한 현지조사를 수행. 저서로 『인류학과 지방의 역사』(공저), 역서로 『인류학과 문화비평』, 『낯선 곳에서 나를 만나다』(공편역), 논문으로 "제주 사람들의 생활 세계에서의 '일본'", "물질하는 것도 머리 싸움 : 제주 해녀의 생애 이야기", "어쩔 수 없이 미군과 결혼하게 되었다 : 생애 이야기의 주제와 서술 전략", "제주 사람들의 문화적 정체감" 등이 있다.

처음 만나는 문화인류학

1판 1쇄 펴낸날 2003년 2월 25일
1판 23쇄 펴낸날 2026년 2월 25일

지은이 | 한국문화인류학회
한경구 · 홍석준 · 김현미 · 조한혜정 · 김은희 · 한건수 · 오명석 ·
김광억 · 황익주 · 김은실 · 김영훈 · 김형준 · 함한희 · 유철인
펴낸이 | 김시연

펴낸곳 | (주)일조각
등록 | 1953년 9월 3일 제300-1953-1호(제1-298호)
주소 | 03176 서울시 종로구 경희궁길 39
전화 | 02-734-3545 / 02-733-8811(편집부)
02-733-5430 / 02-733-5431(영업부)
팩스 | 02-735-9994(편집부) 02-738-5857(영업부)
e-mail | ilchokak@hanmail.net
홈페이지 | www.ilchokak.co.kr

ISBN 978-89-337-0437-0 03330
값 12,000원